Adrian Urban

Psychotherapie

Foitzick Kompendium

Adrian Urban

Psychotherapie

Störungen
Therapien
Kennzeichen einer erfolgreichen Behandlung

Foitzick Verlag München

Die Deutsche Bibliothek – CIP-Einheitsaufnahme

Urban, Adrian:
Psychotherapie : Störungen, Therapien, Kennzeichen einer erfolgreichen
Behandlung / Adrian Urban. – München : Foitzick, 2002
  (Foitzick-Kompendium)
  ISBN 3-929338-15-7

© 2002 Klaus Foitzick Verlag, München
Planung: Andreas Beutel, München
Lektorat: Dr. Inge Hohl, München
Satz: paper-back gbr, München
Umschlagkonzept: paper-back gbr, München
Druck und Bindung: WB-Druck GmbH & Co. Buchproduktions KG,
Im Tal 16–18, D-87669 Rieden am Forggensee

ISBN 3-929338-15-7
1. Auflage 2002 Foitzick Verlag, München

Inhaltsverzeichnis

Vorwort

Wie Forschungen ergeben haben, leiden mindestens zehn Prozent der Bevölkerung in den Industriestaaten an einer behandlungsbedürftigen seelischen Störung (Senf, Broda; 1996). Nur ein Bruchteil davon begibt sich in Psychotherapie.

Doch wie und warum wirken seelische Behandlungen eigentlich, und woran könnte es liegen, dass manche Therapien scheitern? Neben einer Darstellung der häufigsten psychischen Störungen und der wichtigsten Behandlungsverfahren will sich das vorliegende Buch Antworten auf diese Fragen annähern.

Einzelfallverläufe aus meiner stationären und ambulanten Praxis, die mir typisch für die Behandlung eines bestimmten Störungsbildes erscheinen, werden nach qualitativen Gesichtspunkten analysiert, wobei sich in manchen Fällen die tiefenpsychologische, in anderen die verhaltenstherapeutische Beschreibungsweise als angemessen erweist. Diese Studien genügen den üblichen wissenschaftlichen Ansprüchen, etwa Quantifizierbarkeit, konsistente Rahmenbedingungen, Kontrollgruppe, Design und Auswertung nach statistischen Gütekriterien, sicherlich nicht. Dennoch können meines Erachtens auch auf der Basis von Einzelfällen bestimmte Therapieprozesse, die eine seelische Behandlung mehr oder weniger erfolgreich werden lassen, deutlich gemacht werden.

Mein Ausbildungshintergrund ist kognitiv-verhaltenstherapeutisch. Ich verwende außerdem, je nach Patient und Situation, tiefenpsychologische, gestalt-, paar- oder gruppentherapeutische Herangehensweisen, wobei sich Gruppenverfahren auf das stationäre Setting beschränken.

Ergänzt werden die Darstellungen durch Einschätzungen anderer Therapeuten, was die Wirksamkeit von Psychotherapie betrifft. Anschließend folgt eine Zusammenfassung von Ergebnissen der empirischen Wissenschaften zu diesem Thema, die vor allem die Resultate der umfassenden Meta-Analyse von Klaus Grawe und Mitarbeiterinnen (1994) zu den generellen und spezifischen Wirkungsfaktoren seelischer Behandlungen berücksichtigt.

Der Forderung der Autoren um Grawe, eine „Allgemeine Psychotherapie" jenseits von Schulen- und Scheuklappendenken zu entwickeln, schließe ich mich gerne an. Deren Forschungen waren übrigens eine wichtige Grundlage für die Formulierung des Psychotherapeuten-Gesetzes, das 1998 vom Bundestag verabschiedet wurde. Die berufsrechtlichen Rahmenbedingungen finden sich im Anhang.

Geschrieben ist das Buch für alle, die sich für das Thema Psychotherapie oder einfach für den Umgang mit Menschen interessieren, beruflich, während eines Studiums oder aus Neugier.

Großer Dank gebührt neben meinen Supervisorinnen, einigen Freunden, Kolleginnen und Kollegen nicht zuletzt auch meinen Patienten, von denen ich viel lerne.

Adrian Urban
Berlin im Oktober 2001

1 Manche Probleme erfordern professionelle Hilfe

1.1 Krisenbewältigung ohne Psychotherapie

Glücklicherweise lassen sich die meisten Alltagsschwierigkeiten ohne Unterstützung eines Psychotherapeuten bewältigen. Beispiele für solche Probleme wären kurzfristige Verstimmungen in krisenhaften Situationen, was etwa Beruf, Familie oder Freundschaften betreffen kann. Vorübergehende Gefühle von Wut, Traurigkeit, Ohnmacht oder Verzweiflung in einer heiklen Lebenslage, die irgendwann konstruktiv bewältigt werden, gehören ebenfalls in diese Kategorie.

Eine Krise kann ohne Therapie bewältigt werden, wenn

Auflösbare zwischenmenschliche Konflikte, aber auch längere Trauerreaktionen nach einem tragischen Verlust erfordern oft viel Kraft und Zeit. Im Normalfall wird hier allerdings keine Hilfe durch Fachkräfte notwendig. Das gilt auch für Emotionen wie Angst und deprimiert Sein wegen persönlicher Niederlagen oder einem Trauma, wenn das Grundgefühl des Betroffenen nach einer angemessenen Frist erneut ins Positive geht.

Die beschriebenen Schwierigkeiten ähneln sich darin, dass ein subjektiv überzeugender Zusammenhang zwischen Problemsituation und schlechter Stimmungslage besteht, was verhindert, dass sich der Leidtragende noch zusätzlich wegen seiner miesen Verfassung anklagt. Außerdem sollte sich das innere Gleichgewicht nach einer bestimmten Zeit im vollen Umfang wiederherstellen lassen, sei es im Rahmen von Auseinandersetzung und Klärung oder, bei Abschieden und Ver-

– eine Problemsituation als Ursache angesehen wird, die sich bewältigen lässt

– die Schwierigkeiten zeitl. begrenzt sind

lusten, durch Trauerarbeit. Letzteres kann, wenn eine Trennung oder gar der Tod eines wichtigen Menschen beklagt wird, durchaus einige Monate dauern.

– die Problematik nicht zu langfristigen Einschränkungen führt

Eine weitere Voraussetzung wäre, dass sich der Betroffene nicht langfristig eingeschränkt fühlt, was die Beziehungen zu den Mitmenschen, was Verhalten, Denken und körperliche Empfindungen betrifft. In einem einigermaßen intakten sozialen Umfeld könnte es mit der Unterstützung durch Freunde oder Verwandte bald wieder gelingen, souveräne Entscheidungen zu treffen und so flexibel auf die Anforderungen der Umwelt zu reagieren wie vor der Krise.

Oft reicht schon ein vertrautes Gespräch mit dem Partner, einem Kollegen, einem Angehörigen oder der besten Freundin, um erneut Mut zu fassen und zu wissen, dass man auch in der Not verstanden wird. Eine vergleichbare Funktion für die ganze Gemeinschaft hat früher der Pfarrer in seiner Eigenschaft als Seelsorger übernommen.

Manchmal werden durch die Nachfragen des Gegenübers, wenn es ein guter Zuhörer ist, neue Lösungswege sichtbar. Vielleicht kann der andere von ähnlichen Schwierigkeiten berichten und davon, wie es ihm schließlich gelungen ist, die Sache zu meistern. Außerdem tut es einfach gut, sich bei einer nahe stehenden Person auszusprechen, sich angenommen zu fühlen und zu erkennen, dass man nicht allein gelassen wird. Diese Form des Dialogs mit einem Vertrauten über ein bestimmtes Problem ähnelt dem therapeutischen Gespräch in mancherlei Hinsicht. Es gibt aber auch einige wichtige Unterschiede.

1.2 Das Gespräch unter Freunden und der therapeutische Dialog

Merkmale hilfreicher Gespräche

Gemeinsam ist beiden Formen der Kommunikation, wenn alles gut läuft, dass der Zuhörer in empathischer

Weise mitfühlt, dass er manche seiner Gefühle und Gedanken in Worte fasst und dabei weitgehend aufrichtig bleibt. Derjenige, dem eine schwierige Situation geschildert wird, sollte im Laufe der Unterhaltung ein gewisses Verständnis für die Zusammenhänge entwickeln und dem Gegenüber Akzeptanz entgegenbringen.

Auch das, was Psychologen „Normalisierung" nennen, findet häufig seinen Platz im Austausch unter Freunden, aber auch im therapeutischen Gespräch. Das können Aussagen sein wie „Wenn ich in einer solchen Situation stecken würde, ginge es mir auch sehr schlecht", die dem anderen zeigen, dass emotionale Ausnahmezustände in Extremsituationen völlig normal sind. Dass also alles mit ihm oder ihr „stimmt". *Normalisierung*

Manches unterscheidet hingegen den Dialog unter Vertrauten vom psychotherapeutischen Setting. Im Gegensatz zur Lebensgeschichte des Freundes bleibt die Biografie des Therapeuten in der Kommunikation weitgehend außen vor. Eigene Interessen während der Sitzungen, die über das Ziel der Gesundung des Klienten hinausgehen, sollte ein professioneller Behandler nicht verfolgen. Für seine Sorgen wird er außerhalb der Therapiesitzungen Vertraute zum Zuhören haben, fachliche Probleme lassen sich in der kollegialen Supervision klären. Außerdem muss ein professioneller Helfer dazu in der Lage sein, sich als Kommunikationspartner überflüssig zu machen, sobald sich sein Klient selbst helfen kann. *Was kann das Therapeutengespräch leisten?*

Wenn die Therapeut-Patient-Beziehung vertraut und stabil ist, erlaubt die vergleichsweise größere Distanz des Arztes, Heilpraktikers oder Psychologen auch die Einnahme ungewohnter Perspektiven und differenzierte Rückmeldungen. Statt den im Alltagsgespräch so wichtigen Ratschlägen oder Antworten im Stile von „Was du da erzählst, erinnert mich an ein Problem, das mich selbst sehr belastet ...", wird ein Psychotherapeut das Augenmerk des Betroffenen eher darauf richten, was dieser dazu tun kann und will, seine Schwierigkeiten zu lösen, und welche „Nebenwirkungen" eine bestimmte Handlungsalternative möglicherweise hat.

Emotionale Grundlagen herstellen

Bei Menschen mit tiefergehenden Störungen geht es in manchen Fällen darum, zunächst einmal eine emotionale Grundlage dafür zu schaffen, die eigenen Probleme in Angriff zu nehmen. Außerdem wird ein professioneller Helfer verschiedene Bereiche, die bei einem bestimmten Patienten mit Schwierigkeiten behaftet sind, ebenso im Hinterkopf behalten wie dessen Ressourcen, auch wenn gerade ein anderes Thema im Mittelpunkt steht.

Mehrdeutigkeiten herausarbeiten

Zuhörer im Alltag neigen manchmal dazu, dem, was sie im Dialog vernehmen, eine eindeutige Richtung zu geben und Widersprüche auszublenden. Viele Psychotherapeuten arbeiten mit ihren Klienten lieber die jeweiligen Ambivalenzen, die Mehrdeutigkeiten einer krisenhaften Situation oder Beziehung heraus.

Was kennzeichnet nun Problemfelder, die normalerweise professionelle Unterstützung nötig machen, und was unterscheidet sie von den Schwierigkeiten, die sich ohne Hilfe von außen verarbeiten lassen?

Zunächst einmal nicht viel. Es gibt Menschen, die trotz Vernachlässigung und Missachtung in den ersten Lebensjahren später Selbstsicherheit und eine gesunde Emotionalität entwickeln können. Andere sind labiler und scheitern immer wieder an Aufgaben, die manche Leute problemlos bewältigen. Entscheidend ist also nicht der „objektive" Schweregrad des aktuellen Problems, sondern die Art und Weise seiner Wahrnehmung und Verarbeitung, was wiederum viel mit der individuellen Geschichte zu tun hat.

Wann ist die Unterstützung eines Psychotherapeuten notwendig?

Einige Schwierigkeiten, die professionelle Hilfe nötig machen, sind dadurch gekennzeichnet, dass ein oder mehrere belastende Lebensereignisse die Qualität des Gefühlslebens über viele Monate, manchmal auch jahrelang einschränken (reaktive Störungen). Häufig dominieren Angst, Traurigkeit, Verzweiflung oder eine freudlose Grundstimmung.

Neurosen, Psychosen, PKS, psychosom. Erkr. und Suizidalität erfordern professionelle Hilfe

Andere behandlungsbedürftige Probleme lassen sich dadurch charakterisieren, dass das Selbstwertgefühl schon lange beeinträchtigt ist und destruktive Kreisläufe von selektiver Wahrnehmung, negativer Interpretation und unangemessenen Reaktionen immer wieder die Beziehungen zur eigenen Person wie zur Außenwelt beeinträchtigen (Neurosen und die – verfestigteren – Persönlichkeitsstörungen). Für diese Schwierigkeiten gilt ebenso wie für Abhängigkeitserkrankungen und Essstörungen, dass häufig alles, was unternommen wird, um das Problem zu lösen, die Krise noch verschärft. In vielen Fällen sind von diesem Umstand nicht nur die meisten Handlungsweisen des Patienten betroffen, sondern auch die Reaktionen seiner näheren Umgebung.

Bestimmte seelische Krankheiten zeichnet aus, dass der Bezug zur Wirklichkeit verloren geht (Psychosen) oder das eigene Leben bedroht ist (Suizidalität). Anderen therapiebedürftigen Schwierigkeiten ist zu Eigen, dass bestimmte Emotionen oder Stressempfindungen nicht direkt wahrgenommen und ausgedrückt werden können. Sie machen sich nur über körperliche Symptome bemerkbar (psychosomatische Erkrankungen).

Normalerweise machen psychotische Krankheiten ebenso wie massive Suchtmittelabhängigkeiten, Selbstmordgefahr oder schwere psychosomatische Erkrankungen eine stationäre Behandlung notwendig. Bei anderen Problembereichen, vor allem den reaktiven Störungen und Neurosen, aber auch im Falle bestimmter Persönlichkeitsstörungen reichen wöchentliche Einzelgespräche im Therapiezimmer. Die wichtigsten Störungsbilder aus der Praxis werden im Abschnitt „Neurose, Psychose, Persönlichkeitsstörungen: Was ist was?" (siehe S. 19) näher vorgestellt. Zunächst jedoch soll es um die konkreten Schwierigkeiten gehen, die ein

Stationäre Behandlung

Ambulante Behandlung

Patient zu bewältigen hat, wenn er mit dem Gedanken spielt, sich in ambulante Behandlung zu begeben.

1.3 Wege zur Psychotherapie

Der Patient muss die Veränderung wollen

Bis es zur Aufnahme einer Therapie kommt, muss der Betroffene zunächst ein paar Hürden überwinden. Eine Veränderungsmotivation entsteht nur, wenn ein Mensch unter seinen Problemen leidet, entweder direkt oder aber – durch die negativen Reaktionen seiner Umgebung – in eher indirekter Form. Viele potenzielle Patienten haben außerdem Angst davor, sich als schwach zu zeigen oder von den Angehörigen für „verrückt" gehalten zu werden, wenn der Termin beim Psychotherapeuten bekannt wird.

Das ist nicht überall so. Beispielsweise gilt der regelmäßige Besuch eines Tiefenpsychologen für viele Bildungsbürger in New York als Statussymbol. Der Filmemacher Woody Allen ging einmal mit der Information an die Öffentlichkeit, allein seine Familie beschäftige ein gutes Dutzend Psychoanalytiker, teilweise jahrzehntelang. Die Psychotherapie dürfte hier ein problematisches Unterfangen sein, wenigstens was Allen selbst betrifft, denn eine grundlegende Veränderung zum Positiven würde die Karriere des Regisseurs zerstören. Was wären Woody Allens Filme ohne die genüssliche Sezierung und die Persiflage der eigenen Neurosen? Über diese Schwierigkeiten dürfte die behandelnden Analytiker ein durchschnittliches Stundenhonorar von 150 bis 200 Dollar hinwegtrösten, das in den USA grundsätzlich privat bezahlt werden muss.

Patientenängste beim Besuch eines Therapeuten

In Deutschland ist der Besuch eines Psychiaters oder Psychologen hingegen immer noch oft tabuisiert. Manche Klienten, die den Mut schließlich aufbringen, entlastet im Behandlungsgespräch die Erkenntnis, dass sie allein entscheiden können, wem sie von der Therapie erzählen und wem nicht.

Überhaupt gilt es vor Beginn einer seelischen Behandlung, zunächst einen geeigneten Therapeuten zu finden, dem gegenüber „die Chemie stimmt". Manchmal sind mehrere Gespräche mit vormals Unbekannten über intime biografische Details notwendig. Psychologen, Heilpraktiker und Psychiater sollten diesen Umstand im Hinterkopf behalten und Verständnis dafür haben, wenn in der ersten Sitzung noch nicht alles Wesentliche angesprochen wird. Viele Patienten behalten gerade sehr schambesetzte Einzelheiten erst einmal für sich.

Wenn ein Psychotherapeut gravierende Traumatisierungen vermutet, fühlt sich sein Klient vielleicht ein Stück erleichtert, wenn er während der Anamnese, also den biografischen und bedingungsanalytischen ersten Gesprächen, etwas zu hören bekommt wie „Sagen Sie mir nur, was Sie auch wirklich erzählen wollen. Wenn Ihnen eine Frage zu weit geht, machen Sie das bitte deutlich". Gerade sichtbar verunsicherten Patienten hilft es nicht selten, wenn der professionelle Helfer aktiv Verständnis für die gemischten Gefühle in einer schwierigen kommunikativen Situation äußert, statt seine Beobachtungen zu übergehen. Außerdem erfordert es Mut, sich trotz eigener Ängste den Herausforderungen einer Psychotherapie zu stellen.

Grenzen respektieren

Den meisten Patienten gelingt es im Laufe einer ambulanten oder stationären Therapie, Schritt für Schritt vom medizinischen Störungsmodell, also der bekannten Abfolge von Diagnose, dem passenden Medikament und einer Heilung ohne großes eigenes Zutun, wegzukommen, was oft eine erhebliche kognitive Leistung darstellt. Im Vergleich zu solchen mechanistischen Wirkungskonzepten gehen viele Behandler schon zu Beginn der psychotherapeutischen Gespräche davon aus, dass sie den Gesundungsprozess ihres Klienten nur begleiten können.

Die Hauptleistung übernimmt hier der Betroffene, was eine amerikanische Aufforderung an werdende

Die Hauptarbeit liegt beim Patienten

professionelle Helfer veranschaulicht: „Never work harder than the patient" – niemals härter am Problem des Patienten arbeiten als der Patient selbst. Andernfalls wird die seelische Behandlung zu einem Ziehen und Schieben gegen Widerstände. Im Extremfall versuchen manche Therapeuten sogar, die Schwierigkeiten ihrer Klienten an deren Stelle zu lösen. Beides führt normalerweise nicht dazu, dass der Leidtragende (patiens ist lateinisch für leidend, geduldig) etwas zur Bearbeitung der eigenen Problematik unternimmt.

2 Neurose, Psychose, Persönlichkeitsstörung: Was ist was?

Weil die individuellen Bewältigungsmöglichkeiten im Umgang mit Schwierigkeiten so unterschiedlich sind, lässt sich meistens keine gültige Vorhersage treffen, ob eine bestimmte Person eine behandlungsbedürftige Störung entwickeln wird und welche Erkrankung aus einer bestehenden Problematik resultiert. Erst nach der Entwicklung einer Störung kann man retrospektiv feststellen, welche biografischen Umstände in die Krise geführt haben und welche Faktoren sie aufrechterhalten.

So verschieden die Lebensumstände von Patienten auch erscheinen, ihre seelischen Schwierigkeiten ähneln sich dennoch in vielen Fällen, wenn es um vergleichbare Störungsbilder geht. Dieser Umstand erlaubt dem Psychotherapeuten, Diagnosen nach bestimmten Kategorien zu erstellen. Ein international gebräuchliches Klassifikationssystem für seelische Erkrankungen veröffentlichte die WHO unter dem Titel „Internationale Klassifikation psychischer Störungen", zurzeit in der zehnten Revision (kurz ICD-10, nach der englischen Abkürzung). Die häufigsten seelischen Störungen in der ambulanten und stationären Praxis werden im folgenden Abschnitt vorgestellt, angelehnt an die Diagnosen der ICD-10 (siehe auch die Tabelle in Kapitel 2.7, S. 41 ff.).

Das Diagnose-manual ICD-10

2.1 Reaktive Störungen

Störungen, die nach einem Trauma auftreten

Zu den reaktiven Störungen zählt man kurz nach dem Trauma einsetzende akute Belastungsreaktionen (ICD-10-Kennziffer F 43.0) und so genannte Anpassungsstörungen, die mit einer gewissen Verzögerung wirksam werden.

2.1.1 Anpassungsstörungen

Anpassungsstörungen (F 43.2) zeichnen sich dadurch aus, dass der Betroffene unter den Folgen einer akuten oder chronischen Belastungssituation leidet, weil Stimmung, Gefühlsqualität, Konzentration, Antrieb oder Schlaf längere Zeit beeinträchtigt sind. Das können Trennungserlebnisse oder Todesfälle sein, aber auch schwere Enttäuschungen und länger andauernde berufliche, finanzielle oder familiäre Krisen. Der zeitliche und inhaltliche Zusammenhang zur problematischen Situation ist dem Patienten normalerweise bewusst. Anpassungsstörungen werden in der ICD-10 unterteilt in solche, die eher depressive Beschwerden beinhalten (F 43.20 – F 43.21) und andere, bei denen neben depressiven Symptomen Angsterleben im Mittelpunkt steht (F 43.22). Manche Anpassungsprobleme beeinträchtigen vor allem das Sozialverhalten (F 43.24) oder sie betreffen Sozialverhalten und Gefühle (F 43.25).

2.1.2 Posttraumatische Belastungsstörung (PTSD)

Gravierende Traumata

Die posttraumatische Belastungsstörung (F 43.1) zählt ebenfalls zu den reaktiven Syndromen. Im Vergleich zur Anpassungsstörung wird die Problematik hier als sehr schwerwiegend erlebt. Stark traumatisierend wirken vor allem grenzverletzende Ereignisse, die unerwartet auftreten und durch ihre Intensität die seelische Stabilität des Betroffenen beeinträchtigen. Dazu gehören schlimme Unfälle und Naturkatastrophen, aber auch bewusst zugefügte Traumatisierungen durch Überfälle, Kriegsverbrechen, Entführungen, Folter, Vergewaltigung oder sexuellen Missbrauch.

Die langfristigen Konsequenzen dieser identitätsbedrohenden Erlebnisse werden oft erst Wochen bis Monate nach dem Trauma deutlich. Dazu gehören Erscheinungsformen von psychischer Erstarrung und innerem Rückzug, Angstattacken, vegetative Symptome, schwere Depressionen mit Schuldgefühlen, Albträume und das Unvermögen, sich längere Zeit auf etwas anderes zu konzentrieren als auf das traumatische Erlebnis.

Werden Anpassungsstörungen und posttraumatische Belastungsstörungen nicht im Rahmen einer Psychotherapie behandelt, folgt in einigen Fällen die Entwicklung einer neurotischen oder persönlichkeitsgestörten Symptomatik.

2.2 Neurosen

Neurotische Störungen lassen sich als Problemfelder charakterisieren, die mit Ängsten, wenig flexiblen Verhaltensweisen, Unzufriedenheit oder Unglücklichsein einhergehen. Meist können die Betroffenen die Kommunikation mit der Umwelt mehr oder weniger gut aufrechterhalten. Die oft chronifizierten Schwierigkeiten beanspruchen jedoch einen relativ großen Teil der individuellen Kraft. Realität und Selbstbild werden normalerweise ins Negative verzerrt, ohne dass der Wirklichkeitsbezug, wie bei den Psychosen, gänzlich verloren geht. Neurosen basieren nach tiefenpsychologischer Lehre auf Entwicklungsdefiziten, die mit der individuellen Lebensgeschichte zusammenhängen, und auf unverarbeiteten Konflikten, die meist unbewusst bleiben. Die Verhaltenstherapie spricht lieber von unzureichend oder falsch gelernten Interaktions-, Fühl- und Denkmustern, die nicht zum eigentlich gewünschten

Definition

Ursachen / Entstehung

Ziel führen und sich trotz dieses dysfunktionalen Charakters in verschiedenen Situationen wiederholen.

Beide Beschreibungen nähern sich ihrem Gegenstand, der neurotischen Entwicklung, mit einem unterschiedlichen Fokus. Inzwischen stimmen die meisten Psychoanalytiker und Verhaltenstherapeuten darin überein, dass neurotische Störungen oft schon in der Kindheit wurzeln, dass sie häufig durch Krisen und Schwellensituationen, etwa Pubertät, Auszug oder Pensionierung, ausgelöst werden und dass man sie in verschiedenen Teufelskreisen beschreiben kann. Das Selbstwertgefühl ist zumeist chronisch beeinträchtigt, was unter anderem zu negativ erlebten emotionalen Zuständen oder auch zu Schuldgedanken führt. Oft leiden Neurotiker an sich selbst. Als häufigste neurotische Erkrankungen gelten heutzutage Depressionen mit biografischem Hintergrund, Angststörungen und Zwangsneurosen.

Neurosen wurzeln oft in der Kindheit

Neurotische Schwierigkeiten lassen sich als unzulänglichen Kompromiss zwischen den Bedürfnissen eines Betroffenen auf der einen und Ängsten, Konflikten und daraus resultierenden Defiziten auf der anderen Seite betrachten.

2.2.1 Neurotische Depressionen

Versch. Formen der neurot. Depression

Langfristig leicht depressive Menschen, die meist missmutig wirken und wenig Lebensfreude vermitteln, werden in der ICD-10 unter „Dysthymia" (F 34.1) codiert. Andere Depressionen sind durch eine anhaltende Stimmungsverschlechterung mit Grübelgedanken und Selbstvorwürfen gekennzeichnet. Von einer neurotischen Depression spricht man, wenn seelische und lebensgeschichtliche Faktoren bei der Entstehung und Aufrechterhaltung der Störung eine wesentliche Rolle spielen. So genannte endogene Depressionen, bei denen genetische und neurobiologische Prozesse wichtiger zu sein scheinen, werden auf S. 31 beschrieben. Manche dieser depressiven neurotischen Störungen machen sich nur einmal im Leben bemerkbar, wobei die Stärke der Symptomatik in der Diagnose angegeben wird (leichte, mittelgradige oder schwere depressive Episode, F 32.0 – F 32.2). Eine Depression, die nach einem symptomfreien Intervall in bestimmten Auslösesituationen erneut zur Geltung kommt, stuft man ebenfalls nach dem Schweregrad ein. Sie wird als leichte, mittelschwere oder schwere rezidivierende depressive Episode (F 33.0 – F 33.2) kategorisiert, in leichten oder mittelgradigen Fällen mit einer neurotischen Problematik meist „ohne somatisches Syndrom". Rezidivierend steht für „wiederholt auftretend", ein Rezidiv ist also ein Rückfall.

Allen Formen von Depression, die in einem lebensgeschichtlichen Kontext stehen, ist gemeinsam, dass sie durch bestimmte destruktive Kreisläufe aufrechterhalten werden. Zum Beispiel führen schlechte Grundstimmung und Selbsthass oft zum sozialen Rückzug. Damit verringern sich die Kontakte und die möglichen Erfolgserlebnisse, was Grübeln, Verstimmung und Einsamkeit noch verstärkt. Dadurch wiederum schwindet häufig noch die letzte Motivation, aktiv zu werden. Neurotische Depressionen können als gebremste, verlängerte Trauerreaktionen beschrieben werden, die sich der Betroffene verbietet. Schuldgefühle wegen einer eher armseligen Verfassung, die der Patient an sich wahrnimmt, erhalten und vertiefen den unangenehmen Zustand.

Oft steckt der Patient in einem Teufelskreis

Bei schweren psychogenen Depressionen verordnen manche Ärzte Antidepressiva oder Monoaminooxidase (MAO)-Hemmer, vernünftigerweise begleitend zu einer Psychotherapie. In solchen Fällen ist ein regelmäßiger Austausch von Therapeut und Mediziner empfehlenswert.

Medikamente

2.2.2 Angststörungen

Die wichtigsten Angststörungen lassen sich ebenfalls im Rahmen von Teufelskreisen darstellen. Die häufigste Angstneurose in der Praxis, nämlich Unwohlsein bis Panik in bestimmten unkontrollierbaren Situationen, was sich mit der Zeit auf recht unterschiedliche Lebensbereiche ausweitet, wird *Agoraphobie* (mit, F 40.01, oder ohne Panikstörung, F 40.00) genannt. Ursprünglich reserviert für die Angst vor großen Plätzen, zählen inzwischen auch bestimmte Formen von Klaustrophobie und die Furcht vor Menschenmengen oder dem Alleinsein zu diesem Syndrom. Andere häufige Angststörungen sind die *soziale Phobie* (F 40.1) und die *generalisierte Angststörung* (F 41.1), außerdem die *isolierten*, also nicht auf weitere Lebensbereiche übergreifenden Phobien (F 40.2), etwa Höhen-, Spinnen- oder Flugangst. Klaustrophobische Phänomene, also die Furcht vor kleinen, abgeschlossenen Räumen, werden nur dann als isolierte Phobie codiert, wenn sich die Problematik nicht auf andere Situationen ausweitet.

In vielen Fällen sind Patienten mit andauernder, generalisierter Angst umfassender gestört als solche, die unter einer isolierten Phobie leiden. Agora- und Sozialphobiker liegen im Allgemeinen zwischen diesen Polen.

Bei der häufigsten Angststörung, der Agoraphobie, führt oft eine Furcht in mehr oder weniger klar definierten Situationen, etwa beim U-Bahnfahren oder bei starkem Gedränge, dazu, dass das entsprechende Verhalten eingeschränkt oder ganz vermieden wird. Die erhöhte Angstbereitschaft bleibt jedoch ebenso bestehen wie eine Tendenz, den eigenen Körper misstrauisch zu beobachten. Dieses Verhalten findet man übrigens auch bei Patienten wieder, die unter Hypochondrie leiden, also hinter jedem Wehwehchen eine schlimme Krankheit vermuten (siehe auch der Abschnitt zu den somatoformen und psychosomatischen Störungen, S. 36 ff.).

Agoraphobie

Soziale Phobie
Isolierte / generali-sierte Angst-störungen

Bei Angststörungen tritt die Problematik wegen des wiederholten Blicks nach innen im Laufe der Zeit in ganz unterschiedlichen Auslösesituationen auf, die der Betroffene dann ebenfalls vermeidet. Der Radius des Patienten engt sich dadurch immer mehr ein, bis hin zu Extremformen, wo die Wohnung nicht mehr verlassen wird. Viele Agoraphobiker haben Schwierigkeiten damit, sich anderen gegenüber abzugrenzen. Das Nein-sagen übernimmt in diesen Fällen die Symptomatik und aus einem „ich will nicht" wird ein „ich kann nicht". Auch Mischformen von Angst und Depression lassen sich beobachten.

Der Lebensradius engt sich ein

Eine Verschreibung von Medikamenten, meist Benzodiazepine (Tranquillizer), sedierende Antidepressiva oder Neuroleptika, ist nur bei einem sehr schweren Ausprägungsgrad der Problematik, der das Aufsuchen der Praxis oder ein Aushalten von Reizkonfrontationsübungen verhindert, sinnvoll. Parallel sollte eine ambulante oder stationäre psychotherapeutische Behandlung stattfinden. Keinesfalls empfiehlt es sich, angstlösende Tabletten unkontrolliert „bei Bedarf" zu verordnen, da der Betroffene sonst in Versuchung kommt, jeden un-angenehmen Gefühlszustand chemisch auszuschalten. Nicht selten ist eine sekundäre Medikamentensucht die Folge.

Medikamente

Eine wichtige Ausnahme von dieser Regel gibt es: Einige professionelle Helfer gestatten ihren Patienten, wenn die Therapie bereits Fortschritte gemacht hat, ständig eine Beruhigungstablette „für den Notfall" dabei zu haben. Diese eine Pille mindert häufig die Angst vor der Angst, vergleichbar dem Rettungsboot auf einem großen Schiff. Häufig kommt es gar nicht zu der befürchteten massiven Krise. Vielleicht hat sich der Betroffene bereits genügend Möglichkeiten erarbeitet, die eigenen Ängste auszuhalten und zu bewältigen. Die Tablette erfüllt dann eine eher symbolische Funktion, indem sie den Klienten stärkt.

2.2.3 Zwangsneurosen

Hinter der Zwangsneurose steckt oft ein Bedürfnis nach Sicherheit

Ein anderer zerstörerischer Kreislauf entsteht bei Menschen, die eine Zwangsneurose entwickeln. Zwänge können als vergeblicher Versuch von Patienten mit einer relativ labilen Identität gelten, durch bestimmte Rituale Sicherheit zu gewinnen. Die entsprechenden, dauernd wiederholten Gedanken, Impulse und Handlungen drängen sich den Patienten auf und werden meist als sinnlos, aber quälend empfunden.

Zwangsgedanken u. Grübelzwang

Es gibt Zwangskranke, die hauptsächlich unter Zwangsgedanken (F 42.1) oder Grübelzwang (F 42.0) leiden. Das bedeutet, dass sich bestimmte, oft sehr ambivalente Kognitionen nicht zu Ende bringen lassen und immer wieder ins Bewusstsein dringen. Ähnliches gilt für unangenehme Zwangsimpulse, etwa die Vorstellung, sich oder dem eigenen Kind etwas anzutun.

Zwangs-handlungen

In den meisten Fällen treten Zwangsgedanken allerdings zusammen mit Zwangshandlungen („Zwangsstörung, Zwangsgedanken und -handlungen, gemischt", F 42.2) auf. Besonders häufig sind Wasch-, Ordnungs- und Kontrollzwänge. Zum Beispiel kann die obsessive Befürchtung, sich innerhalb kürzester Zeit mit „gefährlichen Erregern" zu infizieren, dazu führen, dass der Betroffene nach jedem Kontakt mit der Außenwelt stundenlang duscht oder die Hände säubert. Falls er nun versuchen sollte, diesen Impuls zu unterdrücken, treten starke Ängste auf, die erst durch das Symptomverhalten wieder zurückgehen. Eine latente Unsicherheit, die sich nicht wegwaschen lässt, bleibt bestehen. Obsessive Verhaltensweisen treten häufig auch an die Stelle von Abgrenzung und Konfliktklärungen. Zwangsneurosen haben die Tendenz, sich auszuweiten und im Alltag immer mehr Zeit zu beanspruchen.

Medikamente

Nur bei sehr schweren Störungsformen wird manchmal, begleitend zur Psychotherapie, ein Antidepressivum verschrieben, das speziell auf das hormonelle Serotonin-Transmittersystem einwirkt.

2.3 Persönlichkeitsstörungen

Neurotiker (siehe S. 21 ff.) leiden häufig sehr unter ihren Problemen. Sie streben an, sich mit Hilfe der jeweiligen Symptomatik vor dem, was ihnen Angst macht, zu schützen, aber dieser Versuch misslingt immer wieder. Im Vergleich dazu haben die meisten Persönlichkeitsstörungen, gekennzeichnet durch dauerhaft dysfunktionale Charaktermerkmale und Interaktionsweisen, tatsächlich die Funktion, das fragile Ich des Patienten zu stabilisieren. (Das dauerhaft destabilisierende Borderline-Syndrom, siehe S. 29, gilt als Ausnahme.) Der Preis für diese Form von Selbstschutz ist eine chronische emotionale und soziale Verarmung.   *Ich-Stabilisierung*

Viele Persönlichkeitsstörungen werden im Gegensatz zu den Neurosen als Teil der eigenen Identität wahrgenommen. Manchmal leidet die Umwelt darunter mehr als der Patient selbst. Dementsprechend schwierig ist es oft, persönlichkeitsgestörte Menschen zur Psychotherapie zu motivieren. Wenn bei einem Patienten bestimmte Wesenszüge und Interaktionsmuster dauerhaft beeinträchtigt sind, ohne die umfassende, schwere Diagnose „Persönlichkeitsstörung" zu rechtfertigen, attestieren viele Therapeuten bestimmte (etwa zwanghafte, narzisstische oder depressive) „Persönlichkeitszüge", eine „Akzentuierung" oder gewisse „Anteile" des Charakters, ohne dafür eine ICD-Kennziffer zu vergeben. Eine voll ausgebildete Persönlichkeitsstörung wird frühestens im jungen Erwachsenenalter diagnostiziert.

2.3.1 Persönlichkeitsstörungen in der Praxis

Personen mit einer paranoiden Persönlichkeitsproblematik (F 60.0), die der Welt mit erheblichem Misstrauen begegnen und überall schlechte Absichten vermuten, werden normalerweise schon aus diesem   *Paranoide PKS*

Schizoide PKS

Dissoziale PKS

Ängstliche PKS

Abhängige PKS

Histrionische (hysterische) PKS

Anankastische (zwanghafte) PKS

Grund keine professionelle Hilfe aufsuchen. Das Gleiche trifft auf die meisten Patienten mit schizoider Persönlichkeitsstörung (F 60.1) zu. Die Betroffenen igeln sich ein und vermeiden jede Form von wirklicher Nähe, um nicht enttäuscht zu werden. Auch Menschen mit einer dissozialen (früher psychopathologischen) Charakterproblematik (F 60.2), die es nie gelernt haben, sich in andere einzufühlen und ausschließlich egoistische Ziele verfolgen, beginnen im Regelfall keine Therapie – außer sie werden nach Gesetzesverstößen von einem Gericht dazu gezwungen.

Andere Persönlichkeitsstörungen sind in der Praxis etwas häufiger anzutreffen. Dazu zählen Menschen mit einem selbstunsicher-vermeidenden oder abhängigen Charakter. Bei der ängstlichen (vermeidenden) Persönlichkeitsstörung (F 60.6) stehen Angst vor Ablehnung, Selbstabwertungen und Vermeidung intensiver zwischenmenschlicher Kontakte aus Furcht vor Missbilligung im Zentrum. Menschen, die unter einer abhängigen Persönlichkeitsstörung (F 60.7) leiden, lassen andere für sich entscheiden und artikulieren eigene Bedürfnisse eher selten. Die Vorstellung, auf sich allein gestellt zu sein, löst Angst und Hilflosigkeit aus.

Histrionisch (früher hysterisch) Persönlichkeitsgestörte (F 60.4) wiederum sind durch oberflächliches, schauspielerhaftes Verhalten, Geltungsbedürftigkeit und Sprunghaftigkeit gekennzeichnet. Die zwischenmenschlichen Beziehungen lassen sich hier als problematisch und konfliktbeladen beschreiben.

Menschen mit einer zwanghaften oder anankastischen Persönlichkeitsstörung (F 60.5) streben ein bis ins Kleinste geregeltes Leben an, in dem so genannte Sekundärtugenden wie Ordentlichkeit, Sauberkeit und Pünktlichkeit eine große Rolle spielen. Letztlich geht es den Betroffenen darum, keine Fehler zu machen und alles zu kontrollieren. Der Preis dieser Pedanterie ist meist ein Verlust an Lebensfreude. Aber auch Konflikte mit der sozialen Umgebung des Patienten, die sich den rigiden Vorstellungen selten willig unterwirft, scheinen vorprogrammiert.

2.3.2 Die narzisstische und die Borderline-Persönlichkeitsstörung

Sowohl die narzisstische Persönlichkeitsstörung (zu codieren unter „sonstige spezifische Persönlichkeitsstörungen", F 60.8) als auch das Borderline-Syndrom („emotional instabile Persönlichkeitsstörung, Borderline-Typus", F 60.31) gelten als besonders tief gehende oder „frühe Störungen", deren Grundlagen oft bis in die früheste Kindheit zurückreichen. Eine stabile Identität hat sich hier entweder überhaupt nicht (Borderline-Problematik) oder nur vorübergehend entwickeln können, um den Preis einer Ignorierung der Bedürfnisse und Grenzen anderer Menschen (narzisstischer Charakter).

Eine instabile Identität wurzelt oft in der frühen Kindheit

Kennzeichnend für die narzisstische Persönlichkeit ist ein unrealistisches Selbstwertgefühl. Diese Patienten fühlen sich entweder riesengroß oder winzig klein. Eine unsichere Identität lässt sich nur um den Preis erheblicher Selbstüberschätzung aufrecht erhalten und stürzt in sich zusammen, wenn Kritik und Ablehnung durch die Umwelt sehr deutlich sind und endlich auch beim Betroffenen ankommen. Narzissten geht es eher um Anerkennung und Bewunderung durch die Mitmenschen als darum, anderen gerecht zu werden. Hinter der geselligen und kommunikativen Maske verbergen sich meist Selbsthass und Ungewissheit, was erst in der Krise zum Tragen kommt. Nicht selten entwickeln sich auf der Basis einer narzisstischen Störung auch Suchtprobleme.

Narzissten haben ein unrealistisches Selbstwertgefühl

Borderliner hingegen finden nicht einmal einen zeitweiligen Halt in sich und der Welt. Psychoanalytiker sprechen davon, dass es den Betroffenen ein Leben lang an Erfahrungen von Wärme, Rhythmus und Kontinuität gemangelt hat. Oft spielen Gewalt-, Missbrauchs-

Borderlinern fehlt der Halt

und Vernachlässigungserlebnisse eine große Rolle. Etwa 80 Prozent der Erkrankten sind weiblich. Der Zugang zum Ich ist bei diesen Patienten so gestört, dass sie sich ihren Emotionen gegenüber hilflos und ausgeliefert fühlen. Außerdem befürchten sie, vom Gegenüber abgelehnt und verletzt zu werden, wenn sie ihre wahren Gefühle offenbaren. Das Verhalten wirkt sprunghaft, Beziehungen werden mitunter schon beim geringsten Anlass abgebrochen, das Denken pendelt ausschließlich zwischen Schwarz und Weiß.

Versch. Formen der Selbstverletzung

Meist ist hinter der Fassade von Angepasstheit und Freundlichkeit eine starke innere Leere und Einsamkeit zu spüren, aber auch Wut, die sich fast immer gegen die eigene Person richtet. Als Ausdruck von Selbstverachtung und einer Sehnsucht, überhaupt etwas fühlen zu können, und sei es der Schmerz, lassen sich zum Beispiel die unterschiedlichen Formen von Selbstverletzung werten, die sich viele Betroffene zufügen. Das kann von Fress-Brech-Anfällen (Bulimie) über Verstümmelungen mit Glasscherben oder Messern bis zu wiederholten Suizidversuchen reichen. Manche Borderliner versuchen, die wahrgenommenen Defizite über zeitweilig massiven Drogen-, Alkohol- oder Sex-Konsum auszugleichen.

Die beschriebenen Probleme machen deutlich, dass die stationäre oder ambulante Psychotherapie bei Borderline-Störungen zu den anstrengendsten Herausforderungen in diesem Bereich gehört. Mehr zum Thema findet sich im Kapitel zur stationären Behandlung (siehe S. 92).

2.4 Wahnerkrankungen (Psychosen)

Verlust des Realitätsbezugs

Alle psychotischen Krankheiten zeichnen sich dadurch aus, dass in der Akutphase der Kontakt zur Realität nicht nur, wie bei Neurosen und Persönlichkeitsstörungen, mehr oder weniger verzerrt wirkt, sondern gänzlich verloren geht. Krankheitseinsicht besteht daher im

Regelfall nicht. Von rezidivierender depressiver Episode, bipolarer affektiver Störung oder Schizophrenie spricht man nur dann, wenn die Symptomatik mindestens zweimal auftritt. (Ein weiteres Kriterium für Schizophrenie wäre eine Schubdauer von mindestens einem halben Jahr.)

2.4.1 Rezidivierende depressive Episoden

Zu den ursprünglich unter dem Begriff „Affektpsychosen" zusammengefassten schweren Störungen des Gefühlserlebens zählt neben der manisch-depressiven Erkrankung auch eine bestimmte Form der Depression, die früher „endogen", also von innen kommend, genannt wurde, weil man meist keine eindeutigen Auslöser in der Lebensgeschichte finden konnte. Heutzutage werden beide Problemkreise als affektive Störungen bezeichnet, da nicht in allen Fällen psychotische Symptome auftreten. (Die ICD-10 macht diagnostisch keinen eindeutigen Unterschied zwischen neurotischen und endogenen Depressionen.) Oft lässt sich die endogene Variante der Melancholie an einer besonderen Schwere der Depression mit vielen Körpersymptomen und einem vorherrschenden „Gefühl der Gefühllosigkeit" erkennen.

Schwerwiegende affektive Störungen („Affektpsychosen")

Normalerweise wird die Krankheit als „rezidivierende depressive Episode, gegenwärtig mittelgradige depressive Episode mit somatischem Syndrom" (F 33.11) oder „gegenwärtig schwere depressive Episode" (F 33.2) verschlüsselt. Bei schweren depressiven Episoden setzt die ICD-10 ein somatisches Syndrom voraus, weshalb es nicht extra angegeben werden muss. Nur in besonders gravierenden Fällen kommt es zum Aufbau eines Wahns, der sich durch Gespäche nicht korrigieren lässt. Meist geht es hier um Themen wie Unheilbarkeit der Erkrankung, finanzielle Verarmung oder untilgbare moralische Schuld („rezidivierende depressive Episode, gegenwärtig schwere Episode mit psychotischen Symptomen", F 33.3).

Medikamente

Endogen Depressive werden in den meisten Fällen mit Antidepressiva behandelt. Diese Psychopharmaka gleichen ein Defizit des Hormons Serotonin aus, das bei den Patienten beobachtet wird.

2.4.2 Bipolare Affektstörung

Manische und depressive Phasen wechseln sich ab

Patienten, die unter einer bipolaren oder manisch-depressiven Affektstörung (bipolare affektive Störung, F 31) leiden, erfahren depressive Zustände, wie oben dargestellt, im Wechsel mit manischen, oft ins Psychotische gehenden Episoden. Zwischen den unterschiedlichen Symptomphasen wirken sie unauffällig. Die Manie (meist codiert als „gegenwärtig manische Episode ohne", F 31.1, oder „mit psychotischen Symptomen", F 31.2) lässt sich beschreiben als längerfristig erregter, quasi beschleunigter Gefühlszustand, der von den Betroffenen als euphorisch und kreativ erlebt wird. Sie sprudeln häufig vor Ideen und Tatendrang, kommen im Gespräch, das eher wie ein Monolog wirkt, vom Hundertsten ins Tausendste und schlafen in dieser Zeit kaum.

Maniker können überzeugend wirken

Einige Maniker wirken in der Akutphase auf Fremde sehr überzeugend, sie kaufen alle möglichen Sachen, schließen Verträge ab oder verschulden sich. Manische Episoden ohne depressive Phasen in der Vorgeschichte („Manie ohne", F 30.1, oder „mit psychotischen Symptomen", F 30.2) sind sehr selten. Auch wenn sie mitunter tendenziell größenwahnsinnig wirken, steht bei manischen Patienten – im Gegensatz zu Schizophrenie-Patienten – kein konsistentes Wahnsystem im Zentrum.

Medikamente

Bipolar Affektgestörten verabreicht man zur Prophylaxe häufig ein Lithiumpräparat, bei dem eine regelmäßige Überprüfung der Wirkstoffkonzentration im Blutkreislauf besonders wichtig ist. Aber auch bei einer dauerhaften Einnahme anderer Psychopharmaka empfehlen sich in bestimmten Abständen ärztliche Kontrollen des Blutbilds, abhängig von Medikament, Nebenwirkungsspektrum und der Gefahr von Wechselwirkungen mit anderen Arzneimitteln.

2.4.3 Schizophrene Erkrankungen

Schizophrene Psychosen können als Dekompensationsprozess seelisch labiler Personen in emotional belastenden Situationen gelten. Dieser Begriff bedarf der Erklärung. Viele Neurosen und die meisten Persönlichkeitsstörungen scheinen mehr oder weniger erfolgreiche Versuche zu sein, die eigenen Gefühle und das labile Selbst zu schützen. (Als Ausnahmen von dieser Regel gelten vor allem das Borderline-Syndrom und schwere neurotische Depressionen.) Der Selbstschutz durch die Symptomatik hat einen erheblichen Preis, was etwa die Stimmungslage, einen Verlust bestimmter Freiheiten oder die Aufrechterhaltung von Beziehungsschwierigkeiten angeht. Die Störung kompensiert also, mehr schlecht als recht, die wahrgenommenen Defizite.

Im Gegensatz hierzu zeichnet sich eine Dekompensation durch eine plötzliche oder schleichende Ich-Destabilisierung aus. Die entstehende Problematik, sei sie depressiv, suizidal, psychosomatisch oder eben psychotisch, ist nicht mehr dazu geeignet, die emotionalen Störungen auch nur halbwegs auszugleichen. Starke Belastungen führen gleichsam dazu, dass sich ein innerer Abgrund auftut, der dann als lähmende Depression, Lebensmüdigkeit, körperlicher Zusammenbruch oder Wahnsinn zum Tragen kommt.

Was schizophrene Psychosen betrifft, beobachtet man eine zunehmende Entkoppelung von Wahrnehmung, Denken, Fühlen und Verhalten. Bei der Hauptform, der paranoiden Schizophrenie (F 20.0), schreiben die Betroffenen oft jedem Sinneseindruck eine versteckte Bedeutung zu, was mit der Zeit in ein Wahnsystem mündet. Als Wahn gilt laut psychiatrischer Definition jedes kognitiv unkorrigierbare Fehlurteil mit

Paranoide
Schizophrenie

Eigenbezug. Ein Beispiel wäre jemand, der darauf beharrt, von seinen Nachbarn rund um die Uhr beobachtet zu werden, obwohl es keine objektiven Anhaltspunkte für eine solche Verschwörung gibt und die Mitwelt des Betroffenen den geäußerten Vermutungen klar widerspricht.

Wahnsysteme

Durch eine Systematisierung von wahnhaften Interpretationen findet der Patient eine Art von trügerischem Halt abseits der Realität, denn seine häufig durch Halluzinationen verfremdeten Wahrnehmungen bedürfen einer subjektiven Erklärung. Ist dieses System einmal gefunden, „weiß" der Erkrankte in der Psychose, dass all seine ungewöhnlichen Beobachtungen damit zu tun haben, dass er zum Beispiel von der CIA, von Nazis oder Außerirdischen gejagt wird (Verfolgungswahn). Eine kleinere Anzahl von Patienten entwickelt einen Größenwahn und hält sich zum Beispiel für heilig oder für Gott. Jeder Sinneseindruck wird, ob beim Verfolgungs- oder beim Größenwahn, durch Interpretationen so ausgelegt, dass er ins psychotische Bild passt.

Interessanterweise sind akute Psychotiker nach Beobachtungen von Kollegen fast nie körperlich krank. Mehrere Formen der Dekompensation zur gleichen Zeit scheinen auch in emotionalen Ausnahmensituationen überflüssig zu sein. Zumindest gilt das für viele Wahnerkrankungen.

Hebephrene Schizophrenie

Eine seltenere Krankheitsvariante der Schizophrenie ist die Hebephrenie (hebephrene Schizophrenie, F 20.1), deren Ausbruch eher schleichend und meist schon in der Jugendzeit erfolgt, eine Form, die eher mit Verflachung und Unangemessenheit von Affekten einhergeht als mit einem konsistenten Wahnsystem. Das Verhalten hebephrener Patienten wirkt häufig ziellos, manche lachen in Situationen, die für andere traurig sind, oder sie machen an unpassenden Stellen anzügliche Bemerkungen. Die Sprache erscheint bei diesem Störungsbild oft weitschweifig oder zerfahren. Relativ

selten ist auch die Katatonie (katatone Schizophrenie, *Katatone*
F 20.2), bei der die Betroffenen, manchmal über Stun- *Schizophrenie*
den, mehr oder weniger erstarren und in dem Zustand
intensive, beängstigende Wahnerlebnisse haben, die
allerdings nicht nach außen kommuniziert werden.

Schizophrene Psychosen werden normalerweise *Therapie*
ebenso wie schwere Depressionen oder manisch-de-
pressive Störungen in der stationären Psychiatrie
behandelt. Meist erfordern sie die Vergabe bestimmter
Medikamente, die den entgleisten Stoffwechsel im Ge-
hirn hormonell regulieren.

Chancen und Grenzen der Behandlung schizophrener Psychosen

Bei schizophrenen Psychosen sind heute Neuroleptika *Neuroleptika*
das Mittel der Wahl. Präparate, die dazu beitragen, den
Überschuss an Dopamin zu verringern, eines Neuro-
transmitters, der bei den Patienten im Akutstadium
vermehrt ausgeschüttet wird. Im Falle eines zweiten
Krankheitsschubs während der Jahre nach dem erstma-
ligen Auftreten dieser Störung wird eine langfristige,
regelmäßige Einnahme von Medikamenten unum-
gänglich.

Leider nehmen zwei Drittel der Erkrankten nach dem *Minus-*
psychotischen Schub ein mehr oder weniger starkes *symptomatik*
Gefühl von Antriebs- und Freudlosigkeit bei sich wahr.
Ein Zustand, der „Minussymptomatik" genannt wird
und gegen den sich nicht viel machen lässt. Manche
Patienten schreiben ihre dumpfe Grundstimmung
fälschlicherweise den Nebenwirkungen der Psychopharmaka zu und setzen sie ab. Häufig wird der im
Regelfall irgendwann folgende schizophrene Schub im
Vergleich zur vorher erlebten inneren Leere und Antriebsschwäche fast als angenehm empfunden.

Bei allen Wahnstörungen ist während der akuten *Psychotherapie*
Erkrankung jede Psychotherapie im engeren Sinne
unmöglich. Es gibt jedoch vor allem in den USA einige
Psychiater, die versuchen, das psychotische System des

Kranken erst einmal als gegeben hinzunehmen und innerhalb dieser Interpretationswelt zu arbeiten. Im Dialog verwenden sie die Symbolik des Betroffenen und umgehen dadurch unter anderem den Widerstand des Patienten gegen die Behandlung.

Hier zu Lande ist ein solches Vorgehen eher unüblich, und psychotherapeutische Ansätze beschränken sich in der Klinik häufig auf ein Training von Alltagskompetenzen, die Darstellung der individuellen Befindlichkeiten in der Gruppe oder entlastend angelegte Gespräche mit den Angehörigen. Letzteres geschieht nur mit dem ausdrücklichen Einverständnis des Erkrankten.

Gerichtliche Unterbringung in der Psychiatrie

Manchmal, bei erkennbarer Eigen- oder Fremdgefährdung, wird sogar eine Zwangseinweisung in die Psychiatrie notwendig, gegen den Willen des Betroffenen. Aber natürlich ist es in jeder Hinsicht besser, wenn es Freunden und Angehörigen gelingt, den Patienten zur freiwilligen Behandlung zu motivieren. Erst nach dem Abklingen des Wahns kann eine Psychotherapie dem Psychotiker dabei helfen, die verstörenden Erinnerungen zu verarbeiten und seine Vulnerabilität, die besondere Verletzlichkeit im Umgang mit emotionalem Stress, besser zu berücksichtigen.

2.5 Somatoforme Störungen und psychosomatische Krankheiten

Psychosomatische Krankheiten: körperl. Erkr. mit seel. Zusammenhängen

Bei vielen Erkrankungen vermutet man Zusammenhänge mit der individuellen seelischen Entwicklung. Psychosomatische Krankheiten (zu codieren als „psychische Faktoren oder Verhaltenseinflüsse bei andernorts klassifizierten Krankheiten", F 54 bei ... (Kennziffer der spezifischen Erkrankung, beschrieben in weiteren ICD-10-Bänden)) sind eindeutig diagnostizierbare körperliche Störungen, die bei den meisten Patienten zu einem gewissen Teil durch psychische Ursachen bedingt bzw. aufrechterhalten werden (siehe auch Ermann, 1997). Dazu zählen etwa Asthma bronchiale, Magen- oder Zwölffingerdarmgeschwür (Ulcus ventriculi bzw. Ulcus duodeni), Morbus Crohn, rheumatoide Arthritis, Neurodermitis und andere entzündliche Hautkrankheiten.

Körperliche Leiden mit seelischen Folgen, aber ohne anhaltende somatische Veränderungen oder Organschäden im Hintergrund nennt man somatoforme Störungen. Häufige Beispiele wären Migräneanfälle, einige chronische Schmerzzustände, psychogene Schlafstörungen, Appetitlosigkeit, häufiges Unwohlsein, Verdauungsprobleme, Tinnitus (Ohrgeräusche), manche Formen von zu niedrigem (Hypotonie) und zu hohem Blutdruck (Hypertonie), psychogenes Erbrechen oder Veränderungen des Herzrhythmus, die eigentlich harmlos sind. Die ICD-10 unterscheidet Syndrome, die das vegetative Nervensystem betreffen (somatoforme autonome Funktionsstörung, F 45.3), anhaltende somatoforme Schmerzstörungen (F 45.4) und Somatisierungsstörungen (F 45.0). Somatisierungsstörungen beziehen sich auf Klagen über multiple, wechselnde Körpersymptome. Die hypochondrische Störung (F 45.2), bei der die Betroffenen gegen jede ärztliche Versicherung, ihnen fehle nichts, davon überzeugt sind, an einer schweren Krankheit zu leiden, gehört ebenfalls hierher. Somatoforme Schwierigkeiten treten manchmal auch im Zusammenhang mit einer angst- oder zwangsneurotischen Problematik auf (siehe die Abschnitte zu Angststörungen und Zwangserkrankungen, S. 24 und 26).

Somatoforme Störungen: körperl. Leiden mit seel. Ursache

Hypochondrie

2.5.1 Die Hintergründe somatoformer und psychosomatischer Störungen

Bei beiden Störungsbildern treten nach tiefenpsychologischer Lehre bestimmte Affekte angstbezogener oder depressiver Natur nicht ins Bewusstsein. Sie werden vielmehr somatisiert und nur über den Umweg des Körpers wahrgenommen. Viele Betroffene haben ein erhebliches Sicherheitsbedürfnis und es fällt ihnen besonders schwer, mit Trennungen und Verlusten umzugehen. Oft ist es für sie nicht leicht, Fantasien und Gefühle zu erleben, und manche Klienten wirken vergleichsweise unlebendig. Den eigenen Körper und dessen Bedürfnisse realistisch wahrzunehmen, gelingt diesen Patienten ebenfalls schlecht.

Tiefenpsychologischer Zugang

Im Hintergrund stehen häufig emotionsfeindliche Kommunikationsstile in der Herkunftsfamilie. Meist waren vor allem „negative" Empfindungen wie Wut, Traurigkeit, Schmerz, Ekel, Neid oder Scham tabuisiert und es herrschte ein starker Anpassungsdruck. Aber auch Geborgenheits- und Autonomiewünsche wurden in manchen Fällen massiv unterdrückt, nicht selten mit körperlicher Gewalt. Manchmal war Kranksein auch die einzige Möglichkeit, Zuwendung zu erhalten. Oft gelingt es den Betroffenen nicht, Stress, der mit Unlustgefühlen einhergeht, anders zu empfinden als über Körpersymptome. Teilweise mit Verzögerung, etwa durch Beschwerden, die bevorzugt in der Freizeit auftreten.

Verhaltenstherapeutischer Fokus

Die Verhaltenstherapie konzentriert sich eher auf eine Analyse der Bedingungen und Konsequenzen, die mit den Erkrankungen einhergehen. Dazu kann zum Beispiel die Hilfe durch bestimmte Bezugspersonen gehören. Nicht wenige Betroffene schonen sich bei beiden Störungsbildern, sobald die ersten Symptome erkennbar sind, und entwickeln bestimmte Vermeidungsmuster. Das kann den Lebensradius zunehmend einschränken und die Krankheitszeichen durch dauernde Konzentration auf mögliche somatische Veränderungen subjektiv verstärken. Manche Patienten sagen, was etwa bestimmte, ungeliebte Tätigkeiten oder den Umgang mit gewissen Personen betrifft, Nein durch ihren Körper. Ein bekanntes Beispiel ist der Migräneanfall zur Vermeidung von Sex.

Auch die Angehörigen werden häufig in die Pflege der Krankheit einbezogen. Sie sollen sich manchmal in vergleichbarer Weise mit gesundheitlichen Bedenken beschäftigen wie der Betroffene. Bei somatoform Gestörten kommt in einigen Fällen eine generelle Angst vor der Welt und ihren gefährlichen Einflüssen dazu, ähnlich dem Hintergrund vieler Zwangsneurosen (siehe S. 26).

Einschränkend muss man jedoch feststellen, dass jeder Mensch in außergewöhnlichen Belastungssituationen zeitweilig psychovegetativ reagiert. Wer kennt zum Beispiel keine Situation, in der er einmal sehr gestresst war und Kopfschmerzen bekam. Problematisch wird also nur die Chronifizierung somatischer Mechanismen zur Verarbeitung seelischer Schwierigkeiten.

Wenn seelische Belastungen zu chron. Organveränderungen führen

Wenn es, wie bei den psychosomatischen Krankheiten, zu dauerhaften pathologischen Veränderungen von Organen kommt, wirken oft mehrere Faktoren zusammen. Seelische Spannungszustände, etwa unlösbare Konflikte, Stress in der Arbeit oder Belastungen durch gravierende Verlusterlebnisse, schwächen die Immunabwehr und fördern bestimmte somatische Prozesse, zum Beispiel entzündlicher oder allergologischer Art. Auf der Grundlage von genetischen Einflüssen, im Zusammenspiel mit individuellen Umweltbedingungen, manchmal auch mit pathogenen Erregern, können diese seelischen Bedingungen dazu beitragen, dass eine psychosomatische Krankheit ausbricht und aufrechterhalten wird.

Spekulationen, gewisse Persönlichkeitseigenschaften führten zu spezifischen Erkrankungen, haben sich bislang nicht bestätigt. Es gilt außerdem im Hinterkopf zu behalten, dass nicht bei allen Patienten, die unter „psychosomatischen" Krankheiten leiden, tatsächlich seelische Faktoren beteiligt sind. Eine umfassende Anamnese und Differenzialdiagnose scheinen in jedem Fall notwendig zu sein.

Einige allgemeine Anmerkungen zum Schluss: Empirische Forschungen ergaben, dass Frauen überpropor-

Frauen und Männer neigen zu versch. Störungen

tional häufig unter Depressionen und Angststörungen leiden, während Männer ihre Probleme öfter somatisieren, eine Suchterkrankung, aggressive soziale Schwierigkeiten oder eine Persönlichkeitsstörung entwickeln („Spiegel" vom 03.09.01). Das Borderline-Syndrom gilt als Ausnahme, was die Persönlichkeitsstörungen angeht: Hier sind Frauen besonders oft betroffen. Psychotische Krankheiten und Zwangsneurosen treten bei beiden Geschlechtern etwa gleich häufig auf. Obwohl insgesamt gesehen gleich viele Männer und Frauen unter einer behandlungsbedürftigen seelischen Störung leiden, suchen deutlich mehr weibliche Betroffene psychotherapeutische Unterstützung.

Frauen gehen eher zum Therapeuten

2.6 Andere seelische Problemfälle

Aus Platzgründen wird auf die Themen Abhängigkeitserkrankungen, Suizidalität und neurotisch-dissoziative Störungen nur am Rande eingegangen (siehe das Kapitel „Wenn einmal pro Woche nicht reicht: Stationäre Behandlungen", S. 77 ff.). Einige wichtige seelische Problemkreise, etwa hirnorganische Psychosyndrome, Intelligenzminderung, Entwicklungsstörungen, Verhaltensauffälligkeiten bei Kindern und Jugendlichen, Ess- und Schlafstörungen oder sexuelle Schwierigkeiten müssen ebenso außen vor bleiben wie vergleichsweise seltene Störungsbilder.

Die einzelnen Syndrome und ihre Behandlung werden im Folgenden in tabellarischer Form zusammengefasst. Anschließend folgt ein Kapitel zu den Grundlagen der relevanten psychotherapeutischen Schulen.

2.7 Übersichtstabelle zu den wichtigsten psychischen Störungen

Art der Störung	Häufige Erscheinungsformen (mit ICD-10-Kennziffern)	Merkmale und Problematik	Anmerkungen zur Behandlung
Reaktive Störungen	Belastungs-reaktion (F 43.0) Belastungs-störung (F 43.1) Anpassungs-störung (F 43.2)	Oft Albträume, affektive und somatische Symptome, peinigende Erinnerungen, Hilflosigkeit, Angst, Depression. Akutes (z.B. Vergewaltigung) oder chronisches Trauma (z.B. Entführung) lässt den Pat. nicht mehr los. Belastende Situation erlaubt zunächst keine Wiederherstellung der emotionalen Balance.	Psychotherapie (PT) sollte stützend angelegt sein. Erkenntnis, dass sich auch jeder andere nach unnormalen Umständen schlecht fühlen würde, entlastet häufig. Gute Ergebnisse auch bei Anwendung hypnotherapeutischer Methoden zur selbst-distanzierten Durcharbeitung des Traumas.
Neurosen	(Neurotisch-) depressive Episode (F 32.0 – F 32.9), rezidivierende (neurotisch-) depressive Störung (F 33.0 – F 33.9, meist „ohne somatisches Syndrom") oder langanhaltende leichte Depression (Dysthymia, F 34.1)	Emotionale, kognitive, physiologische, verhaltens- u. beziehungsmäßige Regulationsmuster sind längerfristig gestört. Realitätswahrnehmung meist ins Negative verzerrt, viele Selbstabwertungen. Neurose als Kompromiss zwischen Bedürfnissen und Befürchtungen. Biografische Grundkonflikte reaktualisieren sich	Sinnvoll ist oft ein Wechsel zwischen Einsichtsorientierung u. Verhaltensänderung auf der Basis einer stabilen Therapeut-Patient-Beziehung. Vermeidungsproblematik muss ggf. beachtet und angesprochen werden. Klient sollte Hauptteil der Arbeit leisten. Nur in sehr schweren Fällen, deren Ausprägungsgrad

Art der Störung	Häufige Erscheinungsformen (mit ICD-10-Kennziffern)	Merkmale und Problematik	Anmerkungen zur Behandlung
	Phobien und andere Angststörungen (F 40.0 – F 41.9) (Neurotische) Zwangsstörungen (F 42.0 – F 42.9)	in etlichen Situationen (→ Leidensdruck). Je nach Störungsbild unterschiedliche Symptomatik (depressiv, angst- oder zwangzentriert).	das Durchhalten einer seelischen Behandlung unmöglich machen würde, begleitende Medikation mit spezifischen Psychopharmaka.
Persönlichkeitsstörungen (PKS)	Paranoide PKS (F 60.0) Schizoide PKS (F 60.1) Dissoziale (psychopathische) PKS (F 60.2) Ängstliche (vermeidende) PKS (F 60.6) Abhängige PKS (F 60.7) Histrionische (hysterische) PKS (F 60.4) Anankastische (zwanghafte) PKS (F 60.5) Frühe Störungen: Narzisstische PKS (F 60.8, mittleres Strukturniveau) Emotional instabile PKS, Borderline-Typ (F 60.31,	Chronisch mangelhaft an die Umwelt angepasste Charaktereigenschaften, die als zum Ich gehörend empfunden werden. Folge v.a. Selbstbild- und Beziehungsstörungen, manchmal leiden die Bezugspersonen mehr als der Pat. Funktion fürs Individuum (außer destabilisierendes Borderline-Syndrom): Selbstschutz. Sog. frühe Störungen (besonders tief gehend) hängen oft mit massiver Vernachlässigung, Überprotegierung oder Traumatisierung (körperliche, seelische oder sexuelle Gewalt) in den ersten Lebensjahren zusammen.	Problem häufig mangelnde Eigenmotiviertheit; Misstrauen gegenüber Gefühl und Bindung (die meisten PKS) oder totale Dependenz vom Gegenüber (ängstliche bzw. abhängige PKS). Immer wieder werden Therapeut (Th.) und Pat. durch Rückschläge entmutigt. Behandlung sollte stützend und langfristig angelegt sein und Schritt für Schritt emotionale Freiräume erschließen, wo es dem Betroffenen möglich ist. Therapie von Borderlinern bes. schwierig, z.T. Krisenintervention. Gute Erfahrungen mit stationären PT-Konzepten (Gruppenaspekt).

Art der Störung	Häufige Erscheinungsformen (mit ICD-10-Kennziffern)	Merkmale und Problematik	Anmerkungen zur Behandlung
	niederes Strukturniveau, auch „Grundstörung" genannt)		
Schwerwiegende Affektstörungen	Bipolare affektive Störung (oder manisch-depressive Erkrankung, F 31.0 – F 31.9) Rezidivierende (früher endogene) depressive Störung (F 33.0 – F 33.9, meist „mit somatischem Syndrom")	Neben symptomfreien Intervallen treten schwere depressive oder abwechselnd manisch-überdrehte und depressiv-niedergeschlagene („Gefühl der Gefühllosigkeit") Phasen auf, die in beiden Fällen bis ins Wahnhafte gehen können. In der Akutphase kaum Krankheitseinsicht. Selten eindeutige lebensgeschichtliche Auslöser. Genetische Prädisponierung wird angenommen (wie auch bei der Schizophrenie).	Behandlung meist auf psychiatrischen Stationen, bei Manikern mitunter auch gegen den Willen des Pat. (Eigengefährdung). Häufig ist die langfristige Einnahme eines Antidepressivums bzw. MAO-Hemmers (monopolare Depression) oder von Lithium (bipolare Störung) notwendig. Ambulante psychiatrische Nachbehandlung ist sinnvoll. Eher geringes Ansprechen auf PT, seelische Behandlung kann bestenfalls zur Stabilisierung beitragen.
Schizophrene Psychosen	Paranoide Schizophrenie (auch: rezidivierende paranoid-halluzinatorische Psychose, F 20.0) Hebephrene	Zunehmende Entkoppelung von Fühlen, Denken und Verhalten. Wiederholtes, schubförmiges Auftreten bei relativ symptomfreien Intervallen. Veränderte Wahr-	Während des Schubs Behandlung normalerweise in der Psychiatrie, bei Eigen- oder Fremdgefährdung auch gegen den Willen des Pat. (→ Motivationsproblem).

Art der Störung	Häufige Erscheinungsformen (mit ICD-10-Kennziffern)	Merkmale und Problematik	Anmerkungen zur Behandlung
	Schizophrenie (F 20.1) Katatone Schizophrenie (F 20.2)	nehmungen und darauf aufbauende Interpretationen führen in ein Wahnsystem (kognitiv unkorrigierbare Fehlurteile mit Eigenbezug). Akut keine Krankheitseinsicht. Nach dem Schub bei 2/3 der Pat. Residualstörungen (Affektarmut, Motivations-, Antriebsverlust).	Langfristige Einnahme von Neuroleptika nötig. PT erst nach Psychose sinnvoll, sollte unterstützend, eher wenig konfliktzentriert (Gefahr einer Dekompensation) angelegt sein und neben einer Bewältigung der verstörenden Zeit auch angemessenes Stressmanagement beinhalten. Ambulante psychiatrische Mitbehandlung wichtig.
Somatoforme Störungen und psychosomatische Krankheiten	Somatoforme Störungen: Somatisierungsst. (F 45.0) Hypochondrische Störung (F 45.2) Somatoforme autonome Funktionsst. (F 45.3)	Somatoforme Störungen: Pat. leidet unter körperl. Symptomen ohne somat. Grundlage. Beteuerungen der Ärzte, alles sei o.k., werden nicht geglaubt. Somatisierungsstörung: Multiple Beschwerden, Krankheitsursache wird gesucht. Hypochondrische Störung: Spezifische, gefährliche Erkrankung wird vermutet.	Viele Patienten haben Schwierigkeiten mit dem psychotherapeutischen Modell, fordern quasi-medizinisches Vorgehen. Themen in der PT oft Entspannungsübung, differenzierte Selbstbeobachtung, Stressmanagement, Wahrnehmung und Ausdruck von Gefühlen.

Art der Störung	Häufige Erscheinungsformen (mit ICD-10-Kennziffern)	Merkmale und Problematik	Anmerkungen zur Behandlung
	Psychosomatische Erkrankungen: Ps. Faktoren bei andernorts klassifizierten Krankheiten (F 54 bei ..., gefolgt von ICD-Kennziffer der spezifischen Erkrankung, z.B. „Urticaria, L 50")	Somatoforme autonome Funktionsst.: Vegetative Beschwerden. Psychosomatische Erkrankungen: Reale Krankheit wird durch psych. Einflüsse mitverursacht.	
Abhängigkeitserkrankungen	Psychische und Verhaltensstörungen durch psychotrope Substanzen: Alkohol (F 10) Opiate (F 11) Cannabis (F 12) Hypnotika und Sedativa (F 13) Kokain (F 14) Andere Stimulanzien (F 15) Halluzinogene (F 16) Multipler Substanzgebrauch (F 19)	Mögliche Folgen von Missbrauch oder Abhängigkeit von psychoaktiven Mitteln reichen von Entzugserscheinungen über Organschäden bis zu Psychosen. Sucht hat oft den Charakter einer Ersatzhandlung („künstliches Glück", Verdrängung unbefriedigender Aspekte der Realität).	Meist psychiatrische Behandlung, z.T. auf spezialisierten Stationen und nicht selten im Anschluss an eine Entgiftung. Vom Erstauftreten bis zur Therapiemotivation können Jahre vergehen (Leidensdruck lässt sich durch Drogenkonsum verleugnen). Unfreiwillige Behandlungen scheitern normalerweise, auch bei gegebener Motivation oft Rückfallgefahr. Amb. Anschluss-PT nur bei Abstinenz sinnvoll. Ziel: Wahre Bedürfnisse finden.

3 Wer darf therapieren?

In Deutschland werden Voraussetzungen und Bedingungen der psychotherapeutischen Arbeit von Ärzten, Psychologen und Heilpraktikern in bestimmten Gesetzen dargestellt. Die Grundversorgung der Allgemeinbevölkerung, durch Kassenzulassung und -finanzierung geregelt, obliegt hierbei den ärztlichen und psychologischen Psychotherapeuten.

3.1 Ärztliche Psychotherapeuten

Ärzte haben verschiedene Möglichkeiten, seelische Behandlungen durchzuführen. Nach dem Abschluss des Medizinstudiums können sie eine von mehreren fünfjährigen Facharztausbildungen absolvieren, was dann die Berechtigung einschließt, sich „ärztlicher Psychotherapeut" zu nennen. Zu diesen Weiterbildungen zählen der Facharzt (FA) für Psychiatrie und Psychotherapie (oder Psychiater) und der FA für Neurologie (Nervenheilkunde), außerdem der FA für Psychotherapeutische Medizin und der FA für Kinder- und Jugendlichenpsychiatrie und -psychotherapie.

Psychotherapeut. Facharztausbildungen

Medizinern, die aus anderen Fachrichtungen kommen, steht ein weniger aufwendiger Weg zum ärztlichen Psychotherapeuten offen. Der Besuch von berufsbegleitend angelegten Fortbildungsveranstaltungen erlaubt ihnen schließlich, Zusatztitel zu führen, etwa „Psychotherapie", „Psychoanalyse" oder „Kinder- und Jugendlichenpsychotherapie".

Alle ärztlichen Psychotherapeuten mit eigener Praxis können einen Abrechnungsstempel der zuständigen Kassenärztlichen Landesvereinigung (KV) beantragen,

Abrechnungsstempel der KV

der abhängig vom regionalen Bedarf erteilt wird. Bei Bewilligung lässt sich mit den Krankenversicherungen abrechnen, wie es Abschnitt 3.4 (siehe S. 52 ff.) beschreibt. Ausschließlich Medizinern ist es erlaubt, verschreibungspflichtige Medikamente, wozu auch die meisten Psychopharmaka gehören, zu verordnen. Auch Ärzte ohne Psychotherapieausbildung, zum Beispiel manche Allgemeinmediziner, führen Gespräche mit ihren Patienten, die der Befindlichkeitsklärung und der seelischen Stabilisierung dienen. Diese Beratungsgespräche werden ebenfalls von den Krankenversicherungen finanziert. Allerdings hat hier die Kostenerstattung, verglichen mit Psychotherapiesitzungen, einen deutlich geringeren Umfang.

3.2 Psychologische Psychotherapeuten (Psychologen)

VT, Psychoanalyse u. tiefenpsychologisch fundierte Therapie gehören zu den Richtlinienverfahren

Nach gerade einmal rund 20 Jahren Beratung verabschiedeten Bundestag und Bundesrat 1998 das Psychotherapeutengesetz. Diese Vorschriften regeln neben der Ausbildung zum Kinder- und Jugendlichentherapeuten erstmals die Finanzierung bestimmter Behandlungen, die von Diplom-Psychologen durchgeführt werden, im Rahmen der Gesetzlichen Krankenversicherung (siehe Anhang S. 209 ff.). Zu den anerkannten Ausbildungsgängen, den so genannten Richtlinienverfahren, zählen Verhaltenstherapie (VT), Psychoanalyse und tiefenpsychologisch fundierte Therapie. Wer als psychologischer Psychotherapeut schließlich eine Abrechnungsnummer von der zuständigen Kassenärztlichen Landesvereinigung (KV) bekommen und sich bewilligte Behandlungsstunden bezahlen lassen will, muss einige Voraussetzungen mitbringen.

Voraussetzungen

Nach einem Hochschulabschluss in Psychologie sollte eine mindestens dreijährige tiefenpsychologische oder verhaltenstherapeutische Zusatzausbildung an einem KV-anerkannten Institut absolviert worden sein. Dazu gehört in jedem Fall ein so genanntes Klinisches Jahr, das die Ausbildungskandidaten in der Psychiatrie ableisten. Vergleichbar mit dem Praktischen Jahr des angehenden Arztes und leider meistens ähnlich schlecht vergütet, nämlich gar nicht.

Außerdem müssen die Therapeuten in spe einige Behandlungen mit einem bestimmten Sitzungsumfang abschließen, die zuvor regelmäßig supervidiert und dokumentiert worden sind. Die jeweiligen Mindestwerte legt die Kassenärztliche Bundesvereinigung (KBV) ebenso fest wie die inhaltlichen Ausbildungsrichtlinien. Sie unterscheiden sich teilweise erheblich, abhängig von der gewählten Richtung. In unregelmäßigen Abständen erhöht die KBV überdies ihre Anforderungen, etwa was die Zahl der Fälle, der Behandlungs- und der Theoriestunden betrifft. Die erfolgreiche Beendigung einer zugelassenen Ausbildung führt zur berufsrechtlichen Approbation als psychologischer Psychotherapeut.

Approbation als psychologischer Psychotherapeut

Um tatsächlich eine ambulante Praxis gründen zu können, muss ein ärztlicher oder psychologischer Behandler außerdem eine Eintragung in ein kommunales Ärzteregister bei der zuständigen KV beantragen. Diese Zulassung wird im Zusammenhang mit der aktuellen Therapeutendichte und dem diesbezüglichen Bedarf erteilt. Aber selbst bei einer Ablehnung wegen Überversorgung kann ein approbierter Psychotherapeut jederzeit in einer bestehenden Gemeinschaftspraxis mitarbeiten, die schon einen KV-Abrechnungsstempel hat.

Übergangsbestimmungen regeln außerdem, dass Therapeuten, die schon vor dem 1. Januar 1999 in der ambulanten Versorgung tätig waren und mit den Kassen abrechnen durften, dies unter bestimmten Bedingungen auch weiterhin tun können. Damit haben auch einige professionelle Helfer, die eines der nicht im Psychotherapeutengesetz aufgeführten Verfahren erlernt haben, zum Beispiel bestimmte Gesprächs-, Gestalt- und Familientherapeuten, die Möglichkeit, eine

Sonderregelung bei Tätigkeit vor dem 1.1.1999

bereits bestehende Praxis weiterzuführen und die Sitzungen auch zukünftig nach dem bisherigen Procedere vergütet zu bekommen.

3.3 Heilpraktiker

Mit dem Heilpraktikerschein zur "Praxis für Psychotherapie"

Das deutsche Recht schreibt vor, dass alle, die Heilkunde ausüben, also Leiden erkennen, lindern oder heilen, eine staatliche Erlaubnis haben müssen. Dazu zählt nach dem Heilpraktikergesetz, das letztmalig im Jahr 1995 geändert wurde, auch der so genannte Kleine Heilpraktikerschein, mit dem der Antragsteller nach einer Prüfung eine eingeschränkte seelische Behandlungsbefugnis erhält. Nach dem Bestehen einer psychotherapeutisch orientierten Prüfung kann der Heilpraktiker eine Praxis eröffnen und mit den meisten privaten Kassen abrechnen. Nicht privat versicherte Klienten bezahlen die Behandlungen selbst (siehe Abschnitt 3.4.3, S. 54). Die Begriffe "Psychotherapeutin" und "Psychotherapeut" sind gesetzlich geschützt und dürfen nur von anerkannten ärztlichen und psychologischen Behandlern benutzt werden. Heilpraktiker können allerdings eine "Praxis für Psychotherapie" eröffnen. Nur in den seltensten Fällen sind diese feinen Unterschiede den Patienten bekannt.

Die staatliche Heilpraktikerprüfung beim örtlichen Gesundheitsamt verlangt unter anderem psychodiagnostische Fähigkeiten und die Kompetenz, Patienten entsprechend der Diagnose zu therapieren. Auch eine Befähigung, Grenzen und Gefahren des psychotherapeutischen Vorgehens zu erkennen, wird hier vorausgesetzt. Kenntnisse über die Ursachen seelischer Erkrankungen und ein Grundwissen über psychoaktive Medikamente sind ebenfalls Gegenstand der Befragung. Außerdem geht es um sicheres Verhalten in Krisensituationen. Der Große Heilpraktikerschein umfasst unter anderem auch die Möglichkeiten des Kleinen.

Problematisch erscheint hier, dass zum Erwerb der Heilerlaubnis, des Titels „Heilpraktiker/in für Psychotherapie", weder eine Ausbildung an einer Heilpraktikerschule noch Kurse an einem psychotherapeutischen Institut erforderlich sind. Nachweise über praktische Erfahrung oder Behandlungen von Patienten werden ebenso wenig gefordert wie kontinuierliche Supervision, Eigentherapie oder Selbsterfahrung.

Problematische Aspekte

Manche „Heilpraktiker für Psychotherapie" gehen nicht psychotherapeutisch im engeren Sinne vor. Vielmehr arbeiten sie mit „energetischen" oder spirituellen Methoden, was der Kleine Heilpraktikerschein ausdrücklich einschließt. Das macht es für Interessierte schwierig, schon in den Gelben Seiten festzustellen, was ein bestimmter Behandler anbietet.

Zusammenfassend kann man Heilpraktikern, die psychotherapeutisch arbeiten wollen, nur raten, sich selbst fortzubilden, stationäre und ambulante Erfahrungen im Umgang mit gestörten Menschen zu sammeln und sich von Kollegen fachlich supervidieren zu lassen. Viele Heilpraktiker werden ohnehin eklektizistisch tätig sein, also verschiedene Therapieansätze, die sich bewähren, miteinander kombinieren. Daran ist nichts Falsches. Jede Psychotherapie muss in gewisser Weise zum Patienten, aber auch zur Persönlichkeit des professionellen Helfers passen.

Eigenverantwortliche Fortbildung

In jedem Fall gilt es, für Heilpraktiker wie für ärztliche oder psychologische Psychotherapeuten, die eigenen Grenzen zu kennen und zu wissen, wann etwa eine psychiatrische Mitbetreuung oder die Unterbringung in einer Klinik notwendig wird. Das betrifft vor allem Wahnerkrankungen, schwere Depressionen, Suizidalität und verschiedene Abhängigkeitserkrankungen.

Die eigenen Grenzen erkennen

3.4 Hinweise zur Abrechnung

3.4.1 Fünf Stunden probehalber

Die Kranken-
versicherung trägt
5 probatorische
Sitzungen

Bevor Patient und psychologischer oder ärztlicher Kassen-Psychotherapeut die Entscheidung zur Aufnahme einer seelischen Behandlung treffen, haben beide Gesprächspartner Gelegenheit, sich im Rahmen von fünf Stunden „auf Probe" etwas besser kennen zu lernen. Diese so genannten probatorischen Sitzungen werden von den Krankenversicherungen in jedem Fall bezahlt.

Dem Therapeuten sollte es in den Probestunden möglich sein, sich ein differenziertes Bild vom Patienten und seiner Problematik zu machen, um die erkannten Zusammenhänge im Therapieantrags-Bericht zu formulieren (siehe auch die Abschnitte „Psychoanalyse und tiefenpsychologisch fundierte Therapie" S. 57 bzw. „Verhaltenstherapie" S. 60). Er wird normalerweise abschätzen, ob es ihm gelingen könnte, einen emotionalen Zugang zum Klienten herzustellen und mit den Schwierigkeiten des anderen angemessen umzugehen.

Zeit zum
Kennenlernen

Der Patient wiederum erkundet in dieser Zeit, ob er seinem potenziellen Helfer ausreichend Sympathie und Vertrauen entgegenbringt und ob er ihm zutraut, professionell und kompetent zu handeln. Nach der fünften Stunde ist es beiden Parteien fast immer möglich, sich für oder gegen die Aufnahme einer seelischen Behandlung zu entscheiden. Auf die Ausübung eines mehr oder weniger subtilen Drucks in eine bestimmte Richtung sollten Therapeuten hier verzichten, wenn es geht.

3.4.2 Der Therapieantrag

Im Verlauf der Probestunden und vor dem Beginn der bewilligten Sitzungen erfragt der professionelle Helfer die wesentlichen Aspekte der Anamnese und stellt im Therapieantrag die lerngeschichtlichen (VT) oder konfliktorientierten (Psychoanalyse) Zusammenhänge zur pathologischen Symptomatik heraus. Die Ressourcen und Kompetenzen des Patienten werden ebenso dargestellt wie Motivation und Änderungspotenzial. Damit eine Behandlung schließlich von der Kasse bewilligt und übernommen wird, muss in jedem Fall ein Krankheitswert erkennbar sein, was im Regelfall für alle oben beschriebenen Störungen gilt. Psychotherapie sollte zumindest begrenzte Erfolge versprechen.

Nur der psychologische Psychotherapeut muss einen Konsiliarbericht anfordern und dem Psychotherapie-Antrag beilegen. Hierin skizziert ein Mediziner, dem der Patient Vertrauen entgegenbringt, dessen Störung noch einmal in Kürze und schließt mögliche körperliche Grundlagen aus. Psychosomatisch Erkrankte lassen sich normalerweise von Haus- oder Facharzt mitbehandeln. Falls der Patient Psychopharmaka nimmt, ist es sinnvoll, wenn er regelmäßig seinen Psychiater oder Neurologen konsultiert. Auch Gespräche zwischen Psychotherapeut und behandelndem Facharzt empfehlen sich in einigen Fällen, sie machen allerdings eine schriftliche Entbindung von der Schweigepflicht durch den Betroffenen erforderlich.

Der psycholog. Psychotherapeut braucht Konsiliarberichte

Wegen des geringeren Arbeitsaufwands lassen sich viele Psychotherapeuten zunächst eine 25-stündige Kurzzeittherapie, abgekürzt KZT, bewilligen. Später lässt sie sich durch einen weiteren Antrag immer noch in eine Langzeittherapie (LZT) umwandeln. Allerdings erfordert die Genehmigung einer KZT bei Fällen, die eigentlich von vornherein einer langfristigen Behandlung bedürften, etwa massiven Zwangserkrankungen oder dem Borderline-Syndrom, eine kurze schriftliche Begründung, die darlegt, warum erst einmal eine Kurzzeittherapie angestrebt wird. Beliebt ist zum Beispiel der Satz: „Zunächst soll die Festigkeit der Therapiemotivation überprüft werden".

Am Anfang steht meist der Antrag auf KZT

Der tiefen- oder lernpsychologisch orientierte, anonymisierte „Bericht zum KZT-Antrag" kommt mit ei-

Maßnahmen zum Datenschutz

nem Durchschlag des Konsiliarberichts, der die Patientendaten ebenfalls ausklammert, in einen bestimmten Umschlag, den der Therapeut zuklebt und mit einigen weiteren Formularen an die Krankenkasse des Betroffenen schickt. Jede gesetzliche Versicherung weiß nur vom Antrag und vom jeweiligen Diagnoseschlüssel. Die Krankengeschichte ist der Kasse wiederum nicht bekannt, da sie das Kuvert mit dem Bericht ungeöffnet an einen externen Gutachter weiterleitet. Dessen Urteil spielt dann eine maßgebliche Rolle, was die Entscheidung angeht, ob die Therapie bewilligt wird oder nicht. Durch diese relativ komplizierte Prozedur soll ein maximaler Datenschutz gewährleistet sein.

Die Zeit zwischen Antragstellung und Bewilligung

Da es mehrere Monate dauern kann, bis der Krankenkassen-Bewilligungsbescheid im Praxisbriefkasten steckt, gewähren einige Psychotherapeuten ihren Klienten nach den probatorischen Stunden eine begrenzte Anzahl kostenloser Sitzungen, um die Wartezeit zu überbrücken. Eine „Mischfinanzierung" von privaten Rechnungen und Kassenleistungen ist nicht erlaubt. Andere Behandler vertrauen auf die Fähigkeiten ihrer Patienten, die häufig langjährigen Probleme noch eine Weile weiter zu ertragen.

3.4.3 Private Krankenversicherung und individuelle Honorarberechnung

Heilpraktiker und andere Helfer, die Therapien anbieten, die nicht zu den Richtlinienverfahren gehören, sind meistens auf „Selbstzahler" angewiesen. In einigen Fällen tritt auch eine private Krankenversicherung ein. Privatpatienten müssen die Übernahme einer seelischen Behandlung häufig individuell mit der Krankenkasse aushandeln. Manche Betroffene haben auch

Zusatzversicherung

eine private Zusatzversicherung für Psychotherapie abgeschlossen. Normalerweise wird nach der Gebührenordnung für Ärzte (GoÄ) abgerechnet, wobei die meisten professionellen Helfer den 2,3fachen Regelsatz

Abrechnung nach GoÄ

veranschlagen. Die Höhe dieses einfachen Satzes diffe-
riert regional. Im Jahr 2001 betrug er zum Beispiel in
Nordrhein-Westfalen etwa 50 Euro.

In Ausnahmefällen finanzieren auch die gesetzlichen   *Ausnahmen*
Kassen Behandlungen, die nicht zu den Richtlinienverfahren zählen. Entweder wenn der Therapeut zusätzlich Analytiker oder Verhaltenstherapeut ist und seine
„fachfremden" Ansätze geschickt verpackt, wie es im
nächsten Kapitel dargestellt wird. Die andere Möglichkeit einer Therapiebewilligung durch die Gesetzliche
Krankenversicherung besteht dann, wenn der Gesprächs-
oder Gestalttherapeut eine bereits existierende Praxis
mit Abrechnung über das so genannte Erstattungsver-
fahren im Rahmen der Übergangsbestimmungen des
Psychotherapeutengesetzes weiterführen kann (siehe
Anhang S. 209 ff.).

Meist jedoch werden die Patienten Gespräche mit   *Private Vergütung*
professionellen Helfern, die nicht als Tiefenpsycholo-
gen oder Verhaltenstherapeuten tätig sind, selbst
bezahlen. Einige Behandler staffeln ihre Stundensätze
nach sozialen Gesichtspunkten, andere verlangen
durchschnittlich 50 bis 90 Euro pro Sitzung von ihren
Klienten. Sämtliche Einkünfte durch ambulante Arbeit,
ob durch den Betroffenen finanziert oder von einer
Krankenkasse getragen, muss der Therapeut selbstständig versteuern.

4 Psychotherapeutische Schulen und Behandlungsweisen

4.1 Psychoanalyse und tiefenpsychologisch fundierte Therapie

Die Ausbildungsgänge in Psychoanalyse und tiefenpsychologisch fundierter Therapie ähneln einander in Grundansatz und Herangehensweise. Allerdings dauert die klassische psychoanalytische Schulung an einem anerkannten Institut, das oft in der Tradition Sigmund Freuds steht, einige Jahre länger. Sie erfordert vor allem eine besonders umfassende Eigenanalyse, die der Kandidat selbst finanzieren muss.

Ein Klient, der die bereits vom Gründervater entwickelte Große Analyse mit drei bis fünf Terminen pro Woche auf der Couch in Erwägung zieht, ist auf einen Therapeuten mit psychoanalytischer Ausbildung angewiesen. Normalerweise 160, im Maximalfall bis zu 300 Stunden Gespräche übernimmt die Krankenversicherung bei dieser Therapieform. Eine psychoanalytische Kurzzeitbehandlung gibt es nicht.

Mit 1–5 Terminen / Wo: 160–300 Std. für eine Psychoanalyse

Seit jedoch 1994 die einflussreiche vergleichende Studie von Klaus Grawe zur Effizienz verschiedener Psychotherapieformen erschien, die unter anderem aussagt, dass dreistellige Sitzungszahlen keine größeren Erfolge mit sich bringen als kürzere, reagieren manche Kassen eher restriktiv, was die Bewilligung äußerst umfangreicher und teurer Langzeitanalysen betrifft.

Kürzere psychoanalytische Behandlungen gelten hingegen als gut überprüft, vor allem was ihre Wirksamkeit bei Neurosen und Persönlichkeitsstörungen

Mit 1 Termin/Wo:
25–100 Std. für
die tiefenpsycholo-
gisch fundierte
Therapie

Tiefenpsychologie:
– Sitzender Patient
– Abgegrenzter
Therapieauftrag
– Direktives
Vorgehen

Psychoanalyse:
– Liegender Patient
– Die ganze Persön-
lichkeit im Blick
– Nondirektives
Vorgehen

betrifft. Tiefenpsychologisch fundierte Therapeuten leisten häufig eine mit der Psychoanalyse vergleichbare Arbeit, wenn man von der Einschränkung absieht, dass der bewilligte Langzeittherapie-Umfang normalerweise 50 und höchstens 100 Stunden beträgt. Hier existiert auch eine Kurzzeitbehandlung von 25 Sitzungen. Im Regelfall findet ein Gespräch pro Woche statt.

Tiefenpsychologie und Psychoanalyse gleichen einander in Theorie und Vokabular, da sich beide Verfahren auf Weiterentwicklungen der Psychotherapie Sigmund Freuds zurückführen lassen. In Zugangsweise und praktischem Vorgehen gibt es jedoch einige Unterschiede. Bei vielen Tiefenpsychologen sitzt der Patient grundsätzlich gegenüber, auf gleicher Augenhöhe. Möglichkeiten zur Regression, also Gelegenheiten, in frühere Gefühlszustände einzutauchen, sind bei dieser Herangehensweise im Vergleich zur traditionellen Couch des Psychoanalytikers stark eingeschränkt. Eine Behandlung beim Tiefenpschologen gilt normalerweise als fokal orientiert. Das heißt, sie bezieht sich auf abgesprochene Ziele und einen bestimmten, abgegrenzten Therapieauftrag, zum Beispiel die Bewältigung einer Ablösungsproblematik, einer Depression oder einer Agoraphobie. Der professionelle Helfer geht hier relativ direktiv vor, was zum Beispiel aktivierende Formen der Kommunikation oder direkte Hinweise auf vermutete Zusammenhänge einer Problematik beinhalten kann.

Neben dem regressionsfördernden Setting im Liegen, ohne Blickkontakt zum Therapeuten, zeichnet sich die Psychoanalyse weniger durch einen fokalen als vielmehr durch einen ganzheitlichen Zugang zum Patienten aus. Die gesamte Persönlichkeit und alle prägenden Aspekte ihrer Biografie stehen im Zentrum der Behandlung. Im Vergleich zu Tiefenpsychologen bleiben viele Analytiker verbal abstinenter, also sparsam, was Deutungen und andere Aspekte des Kommunikationsverhaltens betrifft. Die wohldosierten Aussagen sind hier eher nondirektiv. Nicht der Therapeut, sondern der

Patient selbst soll auf die wesentlichen Einsichten kommen. Alle tiefenpsychologisch arbeitenden Therapeuten versuchen bereits in der Anamnese, Zusammenhänge zwischen den aktuellen Beschwerden des Patienten und vergangenen Lebenserfahrungen herzustellen, ohne diese Erkenntnisse unbedingt sofort zum Thema zu machen. Zum rechten Zeitpunkt kann der Analytiker immer noch darauf zurückkommen.

Zusammenhänge erkunden

Die Therapie selbst besteht traditionell, wenigstens bei Neurotikern, in einer Bewusstmachung, Wiederholung und Durcharbeitung unbewusster Konflikte und Traumata. Viele psychoanalytische Therapien lassen sich von der Zielsetzung her mit Begriffen beschreiben wie einem verbesserten Zugang zu den eigenen Gefühlen und einer Nachreifung der Persönlichkeit, um nur einige wichtige Werte zu nennen. Der Tiefenpsychologe begleitet seinen Patienten durch den Prozess einer wachsenden Integration der Vergangenheit in die Gegenwart.

In den 60er bis 80er Jahren trug eine Weiterentwicklung des tiefenpsychologischen Ansatzes durch die so genannten Ich-Analytiker, zum Beispiel Otto Kernberg, dazu bei, dass heute viele Psychoanalytiker und Tiefenpsychologen neben Neurotikern vermehrt mit Klienten arbeiten, die unter schweren Persönlichkeitsstörungen leiden. Auch Psychoanalytiker werden allerdings Patienten mit solchen Krankheitsbildern, etwa die Frühgestörten, einander gegenüber sitzend behandeln, vergleichsweise direktiv vorgehen und die Stunden stärker strukturieren als traditionell üblich. Hier steht die unterstützende Beziehung im Vordergrund.

Anwendung bei Neurotikern und schweren PKS

Seit den Arbeiten Freuds gilt die ständige Beachtung der Emotionen, die Analytiker und Tiefenpsychologen beim Patienten auslösen (Übertragung) als entscheidend, aber auch die Berücksichtigung der Gefühle und Fantasien, die der Therapeut in der Analysesituation bei sich selbst wahrnimmt (Gegenübertragung). Beides sollte auch nach Abschluss der Ausbildung regelmäßig in Supervisionsgesprächen bearbeitet werden.

Übertragung und Gegenübertragung

*Unterschiede zur
Verhaltenstherapie*

Die meisten tiefenpsychologisch arbeitenden Therapeuten hoffen, dass sich mit den Ursachen für die Probleme auch die pathologischen Symptome auflösen, während viele Verhaltenstherapeuten erwarten, dass mit dem Verschwinden der Symptome auch deren Gründe irrelevant geworden sind. Ersteres dauert häufig länger, weswegen sowohl Psychoanalytiker als auch Tiefenpsychologen im Vergleich zu den Verhaltenstherapeuten höhere Stundenkontingente bewilligt bekommen.

4.2 Kognitive Verhaltenstherapie (VT)

*Mit 1 Termin/Wo:
25–80 Std.*

Verhaltenstherapeuten mit Kassenzulassung bekommen, rechtzeitige Verlängerungsanträge vorausgesetzt, Behandlungen bis zu einem Umfang von gewöhnlich 45 und maximal 80 Stunden bewilligt. Bei weniger umfassenden Störungen genügt oft auch eine Kurzzeittherapie von 25 Sitzungen, üblicherweise im wöchentlichen Rhythmus.

*Grundlage ist die
Lernpsychologie*

Die Verhaltenstherapie baut auf den Grundlagen der Lernpsychologie auf. Sie geht davon aus, dass die mehr oder weniger funktionalen menschlichen Handlungs- und Interaktionsweisen im Laufe der Lebensgeschichte erworben werden und dass sie sich, falls nötig, durch ein Umlernen auch verändern lassen. Bis Ende der Siebzigerjahre beschäftigten sich die meisten Verhaltenstherapeuten nur mit empirisch messbaren oder erfragbaren Daten, etwa Verhaltensbeobachtungen oder Konditionierungsprozessen.

Konditionierung

Viele Erkenntnisse von Lerntheoretikern entstanden durch eine Übertragung der Ergebnisse von Tierexperimenten auf den Menschen. Beispiele wären die Studien des sowjetischen Forschers Iwan Pawlow zu bedingten Reaktionen bei Hunden, die schon anfangen zu sabbern, wenn nur ein Glöckchen klingelt, das sie mit dem Beginn der Futterausgabe gekoppelt haben. Oder die

Ratten des Amerikaners B. F. Skinner, die ihr Verhalten unterschiedlich ausrichteten, je nachdem, ob man sie durch Nahrung belohnte oder mit leichten Stromstößen bestrafte.

In strikter Abgrenzung von der Psychoanalyse, der Unwissenschaftlichkeit vorgeworfen wurde, schenkte man dem Innenleben des Klienten und auch dessen Biografie in den 50er bis 70er Jahren kaum Beachtung, als aus vergleichbaren Forschungen eine Therapieform entstand.

Mit gewissem Recht warfen andere psychotherapeutische Schulen den Verhaltenstherapeuten damals eine gewisse Gefühlskälte und eine überstarke Orientierung an der schnellen Beseitigung von Symptomen vor, ohne wirkliches Interesse für die Persönlichkeit und die Geschichte ihrer Patienten zu entwickeln. Auch die Tatsache, dass das erste verhaltenstherapeutische Experiment am Menschen Anfang des 20. Jahrhunderts darin bestand, einen kleinen Jungen, den bedauernswerten Albert, so lange in Gegenwart eines Kaninchens zu erschrecken, bis schon der Nager allein eine Furchtreaktion auslöste, lässt am humanistischen Wertesystem der frühen Lernpsychologen zweifeln.

Die Symptome stehen bei der VT im Mittelpunkt

Doch seitdem hat sich einiges getan. Nach der so genannten kognitiven Wende in der VT während der späten Siebziger- und Achtzigerjahre standen nun auch die Gedanken und Gefühle des Patienten im Fokus des Behandlers. Der Biografie und dem, was die Analytiker „Krankheitsgewinn" und die Verhaltenstherapeuten „positive Konsequenzen des Symptomverhaltens" nennen, wurde allmählich so viel Aufmerksamkeit gewidmet wie den Auslösebedingungen seelischer Störungen. In Abgrenzung zur reinen Konditionierungslehre früherer Jahrzehnte wird die VT seitdem als „kognitive Verhaltenstherapie" bezeichnet.

Die kognitive VT berücksichtigt auch Gedanken und Gefühle des Klienten

Selbst die tiefenpsychologischen Begrifflichkeiten von Übertragung und Gegenübertragung fanden, in einer etwas abgespeckten Version, Eingang in die VT, da es ohne eine Beachtung der wechselseitigen Gefühle in der Behandlungssituation nicht geht. Die Qualität der Therapeut-Patient-Beziehung ist zum Beispiel ein wesentlicher Indikator für die Effektivität der Therapie. Ein Verhaltenstherapeut, der in einem bestimmten Fall durch eigene Fantasien oder bestimmte Emotionen dauerhaft abgelenkt ist, sollte diese Störung genauso in der Supervision klären wie ein Tiefenpsychologe.

Hintergründe u. Konsequenzen werden aufgedeckt

Diagnostisch steht die so genannte Verhaltensanalyse im Zentrum der ersten Therapiegespräche. Der Helfer erfragt alles Wesentliche über die Hintergründe, die aufrechterhaltenden Bedingungen und die Konsequenzen der pathologischen Symptomatik und erbittet auch Informationen über die entscheidenden Stationen der Lebensgeschichte. In systematisierter Form werden diese Zusammenhänge dann im Rahmen von Bedingungsanalysen formuliert, in denen neben den Hintergründen und Begleiterscheinungen der Störung auch deren Konsequenzen erfasst werden. Dies stellt eine wichtige Grundlage für den Bericht zum Therapieantrag, aber auch für die weitere Behandlung dar.

Therapeut. Ziele absprechen

Die jeweiligen therapeutischen Ziele spricht der Helfer mit seinem Patienten ab. Sie können sich im Verlauf der Gespräche auch wandeln oder erweitern. Im Mittelpunkt der Behandlung steht neben kognitiven Erkenntnissen durch Einsicht der Versuch, die neu gewonnenen Erfahrungen in die Realität umzusetzen. Der gelegentlich zu beobachtende Umstand, dass ein Patient nach mehreren Jahren Therapie zwar all seine Probleme detailliert und kenntnisreich analysieren kann, aber immer noch unter ihnen leidet – man denke nur an Woody Allen – soll bei der VT dadurch verhindert werden, dass viele Behandler ihren Klienten Übungen und Aufgaben für zu Hause mitgeben. Das dient zur Integration des neu Gelernten in den Alltag.

Selbstbehauptungs-training

Verhaltenstherapeuten haben einige programmatische Ansätze entwickelt, um störungsspezifisch vorzugehen, etwa verschiedene Selbstbehauptungstrainings für Gruppen selbstunsicherer Patienten oder die Systematische Desensibilisierung bei Phobien. Manche dieser Techniken haben sich, eine gute therapeutische Beziehung vorausgesetzt, als durchaus wirksam erwiesen. Das sollte den Behandler allerdings nicht dazu verführen, sich hinter wissenschaftlichen Methoden zu verstecken, wenn die so genannte Compliance, also die Bereitschaft des Patienten, an seiner Heilung mitzuwirken, nachlässt.

Systematische Desensibilisierung

4.2.1 Voneinander lernen

Glücklicherweise gibt es inzwischen etliche Psychotherapeuten ohne Scheuklappen, die manches Dogma ihrer Schule in Frage stellen und Herangehensweisen anderer Verfahren in das praktische Vorgehen integrieren.

Tiefenpsychologie und VT können voneinander profitieren

Nicht wenige Verhaltenstherapeuten behandeln persönlichkeitsgestörte Klienten ähnlich unterstützend wie Tiefenpsychologen und bieten zum Beispiel Frühgestörten einen durchaus vergleichbaren Halt, damit die Betroffenen langfristig einen besseren Zugang zu den eigenen Gefühlen bekommen können. Einige Tiefenpsychologen wiederum „verschreiben" ihren depressiven Patienten Aktivierungsaufgaben oder sie lassen Agoraphobiker zwischen den Gesprächen Übungen im Aushalten von Ängsten durchführen. (Letzteres empfahl übrigens schon Sigmund Freud bei diesem Krankheitsbild.)

Verbindung mit Psychoanalyse

Solche Anzeichen lassen hoffen, dass der jahrzehntelange Grabenkrieg der Schulen, vor allem zwischen den beiden Hauptkonkurrenten, irgendwann ganz zu Ende sein wird. Wenigstens was Erst- und Verlängerungsanträge für Kurz- und Langzeittherapien betrifft, empfiehlt sich allerdings eine Umformulierung „schulfremder" Herangehensweisen in die Termini der eigenen Ausbildungsrichtung. Hier wird eine gewisse Homogenität der Begrifflichkeiten erwartet, obwohl die zuständigen Gutachter je zur Hälfte Analytiker und Verhaltenstherapeuten sind und zufällig entschieden wird, wer welchen Antrag bearbeitet.

Quasi-tiefenpsychologische Prozesse lassen sich, wenn sie der Psychotherapeut in der Kommunikation mit der Krankenversicherung nicht ausklammert, auch recht unproblematisch in verhaltenstherapeutischen Termini ausdrücken. Es steht zu vermuten, dass dies auch für eine „Übersetzung" verhaltenstherapeutischer Abläufe in psychoanalytische Begriffswelten gilt.

4.3 Andere Verfahren

Wissenschaftliche Kriterien

Ins Psychotherapeutengesetz sollten diejenigen Therapieverfahren aufgenommen werden, deren Effektivität wissenschaftlich überprüft worden ist. Voraussetzung war außerdem, dass sie über ein umfassendes diagnostisches Instrumentarium verfügen und ein schlüssiges therapeutisches Gesamtkonzept erkennen lassen.

So weit die Theorie. In der Praxis haben sich die Schulen mit der bestorganisierten Lobby durchgesetzt, eben Psychoanalyse und Verhaltenstherapie. Beide Richtungen erfüllen zwar alle Bedingungen, die eben genannt wurden. Andere Ansätze jedoch, deren Wirksamkeit in der Fachwelt wenig umstritten ist, etwa die Gesprächspsychotherapie oder die Familientherapie, bekamen keine Chance. Das bedeutet, die Patienten müssen im Regelfall selbst bezahlen, wenn sie zum Beispiel zum Familien- oder Hypnotherapeuten gehen.

Wichtige Behandlungsverfahren

Die wichtigsten Verfahren, nämlich Gesprächspsychotherapie (GT), Familientherapie, Gestalttherapie und Hypnotherapie, werden nun vorgestellt. Anschließend folgt eine nicht repräsentative Darstellung von einigen anderen seelischen Behandlungsformen, die in Deutschland relativ häufig verwendet werden.

Hier eine Auswahl zu treffen erwies sich als schwierig. In den letzten Jahren überschwemmt ein verwirrendes Angebot unterschiedlichster Therapieformen unsere Gesellschaft. Darunter manche ernst zu nehmenden Angebote, etwa die Individualpsychologie in der Tradition Alfred Adlers, die Transaktionsanalyse (TA) oder die Themenzentrierte Interaktion (TZI). Aber auch etliche esoterische oder manipulative Pseudoverfahren, mal Einzel- und mal Gruppensitzungen, stehen zur Auswahl. Die Tatsache, dass gerade unüberprüfte oder unüberprüfbare Behandlungsmethoden aus der eigenen Tasche bezahlt werden müssen, tut deren Beliebtheit auf dem Psychomarkt keinen Abbruch.

Unüberprüfte Methoden

In diesem Kapitel beschränkt sich die Darstellung auf einige verbreitete Richtungen, die über den Kreis ihrer Anhänger hinaus Beachtung finden, hier das Psychodrama, das Neurolinguistische Programmieren (NLP) und die Körpertherapien.

4.3.1 Gesprächspsychotherapie (GT)

Die Gesprächspsychotherapie wurde in den vierziger und Fünfzigerjahren von dem Amerikaner Carl Rogers begründet. Ihre Wirksamkeit ist gut überprüft. Als „humanistisch" orientiertes Verfahren grenzte sich der Ansatz gegen die damals sehr auf die Behebung psychopathologischer Defizite zentrierte tiefenpsychologische und verhaltenstherapeutische Praxis ab. Heute messen Psychoanalyse und VT den Ressourcen des Patienten deutlich mehr Bedeutung bei, was als Verdienst der humanistischen Therapien gelten kann. Nach Rogers' Störungslehre liegt der Schlüssel zur Behebung aller Probleme im Klienten selbst. (Übrigens war der Amerikaner der Erste, der sein Gegenüber als „Klient" bezeichnete, um den vom medizinischen Modell abgeleiteten Begriff „Patient" zu vermeiden. In diesem Buch werden beide Bezeichnungen synonym verwendet.)

Die Wirksamkeit der GT nach Rogers wurde bestätigt

Der Gesprächstherapeut sieht sich am ehesten als ein Begleiter und Förderer seines Patienten auf dem Weg zur Heilung. Dem wertfreien aktiven Zuhören wird große Bedeutung beigemessen. Der Behandler fasst ger-

Im Mittelpunkt steht aktives Zuhören

ne die Gefühle, die er bei seinem Klienten wahrnimmt, in Worte, was dessen Zugang zum eigenen Ich schrittweise verbessern soll. In einer GT haben Deutungen, Hausaufgaben oder gar Ratschläge keinen Platz, der Hilfe Suchende wird vielmehr darum ersucht, sich selbst Gedanken über angemessene Lösungen für seine Schwierigkeiten zu machen. Auch diese Herangehensweise wurde später von anderen Therapieschulen übernommen. Gleichwohl bietet die „Und wie fühlt sich das jetzt an"-Terminologie mancher Gesprächstherapeuten seit einigen Jahren Anlass für brancheninternen Spott.

4.3.2 Familientherapie

Betrachtet wird die ganze Familie

Die Familientherapie, deren Grundlagen in den Sechzigern aus der systemischen Theorie entwickelt wurden, hat im Gegensatz zum analytischen, verhaltens- oder gesprächstherapeutischen Ansatz nicht das Individuum und dessen Leidensgeschichte im Blickfeld, sondern das familiäre System, in dem sich die Störung manifestiert. Der familientherapeutische Fokus liegt dabei auf den Kommunikations- und Interaktionsweisen aller Personen, die am Konflikt beteiligt sind und häufig ungewollt dazu beitragen, das Problem aufrechtzuerhalten. Jede Veränderung wiederum wird unterschiedliche Konsequenzen haben und auf alle Mitglieder des Systems zurückwirken.

Das System verändert sich

Familientherapeutische Sitzungen finden daher normalerweise mit allen Personen eines Haushalts, aber nur alle paar Wochen statt. Eingeleiteten Prozessen soll, neben einer Begrenzung des organisatorischen Aufwands, in der Zwischenzeit genügend Raum zur Entfaltung gegeben werden. Dafür können die Gespräche oft mehrere Stunden dauern. Manche Therapeuten arbeiten grundsätzlich zu zweit, wobei meist ein weiblicher und ein männlicher Behandler kooperieren. Einige lassen sich sogar von einem Supervisorenteam beraten, das die Sitzung durch einen Einwegspiegel beobachtet. In jedem Fall muss die Familie in diese nicht ganz unumstrittene Praxis eingeweiht werden.

Andere Familientherapeuten arbeiten allein. Sie bitten jeden Familienangehörigen darum, möglichst nur für sich zu sprechen und die anderen ausreden zu lassen. Gerne wird eine Technik mit dem Namen „Zirkuläre Fragen" angewandt, die darin besteht, alle Beteiligten Vermutungen darüber anstellen zu lassen, wie ein anderes Familienmitglied wohl über eine bestimmte Sache denkt. Anschließend werden Ähnlichkeiten, aber auch Unterschiede zu den tatsächlichen Ansichten des Betroffenen herausgearbeitet.

Zirkuläre Fragen

Der professionelle Helfer enthält sich für gewöhnlich jeder Wertung. Er nimmt die häufig gegensätzlichen Perspektiven und die unterschiedlichen Wirklichkeiten seiner Gesprächspartner wahr. Manchmal beschränkt sich ein systemischer Therapeut darauf, die Bedürfnisse und Grenzen der einzelnen Familienangehörigen zusammenzufassen und darzustellen, wie sich aus verschiedenen Interessen Konflikte ergeben können.

Neutrale Haltung des Therapeuten

Familienskulpturen oder Familienaufstellungen nach B. Hellinger und anderen gehören ebenfalls zu den familientherapeutischen Vorgehensweisen.

In einigen Fällen werden auch so genannte paradoxe Intentionen verwendet, die das Gegenteil von dem erreichen wollen, was sie aussagen und jeden Widerstand unmöglich machen. Zum Beispiel empfiehlt der Behandler einer Familie, in den folgenden Wochen nichts zur Behebung der Problematik zu unternehmen, weil jede Veränderung fatale Konsequenzen haben könnte (Symptomverschreibung).

Paradoxe Intentionen

Symptomverschreibung

Nicht selten hat sich bis zum nächsten Behandlungstermin Entscheidendes im betreffenden System getan. Vielleicht lösen sich alte Erstarrungen auf, möglicherweise herrscht eine chaotische Phase des Übergangs, in der die alten Gewohnheiten fraglich scheinen und neue Spielregeln noch nicht gefunden worden sind. Eventuell haben sich die Auseinandersetzungen auch verschärft. Die aktuellen Entwicklungen geschickt in Richtung einer Gesundung des Systems zu moderieren, wird dann oft zur wichtigsten Aufgabe des Familientherapeuten während der weiteren Behandlung.

4.3.3 Gestalttherapie

Ziel ist eine verbesserte Kontaktfähigkeit

In den Fünfziger- bis Siebzigerjahren entwickelte der Deutschamerikaner Fritz Perls, ein ehemaliger Psychoanalytiker, die Grundlagen der Gestalttherapie. Dieser Ansatz beschäftigt sich vor allem mit einer Verbesserung der Kontaktfähigkeiten seiner Klienten, sowohl der eigenen Person gegenüber als auch im Verhältnis zu den Mitmenschen. Die Behandlungsmethode beschränkt sich dabei nicht allein aufs Gespräch. Den Patienten stehen vielmehr ganz unterschiedliche symbolische und nonverbale Ausdrucksformen für Konflikte, Ängste, Wünsche oder Begrenzungen zur Verfügung.

„Zwei-Stühle"-Methode: Der Patient macht den Konflikt mit sich selbst aus

Ein Beispiel wäre die Technik der „Zwei Stühle". Der Klient stellt ein Ambivalenzproblem im Rollenspiel dar, etwa das Bedürfnis, von zu Hause auszuziehen. Einerseits wünscht er sich Unabhängigkeit, andererseits hat er auch Angst davor. Der Betroffene stellt sich nun vor, die „Andererseits-Stimme" säße ihm gegenüber auf einem freien Stuhl im Behandlungszimmer, während er selbst auf einem zweiten Stuhl mit der „Einerseits-Stimme" spricht. Beide Tendenzen versuchen, miteinander ins Gespräch zu kommen und streiten vielleicht auch eine Zeit lang, wobei sich der Betreffende auf den leeren Stuhl setzt, wenn er den „Andererseits-Aspekt" spielt, und sich selbst antwortet.

Widerstände, die regelmäßig auftreten, wenn der Therapeut den zweifelnden Part übernimmt, sind auf diese Weise ausgeschlossen. Der Patient macht bei der Zwei-Stühle-Methode einen inneren Konflikt mit sich selbst aus, indem er ihn symbolisch darstellt. Vielleicht findet er, angeleitet vom professionellen Helfer, nach einer Weile einen Kompromiss, in dem die unterschiedlichen Selbstanteile angemessen gewürdigt werden.

Gestalttherapeuten steht ein vielfältiges und jederzeit ergänzbares Repertoire an Ausdrucksformen für ihre Klienten zur Verfügung. Dazu können Aufgaben, ein Objekt in der Natur zu finden, das die eigene Persönlichkeit symbolisiert, ebenso gehören wie eine Darstellung der individuellen Grenzen, die durch ein Seil abgesteckt werden. Manche Behandler aus dieser Richtung lassen ihre Patienten Bilder zu Wünschen und Ängsten malen, andere konzentrieren sich auf die Rückmeldung nonverbaler Körpersignale oder verwenden Übungen zum Wahrnehmen und Ausdrücken von Gefühlen. Bei der Gestalttherapie geht es also hauptsächlich um die Erschließung neuer Möglichkeiten, dem eigenen Ich gerecht zu werden, was sich auf den Umgang mit den Mitmenschen ebenso bezieht wie auf ein Gewahrwerden eigener Bedürfnisse und Grenzen. Manche Gestalttherapeuten arbeiten ausschließlich mit Individuen, andere kombinieren Einzel- und Gruppentherapie.

Mögl. Ausdrucksformen des Patienten

Trotz des ähnlichen Namens ist hiervon die Gestaltungstherapie zu unterscheiden, die zum Beispiel in psychiatrischen Krankenhäusern angewandt wird. Dieses Gruppenverfahren gilt nicht als vollständiges Psychotherapiekonzept wie die Gestalttherapie, es wird vielmehr behandlungsbegleitend als Zusatzverfahren eingesetzt. Hier geht es ausschließlich um den symbolischen Ausdruck eigener Befindlichkeiten und einen nachfolgenden Austausch über die Gefühle während des kreativen Prozesses. Das kann Töpfern ebenso beinhalten wie gemeinsames Malen oder eine Herstellung von Collagen.

Unterschiede zur Gestaltungstherapie

4.3.4 Hypnotherapie

Die Anfänge der Hypnosetherapie liegen bereits im ausgehenden 18. Jahrhundert. Auch Freud beschäftigte sich, etwa hundert Jahre später, eine Zeit lang mit dieser Technik, um später eine aktive Bewusstmachung von Problemen den suggestiven Methoden der Hypnose vorzuziehen.

Die Herangehensweise moderner Hypnotherapeuten, etwa des Amerikaners Milton Erickson (1901–1980), besteht oft in einem eher subtilen Herbeiführen von Trancezuständen, wie sie auch bei Meditation oder Entspannung auftreten. Manche Behandler schmuggeln unbewusst wirksame Metaphern, die den Keim einer Lösung für die zuvor geschilderten Schwierigkeiten in sich tragen könnten, in Anekdoten oder Rätselgeschichten, die sie ihren Patienten erzählen. Diese Anstöße sollen nach der Sitzung ihren Einfluss im Verborgenen ausüben und vor allem in der Problemsituation zum Tragen kommen.

Hilfe bei schweren Traumata

Hypnotherapeutische Techniken haben sich zum Beispiel bei der Verarbeitung schwerer Traumata (siehe auch der Abschnitt zu den reaktiven Störungen, S. 20, 132) bewährt. Der Betroffene erlebt die schlimme Erfahrung, die ihn nicht loslässt, noch einmal in Trance, vergleichbar mit einem Film. Nur dass er dieses Mal in der Vorstellung am Projektor sitzt und den Abstand zum Trauma wie auch den gewählten Bildausschnitt so einstellen kann, dass die Erinnerung erträglich bleibt. Nach mehreren Durcharbeitungs-Hypnosestunden werden die belastenden Gedächtnisinhalte mit der behutsamen Unterstützung eines Therapeuten in die anderen Langzeiterinnerungen integriert. Das schreckliche Geschehen ist dann nur noch in wenigen Momenten präsent.

Der Klient ist eher passiv

Ungeachtet solcher Erfolge werfen manche Fachkollegen ihren hauptsächlich hypnotherapeutisch arbeitenden Kollegen vor, dass hier der Behandler für seinen

Klienten tätig wird, ihm bestimmte Ideen einpflanzt oder wirksame Lösungen suggeriert. Der Betroffene tut wenig bis nichts, da ja sein Unbewusstes genügen soll. Prozesse von Einsichtsgewinnung, Emanzipation oder Arbeit an sich selbst haben in diesem Kontext keinen Platz. Außerdem verführt die Methodik den Therapeuten in einigen Fällen dazu, sich als Guru oder Magier zu begreifen, der mit subtilen Techniken Menschen heilt und dabei übersieht, dass er sie auch manipuliert.

4.3.5 Psychodrama

In den Zwanzigerjahren von dem Deutschen Jakob Moreno entwickelt, wird das Psychodrama, eine Form der Gruppentherapie, heute an einigen Klinikstationen als wichtigste therapeutische Methode eingesetzt, vor allem bei frühen Störungen. Die Patienten stellen ihre Bedürfnisse und Grenzen, ihre Grundkonflikte, aber auch Wege zu deren Auflösung im Rollenspiel nach, wobei sie sich ihre Spielpartner aussuchen und die dargestellte Situation nach Belieben variieren können. Der jeweilige „Regisseur" eines bestimmten Psychodramas wird in einigen Fällen in verschiedene Rollen schlüpfen und in anderen zusehen.

Im Rollenspielen werden Konflikte herausgearbeitet

Die Herausarbeitung bestimmter – oft familiärer – Problemszenen wird für die Beteiligten manchmal äußerst anstrengend, was der spielerische Charakter der Sache allerdings ein wenig ausgleicht. Außerdem hat der Behandler unterschiedliche Möglichkeiten, seinen Patienten während der „Vorführung" zu unterstützen und bestimmte Erlebnisse anschließend im Einzelgespräch zu bearbeiten.

Andere therapeutische Schulen haben psychodramatische Techniken als willkommene Ergänzung in ihr Repertoire aufgenommen. Dazu gehören Rollenspiele mit Kindern und Erwachsenen ebenso wie das Selbstsicherheitstraining in der Verhaltenstherapie.

4.3.6 Neurolinguistisches Programmieren (NLP)

NLP verbindet verschiedene Therapiemodelle

Das Neurolinguistische Programmieren entstand in den Siebziger- bis Neunzigerjahren in den USA. Seine Väter hatten sich zum Ziel gesetzt, aus verschiedenen bereits bestehenden Therapiemodellen das ihrer Meinung nach Entscheidende herauszudestillieren und daraus eine Mischform zu basteln. Das Ergebnis, NLP, sollte ganz besonders effektiv und vor allem schnell wirken, ähnlich wie ein guter Programmierer Softwareprobleme meist in kurzer Zeit behebt.

Wirksamkeit des NLP

Es wurden also Versatzstücke, vor allem aus einer amerikanischen Familientherapie-Variante, bestimmten Hypnosetechniken von Milton Erickson und den Erkenntnissen des Konstruktivismus, gemischt, was man später durch angeblich äußerst wirksame störungsspezifische Therapieprogramme ergänzte. Die Tatsache, dass sich NLP bis heute keiner ernsthaften Effektivitätsprüfung gestellt hat, macht die Methode, die ihrer Klientel erhebliche Verbesserungen bei allen Problemfeldern innerhalb kürzester Zeit verspricht, zu einem recht umstrittenen Verfahren.

4.3.7 Körpertherapien

Der Bezug zum eigenen Körper wird verbessert

Die meisten traditionellen psychotherapeutischen Verfahren beschränken sich auf das Gespräch. Von diesem Zugang grenzen sich die Körpertherapien ab, zu denen manche Autoren auch das Psychodrama und die Gestalttherapie zählen. In solchen Behandlungen wird durchaus auch gesprochen, nur richtet sich der Fokus verstärkt auf die leiblichen Empfindungen. Das wird oft durch Körperübungen unterstützt, einzeln oder in der Gruppe. Ziel ist meist, die Entfremdung von der eigenen Leiblichkeit aufzuheben und ein besseres Verhältnis zu sich zu entwickeln.

Bekannte körpertherapeutische Verfahren wären etwa die Bioenergetik, die Feldenkrais-Methode oder die Konzentrative Bewegungstherapie (KBT). Meditations- und Entspannungstechniken, die zum Beispiel auch Eingang in die VT-Praxis gefunden haben, vereinigen körper- und hypnotherapeutische Aspekte.

Versch. Methoden der Körpertherapie

Gerade weniger verbalisationsfähige und im Fantasieerleben eingeschränkte Patienten können von solchen Ansätzen profitieren. Essgestörte mit einem stark beeinträchtigten Körperbild werden häufig, in Kombination mit anderen Modellen, körpertherapeutisch behandelt. Außerdem erzielen Psychotherapeuten gerade bei stark intellektualisierenden oder anderweitig abwehrenden Klienten nicht selten gute Erfolge mit körperorientierten Verfahren.

Hilfe bei Essstörungen, intellektualisierenden und abwehrenden Patienten

Die sprachliche Aufarbeitung der somatischen Erlebnisse im Rahmen der Therapie sollte selbstverständlich sein. Dennoch bleibt bei manchen körperlich oder suggestiv orientierten Psychotherapien ein Restrisiko einer z. B. psychotischen Dekompensation bestehen. Das gilt vor allem, wenn eher labile Personen an Gruppenerfahrungen mit stark regressionsförderndem Charakter teilnehmen. Hier besteht in einigen Fällen die Gefahr, dass der Therapeut Körpererlebnisse mystifiziert oder sich als Guru begreift, was in einer Entstehung schwer auflösbarer Abhängigkeitsverhältnisse münden kann.

Es folgt eine Tabelle, die einige Merkmale der wichtigsten Psychotherapieverfahren zusammenfasst.

4.4 Übersichtstabelle zu den wichtigsten psychotherapeutischen Schulen

	Hintergrund	Zugang zum Patienten	Gilt als besonders geeignet für
Psychoanalyse (PA) und tiefenpsychologisch fundierte Therapie	Seit dem ausgehenden 19. Jh. psychoanalytische, konfliktzentrierte Theorien und Forschungen von S. Freud u.a. Seit 1960 Entwicklung der stützend orientierten Ich-Analyse durch O. Kernberg und andere.	Begleitung des Gegenübers v.a. über Deutungen und Symbolisierungen (Einsichtsorientierung) PA nondirektiv, tiefenps. Th. eher direktiv. Übertragung, Gegenübertragung, Widerstand, Entwicklung der Therapeut-Patient-Beziehung werden berücksichtigt.	Neurotiker und Persönlichkeitsgestörte mit relativ guten Verbalisierungsfähigkeiten. Frühe PKS sprechen gut auf den ich-analytischen Zugang an. Psychotherapien werden im Regelfall von den Gesetzlichen Krankenvers. (GKV) übernommen.
Kognitive Verhaltenstherapie (VT)	Nach Beginn des 20. Jh. bis in die 60er zunächst aus Lernpsychologie, v.a. Konditionierungsexperimenten am Tier (B.F. Skinner u.a.), entwickelt. Seit der „kognitiven Wende" in den 70ern Einbeziehung von Forschungen zu Emotion, Kognition und der Therapeut-Patient-Beziehung (z.B. A. Ellis oder A.T. Beck).	Eher direktiv, übungs- und veränderungszentriert, Therapie orientiert sich allerdings an den Zielen des Klienten.	Reaktive Störungen, Neurosen, PKS, Psychosen, Abhängigkeitserkrankungen, somatoforme und psychosomatische Störungen; auch bei Patienten mit eher geringem Verbalisationsvermögen. Normalerweise Finanzierung durch GKV .

	Hintergrund	Zugang zum Patienten	Gilt als besonders geeignet für
Gesprächs-psycho-therapie (GT)	In den 40er- und 50er-Jahren von C. Rogers als „humanistische" PT jenseits von Analyse und VT – denen Defizitorientierung vorgeworfen wurde – begründet.	Nondirektiv, ressourcenorientiert. Der Th. steht dem Klienten durch aktives Zuhören und Verbalisierung von emotionalen Inhalten zur Seite, ohne Deutungen zu geben oder Verhaltensänderungen anzuregen.	Neurotische und persönlichkeitsgestörte Patienten mit ausgeprägten Autonomiebedürfnissen, die sich gut motivieren lassen, den Hauptteil der therapeutischen Arbeit selbst zu übernehmen.
Familien-therapie	Seit den 60er-Jahren u.a. aus Systemtheorie und Konstruktivismus entwickelt. Familiensystem statt Individuum steht im Fokus.	Eher direktiv und veränderungszentriert. Der Th. versteht sich als „allparteilich", versucht Zugänge zwischen den divergierenden Bedürfnissen und Grenzen der Familienmitglieder herzustellen, interveniert auch paradox. Meist mehrstündige Gespräche im Abstand von einigen Wochen.	Beziehungsprobleme von Paaren; Schwierigkeiten, bei denen die ganze Familie betroffen ist. Weiterer Forschungsbedarf.
Gestalt-therapie	In den 50er- bis 70er- Jahren u.a. auf Wahrnehmungspsychologie, tiefenpsychologischem und psychodramatischem Gedankengut aufgebaut (F. Perls u.a.).	Eher direktiv, Kontakterleben des Pat. steht im Zentrum. Experimentelles Ausprobieren ergänzt Gespräch.	Neurosen, PKS (falls die Behandlung unterstützend angelegt ist), Selbsterfahrung. Noch nicht ausreichend wissenschaftlich untersucht.

	Hintergrund	Zugang zum Patienten	Gilt als besonders geeignet für
Hypno-therapie	Anfänge im 18. Jh. In der 2. Hälfte des 20. Jh. zur Therapie-form im engeren Sinne entwickelt (M. Erickson u.a.).	Direktiver Zugang. Pat. nur begrenzt aktiv beteiligt, das Unbe-wusste erledigt hier die Arbeit.	Reaktive Störungen und Patienten mit Entspannungs-schwierigkeiten. Verfahren ist eher als zusätzliche Qualifi-kation geeignet. Nicht hinreichend erforscht.

5 Wenn einmal pro Woche nicht reicht: Stationäre Behandlungen

Die Behandlung ernsthafter seelischer Erkrankungen liegt im Zuständigkeitsbereich der Psychiatrie. Manche Krankenhäuser haben sich auf ein bestimmtes Störungsbild spezialisiert, etwa auf die Therapie junger oder alter Menschen (Kinder- und Jugendpsychiatrie bzw. Gerontopsychiatrie), auf Drogen- und Alkoholsucht oder eine Behandlung seelisch kranker Straffälliger (forensische Psychiatrie).

Massive Schwierigkeiten

Die Allgemeinpsychiatrischen Stationen der Bezirks- und Landeskrankenhäuser sind vom Gesetzgeber beauftragt, die stationäre nervenärztliche Versorgung der Bevölkerung sicherzustellen. Für Notfälle müssen also immer Betten bereitstehen.

Psychiatrische Versorgung

In diesen Abteilungen sind die Zustandsbilder oft recht gemischt. Das kann von Verwirrtheitszuständen und drogeninduzierten Psychosen über Abhängigkeitskrankheiten, Suizidalität und Personen mit einer schweren Persönlichkeitsstörung bis zu starken Depressionen, Manien und schizophrenen Wahnerkrankungen gehen.

Meist gelingt es den zuständigen Fachärzten, ihre Patienten zu überzeugen oder sie zu überreden, in eine Klinikbehandlung einzuwilligen. In einigen Fällen wird allerdings ein Gerichtsbeschluss nach dem Gesetz über Hilfen und Schutzmaßnahmen bei psychischen Krankheiten (kurz PsychKG) von 1999 notwendig.

5.1 Das Psychischkrankengesetz (PsychKG)

Das PsychKG greift nur bei schweren seel. Störungen

Die Rahmenbedingungen der professionellen Sorge für seelisch Erkrankte regelt das Psychischkrankengesetz, wobei etwaigen Zwangsmaßnahmen enge Grenzen gesteckt worden sind. Das PsychKG gilt nur für den Umgang mit Patienten, die unter schwerwiegenden seelischen Störungen leiden. Dazu zählen Psychosen, Abhängigkeitskrankheiten und andere, vergleichbar ernsthafte psychiatrische Syndrome, die eine Behandlung unbedingt erforderlich machen. Nach dem Vorsorgeprinzip soll zunächst gewährleistet sein, dass allen Betroffenen rechtzeitig eine angemessene Therapie zur Verfügung steht. Neben solchen Formen der Hilfe geht es im Gesetzestext um Schutz- und Unterbringungsmaßnahmen, was nun näher dargestellt werden soll.

Schutzbe-stimmungen

Zu den Schutzbestimmungen zählt, dass jeder seelisch Kranke, der dem zuständigen Sozialpsychiatrischen Dienst bekannt ist, in regelmäßigen Abständen von der betreuenden Behörde zu Kontakt- und Beratungsgesprächen eingeladen wird. Wenn der Patient nicht zu den Terminen erscheint, weil es das aktuelle Störungsbild nicht erlaubt, kommen Mitarbeiter des Dienstes auch in die Wohnung des Betroffenen.

Unterbringung (Zwangsein-weisung)

Eine Unterbringung (früher Zwangseinweisung) kann von der Ordnungsbehörde nur dann verhängt werden, wenn „gewichtige Anhaltspunkte" für eine Selbst- oder Fremdgefährdung bestehen und Gefahr im Verzug ist. In diesem Fall muss spätestens mit Ablauf des darauf folgenden Tages ein Amtsrichter einen so genannten Unterbringungsbeschluss erwirken. Das geschieht nach einem persönlichen Gespräch mit dem Betroffenen, der sich hier von einem Rechtsbeistand beraten lassen kann. In jedem Fall ist die Anordnung zeitlich befristet. Weiterhin sollte jede Einweisung in regelmäßigen Abständen gerichtlich überprüft und zum frühestmöglichen Zeitpunkt beendet werden. Ausdrücklich erwähnt das PsychKG, dass etwa eine fehlende Behandlungsmotivation des Kranken nicht ausreicht, ihn gegen seinen Willen in einer Klinik fest zu halten.

Außerdem legt der Gesetzestext die Modalitäten fest, unter denen jemandem, normalerweise für eine begrenzte Zeit, die Verfügungsgewalt über bestimmte Bereiche seines Lebens entzogen werden kann. Das hieß einmal Pflegschaft oder Entmündigung und wird heute Betreuung genannt. Nur auf drei Gebieten, nämlich was Krankenhausaufenthalte, Vergabe von Medikamenten und finanzielle Transaktionen betrifft, kann das Amtsgericht eine Betreuung durch einen Rechtsanwalt oder eine Person des Vertrauens anordnen. Die Maßnahme hat zur Voraussetzung, dass der Betroffene nicht dazu in der Lage ist, die betroffenen Lebensbereiche autonom zu bewältigen. Auch hier gilt, dass die Einschränkung der Selbstständigkeit des Patienten durch den zuständigen Richter aufgehoben werden sollte, sobald es möglich erscheint.

Betreuung (Pflegschaft, Entmündigung)

5.2 Licht- und Schattenseiten der modernen Psychiatrie

Im Vergleich zu den geschilderten Zwangsmaßnahmen ist die Behandlungsbereitschaft beim Patienten natürlich größer, wenn er sich einem freiwilligen Klinikaufenthalt unterzieht. Einige Faktoren des Stationslebens tragen zur Gesundung bei, was am Beispiel einer psychotischen Erkrankung dargestellt wird.

Zunächst führt die vorgegebene Struktur dazu, dass der häufig völlig entgleiste Tag-Nacht-Rhythmus wieder ins Lot kommt. Regelmäßiges Essen, Trinken und Schlafen (letzteres meist mit der Hilfe von Medikamenten) sind garantiert. Auch das Verbot von Alkohol und anderen Rauschmitteln im Krankenhaus dient der Stabilisierung der Patienten.

Regelmäßiger Lebensstil

Reize reduzieren

Die Wahrscheinlichkeit einer Reizüberflutung, die bei den meisten Betroffenen eine Vertiefung des Wahnerlebens mit sich bringt, wird auf der Station durch eine gewisse Gleichmäßigkeit verschiedener Tagesabläufe verringert. Außerdem ermöglicht der Krankenhausaufenthalt eine kontinuierliche Verabreichung antipsychotischer Medikamente. Einige ambulant behandelte Patienten nehmen die verordneten Neuroleptika wegen der teilweise unangenehmen Nebenwirkungen nicht regelmäßig ein, obwohl diese Präparate dem Ausbruch einer Wahnerkrankung vorbeugen können.

Medikamente

*Geschlossene /
„halb offene"
Abteilungen*

Zwar gibt es noch einige geschlossene allgemeinpsychiatrische Abteilungen, die meisten Akutstationen gelten allerdings inzwischen als „halb offen". Das bedeutet, die Betroffenen können, abhängig von der jeweiligen Ausgangsregelung, Klinik oder Krankenhausgelände für eine bestimmte Zeit verlassen, wenn nicht ein besonders agitierter oder aggressiver Patient das vorübergehende Abschließen der Stationstüren erforderlich macht. Prosoziales Verhalten wird häufig zum Beispiel durch Stunden- oder Tagesurlaub belohnt. Antisoziale Handlungen führen zum Entzug von Privilegien.

*Vergünstigungen
entziehen /
belohnen*

*Probleme stationä-
rer Behandlung*

Vor dem Hintergrund solcher Rahmenbedingungen nehmen viele seelisch Kranke an unterschiedlichen Therapieprogrammen teil, die vor allem einer Störungs- und Lebensbewältigung, aber auch dem Ausdruck der eigenen Befindlichkeit dienen sollen. Problematisch erscheint hier, dass die meisten psychotherapeutischen Ansätze erst nach dem Abklingen der Psychose Wirkung zeigen können. Kosteneinsparungen im Gesundheitswesen zwingen die Krankenhäuser jedoch, ihre Patienten kurz nach diesem Zeitpunkt zu entlassen, was die mögliche Effektivität bestimmter nicht medizinischer Herangehensweisen reduziert.

Dieser Umstand trägt dazu bei, dass die Insassen von Psychiatriestationen fast ausschließlich von schwer beeinträchtigten Mitpatienten umgeben sind, was den Gesundungsprozess vermutlich eher verzögert als beschleunigt. Außerdem erhöht sich die ohnehin schon immense Arbeitsbelastung für das Klinikpersonal. Die eigene Befriedigung durch die ärztliche oder pflegerische Tätigkeit verringert sich in vielen Fällen. Häufig sehen die professionellen Helfer ihre Patienten nur, wenn sie schwer erkrankt sind. Das verändert und verengt den therapeutischen Blickwinkel.

Einige Psychiatriebetroffene gelten in den Kliniken als „alte Bekannte", da sie immer wieder, meist in persönlichen Krisensituationen, stationäre Unterstützung suchen. Oft sind die Lebensverhältnisse dieser Menschen recht instabil, manchmal beschränkt sich das soziale Umfeld auf die Therapeuten und ein paar ehemalige Mitpatienten.

Um diese Erscheinungsformen, „Drehtürpsychiatrie" genannt, zu verringern, setzt das PsychKG vermehrt auf gemeindenahe, dezentralisierte Betreuungsangebote. Auf den Aufenthalt in der Akutpsychiatrie können zum Beispiel einige Monate in einer Tagesklinik folgen, in der die Patienten nach dem Abklingen des psychotischen Schubs lernen, ihren Alltag aufs Neue zu bewältigen.

Betreuung nach dem stationären Aufenthalt

Manchmal erleichtert ein geschütztes Arbeitsverhältnis mit psychosozialer Begleitung die Integration. In bestimmten Fällen lebt der Betroffene zunächst in einem psychiatrischen Übergangswohnheim und anschließend in einer therapeutischen Wohngemeinschaft (TWG) oder im „betreuten Einzelwohnen". Vielleicht trägt der regelmäßige Besuch einer Kontakt- und Beratungsstelle zu einer weiteren Stabilisierung des Kranken bei. Eine ambulante psychiatrische, manchmal auch psychotherapeutische Weiterbehandlung ermöglicht einigen Patienten langfristig, ihr Leben ohne oder mit wenig fremder Hilfe zu meistern.

Neben Gesprächen zum Thema Medikamente geht es hier oft um individuelles Stressmanagement und eine Reduktion chronischer Belastungsfaktoren. Auch die Verarbeitung von Krisen wird in diesen Sitzungen vorbereitet. Manchen Wahnkranken gelingt es, wenn

Selbständiges Krisenmanagement

sie eine akute Dekompensationsgefahr erkennen, selbstständig die Psychopharmaka-Dosis zu erhöhen, wie es zuvor mit dem Facharzt abgesprochen wurde, und dann eine Klinik aufzusuchen. Die notwendige Verweildauer verringert sich bei dieser Vorgehensweise erheblich. Nicht jeder seelisch Erkrankte schafft es jedoch, die eigenen Lebensumstände in vergleichbarer Weise zu kontrollieren.

5.3 Heilung durch Kontakt: Psychosomatische und psychotherapeutische Stationen (mit Fallschilderungen)

Neben den eben dargestellten Akutstationen wurden an einigen Krankenhäusern psychotherapeutisch-psychosomatische Abteilungen eingerichtet, die meist zum psychiatrischen Bereich gehören, aber mit etwas weniger gestörten Menschen arbeiten. Es gibt auch verschiedene psychosomatische Kliniken.

Psychotherapeutische Stationen behandeln häufig Patienten mit schweren Neurosen, Persönlichkeits- und insbesondere frühen Störungen, aber auch psychosomatisch oder somatoform Erkrankte. Derzeit aktuelle Abhängigkeiten von Drogen oder Alkohol sind häufig ebenso ein Ausschlusskriterium wie psychotische Schübe in der Vorgeschichte. Falls jemand dennoch dekompensieren sollte, steht meist eine Verlegung in die Allgemeinpsychiatrie an. In den psychosomatischen Krankenhäusern liegt der Schwerpunkt, wie man sich denken kann, eher bei seelisch beeinträchtigten Personen mit Körpersymptomen oder somatischen Krankheiten. Stationäre psychotherapeutische oder psychosomatische Behandlungen werden normalerweise durch den zuständigen Versicherungsträger (Kranken- oder Rentenversicherung) finanziert, wobei der Aufenthalt, abhängig von einer Genehmigung der regelmäßig einzureichen-

Ausschlusskriterien für die stationäre Behandlung

den Verlängerungsanträge, mehrere Monate dauern kann.

Die meisten psychotherapeutischen Abteilungen richten sich nach einem psychoanalytischen oder verhaltenstherapeutischen Grundkonzept, wobei häufig auch andere, schulfremde Methoden integriert werden, die sich bewährt haben. Einen großen Vorteil gegenüber individuellen Sitzungen im Praxiszimmer bietet hier die Möglichkeit, verschiedene Gruppentherapien mit Einzelgesprächen zu verknüpfen. Gerade Menschen mit sozialen Problemen und Schwierigkeiten im Bereich der Kommunikation können von einem integrativen, aufeinander abgestimmten Gesamtkonzept im stationären Rahmen oft gut profitieren. Der Übertragung neuer Verhaltensmuster auf den Alltag dient in manchen Fällen eine tagesstationäre Übergangszeit, in der die Patienten zu Hause schlafen, aber tagsüber noch eine Zeit lang an den Therapien teilnehmen.

Hilfe durch Psychoanalyse und VT

Einige Lebens- und Therapieberichte von Patienten einer psychotherapeutischen Station, auf der ich von Juni 1999 bis Mai 2000, begleitend zu meiner VT-Ausbildung, arbeitete, werden nachfolgend beschrieben. Die Abteilung wird von einer Psychoanalytikerin geleitet und verbindet den tiefenpsychologischen Ansatz unter anderem mit verhaltenstherapeutischen, körpertherapeutischen, gestaltungs- und kommunikationsorientierten Behandlungen. Neben verschiedenen Gruppentherapien, an denen alle Patienten teilnehmen, sind die zweimal wöchentlich stattfindenden Einzelgespräche besonders wichtig.

Um ein realistisches Bild einer stationären Tätigkeit zu vermitteln, wurden Personen mit relativ massiven psychischen Störungen ausgewählt, wie sie auch in der Psychiatrie vorkommen. Meistens besteht neben einer frühen Persönlichkeitsstörung eine weitere seelische Problematik (Komorbidität). Auf eine allgemeine Schilderung der psychologischen Aspekte eines bestimmten Syndroms folgt die Beschreibung der wichtigsten Lebens-

Komorbidität ist häufig

umstände eines Patienten, der unter dieser Störung leidet. Eine Darstellung des individuellen therapeutischen Prozesses und der entscheidenden Faktoren, die ihn möglicherweise beeinflusst haben, schließt sich an. Hier wie auch in anderen Teilen des Buches wurden sämtliche Namens-, Berufs- und Ortsangaben verändert, um die Anonymität der Betroffenen zu gewährleisten.

5.3.1 Abhängigkeitserkrankungen

Süchte basieren oft auf mangelndem Selbstwertgefühl

Vor allem Menschen mit einem vergleichsweise labilen Selbstwertgefühl sind nicht selten anfällig für alle möglichen Süchte. Ob sie sich nun als Workaholics ein Leben ohne Arbeit nicht vorstellen können, ob sie Schokolade, Sex oder Leistungssport unbedingt brauchen oder ob sie abhängig von der Anerkennung und Bewunderung durch ihre Mitmenschen werden.

Alle Süchte haben gemeinsam, dass der Betroffene immer wieder versucht, einen angenehmen emotionalen Zustand herzustellen, um angstauslösende Bedürfnisse nach einem wirklichen zwischenmenschlichen Austausch zu ersetzen, ein bewusst oder unbewusst wahrgenommenes Defizit auszugleichen oder bestimmte Probleme nicht deutlich werden zu lassen. Erst recht, wenn – wie bei einer Persönlichkeitsstörung – dysfunktionale Kommunikationsmuster immer wieder zu Konflikten führen. Irgendwann muss der Betreffende dann meist die „Dosis" der Abhängigkeitshandlung steigern, um dem Gewöhnungseffekt entgegen zu wirken. Schließlich wird die Sucht in einigen Fällen zum Selbstzweck, weil sich der Betroffene wenigstens halbwegs gut fühlen möchte und unangenehme Empfindungen für den Fall befürchtet, in dem er auf sein bevorzugtes Glücksmittel einmal verzichtet.

Gewöhnung führt häufig zur Erhöhung der „Dosis"

Die gleichen Vorgänge laufen ab, wenn jemand eine so genannte stoffgebundene Abhängigkeit entwickelt. In diesem Fall tritt allerdings manchmal neben die see-

lische Problematik noch eine physische. Neben be- *Suchtstoffe*
stimmten illegalen Drogen wie Heroin, Kokain oder
Crack gilt es vor allem für chronische Formen von
Alkoholabusus und bestimmte Formen von Medika-
mentenmissbrauch, dass körperliche Suchtprozesse
einsetzen. Der Betroffene schadet sich hier psychisch
und somatisch, mehr oder weniger intensiv.

Nach der Entstehung einer seelischen, vielleicht auch
körperlichen Abhängigkeit von einem Suchtstoff wird
normalerweise professionelle Unterstützung nötig. Alko-
holismus etwa gilt als behandlungsbedürftige Krankheit.
Dennoch dauert es oft Jahre, in einigen Fällen auch Jahrzehnte, bis der Abhängige einsieht, dass er Hilfe braucht.
Noch mehr Zeit verstreicht gewöhnlich, bis ein Sucht-
patient sein Lebensproblem wirklich bewältigt hat.
Häufig sind mehrere Therapien in einer Klinik notwen- *Vorsicht bei*
dig. (In fast allen Fällen führt der Versuch eines „kon- *„kontrolliertem*
trollierten Konsums" über kurz oder lang in den Rück- *Konsum"*
fall.) Nach erfolgreicher Entzugsbehandlung beginnen
manche Patienten eine ambulante oder stationäre
Psychotherapie, um den aktuellen Herausforderungen
auch weiterhin ohne Betäubungsmittel begegnen zu
können.

Wichtig für den Psychotherapeuten wäre es, sich nicht
gekränkt oder entmutigt zu fühlen, wenn ein Abhängig-
keitspatient ein Rezidiv erleidet und zum Beispiel einige Wochen in der Psychiatrie verbringen muss. (Zeitweilige Wut- oder Ohnmachtgefühle sind allerdings in
der Gegenübertragung völlig normal.) Eine einmal entwickelte Suchtbereitschaft besteht auch bei Totalabsti-
nenz oft noch viele Jahre weiter. Nicht immer bedeutet
ein Rückfall, ganz von vorn anfangen zu müssen, was
die seelische Behandlung betrifft. Manch frühere Erkenntnis ist nur für den Patienten momentan nicht
verfügbar.

Behandlung eines Patienten mit Abhängigkeits- erkrankung auf der Grundlage einer narzisstischen Persönlichkeitsstörung

Vor allem in der ambulanten Behandlung wechseln narzisstisch Gestörte häufig zwischen Verherrlichung und Abwertung des Therapeuten. Diese Übertragung entspricht einer Reaktualisierung der Kommunikations- muster des Betroffenen gegenüber wichtigen Bezugs- personen. Auch das Selbstbild des Patienten schwankt zwischen Überschätzung und Entwertung.

Bedeutung der Gegenübertragung

Viele professionelle Helfer fühlen sich also in der Gegenübertragung mal geschmeichelt und mal belei- digt. Nicht selten führt es zu Wutreaktionen beim Be- handler, wenn ein Klient längere Zeit darauf beharrt, nur die anderen seien an den eigenen Problemen schuld. Manchmal münden wechselseitige narzisstische Krän- kungen sogar in einem Behandlungsabbruch.

Besser wäre es, wenn es dem Therapeuten gelänge, die ständig wiederholten Beziehungs- und Kommuni- kationsmuster des Betroffenen und ihre zwischen- menschlichen Folgen ohne Wertung herauszuarbeiten. Rollenspiele können den Behandlungsprozess ergänzen.

Hilfe durch Gruppentherapie

Der Vorteil einer stationären Psychotherapie liegt bei diesem Syndrom in den vielfältigen sozialen Übungs- möglichkeiten, die sich mit Gruppenbehandlungen ver- binden lassen. Vor allem das differenzierte Feed-back der Mitpatienten hilft bei einer angemesseneren Einschät- zung des eigenen Verhaltens. Rückmeldungen befördern manchmal ein bislang eher marginal ausgeprägtes In- teresse an anderen Menschen und deren Bedürfnissen.

Der Patient muss die Veränderung wirklich wollen

Allgemein scheinen therapeutische Gespräche mit narzisstisch Gestörten nur dann sinnvoll zu sein, wenn es irgendwann gelingt, den Fokus auf das zu richten, was der Patient, nicht dessen Umgebung, anders machen kann, um den Teufelskreis von übermäßiger Selbstdar- stellung, Zurückgewiesenwerden durch Dritte, Selbst- vorwürfen und Einsamkeit bis zur nächsten „Flucht nach vorn" hinter sich zu lassen. Wichtig wäre also, es dem Betroffenen mit der Zeit zu ermöglichen, einen gangbaren Mittelweg zu finden und ein realistisches Selbstbild aufzubauen.

Ein gewisser Leidensdruck ist hier unabdingbar, andernfalls mangelt es an Behandlungs- und Veränderungsmotivation.

Symptomatik und Lebensgeschichte   *Fallbeispiel*

Jürgen Staube, der zum Zeitpunkt des Therapiebeginns 39 Jahre alt ist, fühlt sich seit etwa einem Jahr oft niedergeschlagen und hat Angst vor der Zukunft, wie er im Anamnesegespräch berichtet. Er sei einsam und denke ab und zu daran, wie es wäre, nicht mehr auf der Welt zu sein. Schon bei geringfügigen Anlässen reagiert Herr Staube aufbrausend und aggressiv, was später Gewissensbisse zur Folge hat.

Anfang der Neunziger ließ er seine Alkoholabhängigkeit mit einer Entgiftungstherapie in der Klinik behandeln, unterstützt vom damaligen Lebenspartner. Nach der Trennung von seinem Freund ein Jahr vor Behandlungsbeginn gelang es dem 39-Jährigen, noch ein halbes Jahr trocken zu bleiben. Dann erlitt er, ausgelöst durch Gefühle von Alleinsein und Depression, einen mehrwöchigen massiven Rückfall. Nach einer zweiten Entzugsbehandlung im Sommer 1999 entschloss sich Jürgen Staube zu einer stationären Psychotherapie.

Alkoholabhängigkeit

Der Patient erlebte seine Kindheit als „behütet". Grenzsetzungen des Vater lernte er durch die Mutter wieder zurücknehmen zu lassen. Deren Alkoholabhängigkeit empfand Herr Staube schon in seiner Kindheit als „widerlich", dennoch erlebte er die Beziehung zur Mutter als sehr herzlich. Das Verhältnis zum Vater sei recht ambivalent gewesen. Im politischen Engagement stimmten beide durchaus überein. Der Vater habe allerdings große Schwierigkeiten gehabt, seine Empfindungen zu zeigen, und sei dem Jüngeren ziemlich gefühlskalt erschienen. Zu Beginn der Neunzigerjahre outete sich Jürgen Staube seiner Familie gegenüber als homosexuell, was von der Mutter mit Unverständnis, vom Vater hingegen wohlwollend zur

Familiärer Hintergrund

Kenntnis genommen wurde. Der Patient war als Arbeiter tätig, bis er vor einigen Jahren erwerbslos wurde. Neben dem Ende der Liebesbeziehung hätten vor allem der alkoholbedingte Tod der Mutter 1991 und das durch die Folgen von Tabakkonsum bedingte Hinscheiden seines Vaters Mitte der Neunziger zu einer wachsenden Verzweiflung geführt, berichtet Herr Staube. Derzeit wohnt er mit einer allein erziehenden Bekannten zusammen. Das eigene Verhalten dieser Freundin gegenüber erscheint ihm oft barsch und ungerecht, wozu sie allerdings das Ihre beiträgt, indem sie sich unterordnet.

Diagnose

Bei dem 39-Jährigen wurde neben Alkohol-Abhängigkeitsproblematik bei derzeitiger Abstinenz (ICD-10-Kennziffer F 10.20) und mittelgradiger depressiver Episode (F 32.10) auch eine narzisstische Persönlichkeitsstörung (F 60.8) diagnostiziert.

Verlauf der Psychotherapie

Rolle der Mitpatienten

Im sozialen Kontext der Klinik verhielt sich Jürgen Staube weitgehend freundlich und engagierte sich für seine Mitpatienten. Er genoss es sichtbar, gerade von den Frauen, die mit ihm in Behandlung waren, umschwärmt zu werden und traute sich bis zum Ende seines Aufenthalts nicht, seine wirkliche sexuelle Orientierung zuzugeben.

Einzelgespräche

Im Rahmen der Einzelgespräche entwickelt sich eine gute und tragfähige therapeutische Beziehung, wozu auch die Ehrlichkeit des 39-Jährigen beiträgt. Herr Staube setzt sich mit den Verlusterlebnissen der letzten Jahre und den damit einhergehenden Gefühlen von Verzweiflung und Einsamkeit auseinander. Er verurteilt sich nicht mehr wegen dieser Empfindungen und erlaubt sich das Traurigsein mehr und mehr. Dann stehen der Umgang des Patienten mit Aggressionen und auch das Verhältnis zur eigenen Person im Mittelpunkt der Therapie.

Es wird deutlich, dass Jürgen Staube Schwierigkeiten damit hat, anderen Leuten seine Bedürfnisse und Grenzen in direkter Weise klar zu machen, ohne den Umweg eines Wutanfalls. Wenn sein Gegenüber, ängstlich wegen der Schreierei, mit Demuts- und Beschwichtigungsgesten reagiert, sinkt dieser Mensch in der Achtung des 39-Jährigen, wozu dann mit ein paar Stunden Verzögerung Schuldgefühle wegen des eigenen schlechten Benehmens kommen. Nur Personen, die dem Patienten Kontra geben und ihn, falls nötig, kritisieren, werden respektiert. Beide Faktoren tragen dazu bei, dass der Patient sein Aggressionsverhalten unter Kontrolle bringen will. Im Selbstsicherheitstraining in der Gruppe übt Herr Staube verschiedene Möglichkeiten, zu kommunizieren, ohne Druck auszuüben. *Selbstsicherheitstraining*

Wir erarbeiten im Einzelgespräch eine Strategie für frustrierende Situationen. Der Patient versucht, statt des bisherigen Hineinsteigerns in heftige Wut seine Aufmerksamkeit zunächst auf positive Aspekte der näheren Umgebung zu richten und anschließend sein Problem vergleichsweise sachlich anzusprechen, wenn eine Klärung möglich erscheint. Diese Vorgehensweise erweist sich jedoch bei Gelegenheiten „unpersönlicher" Ärgernisse, etwa beim Warten auf die verspätete Straßenbahn, als deutlich wirksamer, verglichen mit Konflikten, in deren Verlauf Jürgen Staube auf andere Leute zornig ist. Dazu trägt auch bei, dass viele Freunde und Bekannte des 39-jährigen Mannes nach wie vor tun, was er will, wenn er aggressiv wird. *Erarbeiten von Strategien*

Mit der Zeit lässt sich erkennen, dass das Selbstbild des Patienten zwischen winzig klein und riesengroß schwankt. Einmal verriet Herr Staube, dass er ab und zu in der Vorstellung schwelge, so allmächtig zu sein wie es Stalin war. Kurz vor dem Ende der Psychotherapie kam er noch einmal auf dieses Thema zurück und sagte, ihm sei klar geworden, dass er von Glück sagen könne, dass er kein Diktator geworden sei. So habe er sich seine Menschlichkeit bewahren können, ohne anderen Personen extrem zu schaden. Einige Leute, die er schätzt, beschäftigen ihn deutlich stärker als zu Therapiebeginn.

Jürgen Staube bleibt trocken und erarbeitet sich verschiedene Selbsthilfemöglichkeiten zur Vermeidung eines Rückfalls. Nach zwei Monaten stationärer Behandlung ist die Depression verschwunden und es zeichnen sich neue berufliche Perspektiven ab. *Rückfallprophylaxe*

Erfolge und Grenzen der Behandlung

Was die erfolgreiche Therapie der Depression angeht, unter der Herr Staube etwa ein halbes Jahr lang sehr gelitten hatte,

Die Therapeut-Patient-Beziehung als Basis der Therapie

spielte wahrscheinlich der gute zwischenmenschliche Kontakt in den Behandlungsgesprächen eine große Rolle. Ich konnte die Problematik des Patienten in vielen Punkten nachvollziehen, etwa was Wutgefühle wegen stundenlanger Warterei betrifft. Außerdem war mir der 39-jährige Mann trotz teilweise sehr unterschiedlicher Ansichten und Vorlieben in seiner raubauzigen Art recht sympathisch. Da ich versuchte, aufrichtig zu bleiben, widersprach ich ihm auch ab und zu. Dass sein Therapeut nicht vor ihm „kuschte" und es deutlich machte, wenn er Grenzen überschritt, trug vermutlich dazu bei, dass Jürgen Staube das Gegenüber in der therapeutischen Rolle respektieren konnte.

Normalisierung

Sich nach ein paar Behandlungswochen über die traurigen Abschiede der letzten Jahre, die Trennung vom Freund und den Tod der Eltern aussprechen zu können und zu erfahren, dass jeder andere in seiner Situation ähnlich verzweifelt wäre, tat Jürgen Staube gut, wie er einmal sagte. Auf Alkohol musste er nicht zurückgreifen und er empfand auch keinen Wunsch danach. Angesichts seiner Lebensgeschichte erkannte er in einem Gespräch den Gedanken, irgendwann kontrolliert trinken zu können, als Illusion, denn beim letzten Rückfall hatte er nach den ersten Bieren bis zur Alkoholvergiftung weitergesoffen.

Herrn Staubes Einsicht, als Kettenraucher und angesichts der Tatsache, dass die Eltern an den Folgen von Alkohol und Nikotin gestorben waren, für eine Abhängigkeit von Suchtmitteln wahrscheinlich in gewisser Weise prädisponiert zu sein und dieses Faktum immer im Hinterkopf zu behalten, könnte für eine Alkohol-Rückfallprophylaxe wichtig sein.

Es ist durchaus möglich, dass das Gefühl von Wut, das er immer wieder empfand, dazu beitrug, nicht auf Dauer in dem depressiven Sumpf aus Ohnmacht, Verzweiflung und Schuldgedanken zu verharren. Die positiven Konsequenzen einiger Aggressionsausbrüche, vor allem auch die Tatsache, dass sich manche Adressaten widerstandslos der erfahrenen Gewalt beugen, hatten sicherlich einen entscheidenden Anteil daran, dass der Patient das problematische Verhalten in diesem Bereich großenteils beibehielt. Die Neigung, sich aufzuregen,

Die Rolle der Umwelt

half dem 39-Jährigen allerdings auch dabei, aktiv zu werden und sich nach dem Abklingen der depressiven Symptomatik mit einer Menge Energie unterschiedlichen beruflichen und politischen Zielen zuzuwenden.

Programmatische Vorgehensweisen, vergleichbar dem altbekannten „Abwarten und bis zehn zählen", wirkten nur da, wo Jürgen Staube ohnehin keinen subjektiven Gewinn aus seiner Wut ziehen konnte. „Dem Trambahnfahrer, der zehn Minuten Verspätung hat, ist es völlig egal, wie sauer ich auf ihn bin", erklärte er einmal. Für manche engeren Bezugspersonen, die Objekt seiner Aggression werden, gilt dies keineswegs.

Unterschiedliche Situationen erfordern flexible Strategien

Allerdings war es dem 39-Jährigen gegen Ende der Behandlung besser möglich, im Dialog Gefühle in Worte zu fassen und Konflikte zu klären. Überhaupt spielten die Bedürfnisse und Interessen anderer Menschen mit der Zeit eine wichtigere Rolle als zuvor.

Die vielen Gruppenangebote der Klinik stellten etliche Übungsmöglichkeiten im Geben und Empfangen von Rückmeldungen zur Verfügung. Die von Herrn Staube als äußerst angenehm empfundene Tatsache, gerade bei den Mitpatientinnen gut anzukommen und sich ein bisschen zu fühlen wie der Hahn im Korb, trug zwar dazu bei, so etwas wie ein Geborgenheitsgefühl zu entwickeln. Gleichzeitig hatte der Patient bis zum Ende der stationären Psychotherapie Angst, offen zu seiner homosexuellen Orientierung zu stehen.

Kommunikative Übungen

In einigen Sitzungen während der letzten Wochen ging es um das Kernproblem der narzisstischen Störung, nämlich das Pendeln zwischen Selbstüberschätzung und Selbstverachtung. Zwischen beiden Extremen eigene Möglichkeiten zu finden, um mit sich und den anderen gut zusammenleben zu können, wurde als Ziel am Horizont erkennbar. Um diese Persönlichkeitsproblematik wirklich tief gehend zu bearbeiten, wäre jedoch vermutlich eine ambulante Langzeittherapie im Anschluss an die Krankenhausbehandlung notwendig gewesen.

5.3.2 Wahnerkrankungen

Da im Kapitel „Neurose, Psychose, Persönlichkeitsstörung" (siehe S. 19, 30 ff.) schon einiges zum Thema Wahnentwicklung dargestellt wurde, sollen an dieser Stelle wenige Anmerkungen genügen.

Dekompensation in Belastungs- zeiten

Manche Menschen, die möglicherweise eine biografisch und genetisch mitbedingte höhere Verletzlichkeit aufweisen als andere, dekompensieren in Situationen starken emotionalen Stresses psychotisch, wozu auch eine Psychotherapie gehören kann. Sie werden für eine gewisse Zeit wahnkrank, was sich häufig nur durch Medikamente beenden lässt. Neben dem Betroffenen selbst stellen schizophrene Schübe auch für Angehörige und Freunde des Patienten eine immense Belastung dar.

Mangelnde Krankheitseinsicht

Hier spielt eine große Rolle, dass Psychotiker nicht einsehen, dass sie krank sind, und ihr Verhalten häufig ziemlich unberechenbar wirkt. Die meisten psychiatrischen Stationen beziehen die wichtigsten Familienmitglieder durch gemeinsame Gespräche mit dem Erkrankten in die therapeutische Arbeit mit ein. Abhängig vom Alter des Klienten können dies zum Beispiel die Eltern oder der Partner sein. Oft geht es hier für die Angehörigen auch darum, eigene Ohnmacht- und Schuldgefühle zu bewältigen.

Borderliner

Bei Patienten auf Borderline-Strukturniveau sehen psychotische Prozesse ein bisschen anders aus. Ein systematisierter Wahn entsteht hier seltener. Psychotische Zustände in Belastungssituationen klingen bei Grundgestörten ähnlich wie dissoziative Erlebnisse nicht selten von selbst wieder ab, auch wenn man die Betroffenen in vielen Fällen neuroleptisch behandeln kann. Mitunter integriert der Erkrankte auch bestimmte Wahnideen auf eigentümliche Weise in den Alltag. Wie die Borderline-Patientin, die mir berichtete, der Geist ihrer Tante spreche im Schlaf zu ihr, ohne ansonsten „verrückt" zu wirken. Einzelne Wahngedanken wurden hier weniger zum Schub, sie waren vielmehr Teil einer grundlegenderen Störung.

Viele professionelle Helfer erleben nicht selten Gefühle von Angst und Befremden, wenn sie Psychotiker behandeln. Nicht selten verbirgt sich dahinter die Furcht vor der eigenen Desintegration, eine Angst, selbst durchzudrehen. Optimal wäre wohl, eine haltgebende therapeutische Perspektive zu entwickeln, die den Respekt vorm Gegenüber und das Interesse am anderen aufrecht erhält, obwohl sich der Patient vielleicht in wenig respektgebietender Weise verhält.

Es empfiehlt sich allerdings auch, die eigenen Grenzen deutlich zu machen, falls sie vom Wahnkranken verletzt werden, und im stationären Kontext eine Einhaltung der Rahmenbedingungen anzumahnen, wenn es nötig sein sollte. Klare und eindeutige Kommunikationsweisen können mittelfristig ebenso ein gewisses Gegengewicht zur Desorganisiertheit des Erkrankten aufbauen wie die feste Tagesstrukturierung in der Psychiatrie. In jedem Fall ist regelmäßige kollegiale Supervision unabdingbar, wenn es um seelische Behandlungen von psychotisch Gestörten geht.

Eigene Grenzen deutlich machen

Supervision ist wichtig

Da auf der psychotherapeutischen Station, auf der ich gearbeitet habe, Personen mit psychotischen Schüben in der Vorgeschichte nicht aufgenommen wurden, möchte ich von einem frühgestörten Patienten berichten, der im Verlauf der stationären Psychotherapie Wahnvorstellungen entwickelte und anschließend in der Psychiatrie weiterbehandelt wurde.

Psychotische Dekompensation eines Patienten mit kombinierter Persönlichkeitsstörung

Kombinierte Persönlichkeitsstörungen, also solche, die Merkmale unterschiedlicher Syndrome miteinander verbinden, sind in der Psychiatrie relativ häufig. Diese Diagnose sagt allerdings zunächst einmal wenig aus, wenn sie nicht weiter differenziert wird.

Komorbidität

Nicht selten lässt sich anamnestisch und entwicklungsdiagnostisch feststellen, ob es um eine Problema-

Je nach Ent-
stehungszeitpunkt
und Ich-Stabilität
unterscheidet man
– Niederes Struktur-
niveau
– Mittleres Struktur-
niveau
– Höheres Struktur-
niveau

tik auf niederem, also einem meist borderline-ähnlichen Strukturniveau, oder um Schwierigkeiten auf narzisstischer Ebene (mittleres Strukturniveau) geht. Diese Begriffe stammen aus der tiefenpsychologischen Lehre. Störungen auf niederer Ebene gelten als Ergebnis von Beeinträchtigungen der frühen Persönlichkeitsentwicklung in den ersten beiden Lebensjahren. Widersprüchliche Aspekte im Erleben der eigenen Person und in der Wahrnehmung anderer Menschen werden abgespalten, alles ist entweder vollkommen schwarz oder gänzlich weiß. Konflikte lassen sich nicht, wie in der Neurose, durch Verdrängung bearbeiten, stabile Beziehungen wurden häufig nie erfahren. Die Basisstörung des Selbstgefühls und die Ich-Schwäche erfordern eine hauptsächlich stützend angelegte Behandlung, die höchstens langfristig zu einem Aufbau von emotionalen Grundlagen beitragen kann. Neben dem Borderline-Syndrom werden auch schizoide Charakterzüge im Allgemeinen zu den Erscheinungsformen auf niedriger Entwicklungsebene gezählt.

Im Vergleich zu diesen sehr schwerwiegenden und tiefgreifenden Problemfeldern beruhen psychische Schwierigkeiten auf mittlerem Strukturniveau, also die narzisstischen Störungen, auf einer Beeinträchtigung des Selbstgefühls in einer Zeit, zu der die Ich-Entwicklung schon ein Stück fortgeschritten war. Psychoanalytiker diagnostizieren eine misslungene Lösung von Autonomiekonflikten im späteren Kleinkindalter. Gestört ist vor allem die Fähigkeit, das Verhältnis zu sich und anderen auch bei Belastungen aufrecht zu erhalten. Die entsprechenden Schwierigkeiten gehen zwar nicht so tief wie niedrig strukturierte Syndrome; es lässt sich also in gewissem Umfang auf Grundlagen aufbauen. Im Vergleich zu hoch strukturierten Problemfeldern, wozu zum Beispiel die meisten Neurosen gehören, ist die Identität des Patienten hier allerdings potenziell unsicherer und verletzbarer, was professionelle Helfer berücksichtigen sollten.

Syndrome auf hoher Strukturebene beziehen sich auf Störungen, bei denen bestimmte, umgrenzbare Konflikte ungelöst bleiben und in verschiedenen Zusammenhängen wiederkehren. Nach psychoanalytischer Lehre ist die Entwicklung bei diesem Patientenkreis in den ersten drei bis vier Lebensjahren weniger pathologisch verlaufen, so dass sich zunächst, verglichen mit den niedrig oder mittelgradig strukturierten Erscheinungsformen psychischer Schwierigkeiten, eine relativ stabile Ich-Identität herausbilden konnte. Neben den unterstützenden und beziehungsorientierten Aspekten einer seelischen Behandlung stehen bei solchen Klienten in vielen Fällen problemzentrierte Vorgehensweisen im Zentrum.

Neben den neurotischen Konfliktbereichen sind auch „reife" Persönlichkeitsstörungen mit einem hohen Strukturierungsgrad von Störungen auf niederem oder mittleren Niveau abzugrenzen. Manchmal lassen sich „gemischte" Persönlichkeitsstörungen auf einem hoch strukturierten Niveau beobachten, die Merkmale verschiedener Syndrome vereinigen. Dazu können zum Beispiel Patienten mit depressiven, selbstunsicheren und abhängigen Anteilen oder Klienten mit einer Kombination paranoider und zwanghafter Aspekte gehören. Information über die Strukturebene der Problematik kann der Behandler seinem Befund hinzufügen (siehe auch Ermann, 1997).

Fallbeispiel

Symptomatik und Lebensgeschichte

Walter Heerbach litt in seiner Kindheit unter einem fast vollständigen Mangel an Vertrauen, Geborgenheit und Verlässlichkeit. Der Vater, der wegen sexuellen Missbrauchs an seinen Töchtern zu einer Haftstrafe verurteilt worden war, fiel als Vorbild ebenso aus wie die Mutter, die sich immer wieder wegen Schizophrenie im Krankenhaus behandeln ließ und die der

Familiärer Hintergrund

Patient als „gefühlskalt" beschreibt. Von den meisten seiner fünf älteren Geschwister fühlte sich der zu Behandlungsbeginn 30 Jahre alte schmale, unsicher wirkende Mann misshandelt und gequält. Offensichtlich gaben die Großen alles, was sie in ihrer Familie an Demütigungen und Gewalt erfahren hatten, an den Kleinsten weiter, bis hin zu sadistischen sexuellen Übergriffen. Nur zu einem Bruder habe er stets ein gutes Verhältnis gehabt.

Heimatlos

Verschiedene Aufenthalte in wechselnden Kinderheimen folgten. Walter Heerbach suchte ein Gefühl von Heimat und Wärme, was sich fast immer als vergeblich erwies. Einmal, für kurze Zeit, bekam er einen Einblick in das, was er so lange vermisst hatte. „In der zweiten Klasse verliebte ich mich in eine Mitschülerin", erzählt der Patient während seiner stationären Behandlung im Einzelgespräch. Er habe das Mädchen besuchen dürfen und gestaunt, wie sauber und schön es bei der Freundin war. Als sich dann die ganze Familie zum Essen an den Tisch setzte und man sich freundlich unterhielt, hatte der Junge das Gefühl, wahrgenommen zu werden und zum ersten Mal in seinem Leben Teil von etwas zu sein, das herrlich und doch völlig unerreichbar schien: einer Familie. „Meine Schulleistungen wurden damals besser und es ging mir für ein paar Monate gut – bis sie mich in ein anderes Heim gesteckt haben", berichtet Herr Heerbach. Dort habe er sich dann mehr und mehr in ein Schneckenhaus zurückgezogen.

Suche nach Gemeinschaft

Alte Sehnsüchte flammten erneut auf, als ein junger Mann die Freundschaft des damals 22-Jährigen suchte. Dass die Organisation, für die dieser Mann warb, die so genannte Scientology-Kirche, keine nette Freizeitgruppe war, sondern ein totalitärer Kult, und der neue Freund nicht der erträumte Vertraute, sondern ein Seelenfänger, merkte Herr Heerbach erst, als er bereits Mitglied der Sekte war und man ihn dazu zwang, sich von seiner ersten und einzigen Partnerin zu trennen: „Entweder die oder wir". Zwei Suizidversuche waren die Folge, außerdem hatte sich der Patient bei Scientology hoch verschuldet.

Da sich Walter Heerbach, obwohl er seinen Austritt erklärt und den Wohnort gewechselt hatte, von Angehörigen der Sekte terrorisiert fühlte, wandte er sich schutzsuchend an eine rechtsextreme Skinhead-Bande seiner neuen Siedlung. Die Kahlrasierten versprachen ihm Sicherheit gegen Geld. Als er ihnen nichts mehr geben konnte, drangen einige Glatzen in die Wohnung des Patienten ein und schlugen ihn zusammen. Herr Heerbach kam erneut vom Regen in die Traufe. Um seine finanziellen Außenstände, vor allem bei Scientology, zu begleichen, ließ sich der junge Mann Ende der Neunziger auf Fahrerdienste für die Zigarettenmafia ein. Als er schließlich erwischt wurde und man ihm den Prozess machte, glaubte Walter Heerbach den Beteuerungen seines Anwalts, den die Mafia gestellt hatte, er könne sich vor einer harten Strafe bewahren, wenn er nur sich selbst belaste und gegen niemanden aussage.

Vertrauensbrüche

Seitdem lebt der Patient, der seit zehn Jahren arbeitslos ist, von Sozialhilfe. Etwa 100.000 Euro Schulden bei Gericht und ein geleisteter Offenbarungseid verhindern aller Voraussicht nach, dass der 30-Jährige jemals wieder einer legalen Arbeit nachgehen kann. Zu dieser Perspektivlosigkeit kommen massive Kontaktschwierigkeiten vor dem Hintergrund starker sozialer Ängste, außerdem Grübeleien, in denen sich die abwertenden Bemerkungen durch den früheren Sekten-Freund dauernd wiederholen.

Kontaktprobleme durch soziale Ängste

Seit sieben Jahren ist Walter Heerbach immer wieder in stationärer psychiatrischer Behandlung, neben suizidalen Krisen reagiert er in Belastungssituationen mit psychotischen Symptomen paranoider Art, ohne ein Wahnsystem zu entwickeln. Mehrere Fachärzte verwiesen deshalb die Lebensgeschichte des Patienten ins Reich der Fantasie, was ihn sehr verletzte.

Suizidneigung

In der psychotherapeutischen Abteilung ließen sich allerdings einige biografische Angaben des jungen Mannes überprüfen, die vor allem den Scientology-Werber betrafen. Was die Gespräche betrifft, passte alles gut zusammen und zum Zeitpunkt der Aufnahme litt Herr Heerbach zwar unter depressiven Symptomen vor dem Hintergrund einer kombinierten Persönlichkeitsstörung auf niederem Strukturniveau (F 61.0), aber nicht unter Wahnvorstellungen. Die Sehnsucht des jungen Mannes nach Heimat, Gemeinschaftlichkeit und festen Strukturen war anscheinend tatsächlich von einschlägigen, mehr oder weniger im Verborgenen arbeitenden, abgeschotteten Gruppen ausgenutzt worden.

Verlauf der Psychotherapie

Gruppen- und Einzelgespräche

Walter Heerbach nahm gut einen Monat lang an Gruppen- und Einzelgesprächen auf der psychotherapeutischen Station teil, bevor er wegen einer akuten psychotischen Dekompensation (akute schizophreniforme psychotische Störung, F 23.2) in die Psychiatrie verlegt wurde.

In den Therapiegruppen wirkt er sehr introvertiert und zurückhaltend. Er spricht nur, wenn jemand direkt das Wort an ihn richtet. Einmal schafft es der Patient, im Rollenspiel zu üben, anderen die eigenen Grenzen mit Worten klar zu machen, statt sich, wie sonst, zurückzuziehen oder einen einsamen Spaziergang zu unternehmen.

Rollenspiele

Während der Einzelsitzungen gelingt es ihm allerdings zunehmend, sich verbal zu öffnen. Blickkontakt fällt ihm sichtbar schwer und in manchen Situationen versteckt er sein Gesicht hinter den Händen, als wolle er dahinter verschwinden. Bestimmten, sehr schambesetzten Erlebnissen, etwa dem Missbrauch durch die Geschwister, kann sich Herr Heerbach zunächst schriftlich widmen, da er, wie alle Patienten der Station, darum gebeten wird, einen ausführlichen Lebensbericht zu verfassen.

Lebensbericht

Besonders wichtig ist dem 30-Jährigen, dass ihm sein therapeutisches Gegenüber Glauben schenkt und das erlittene Leid nicht durch Zweifel an dessen Realitätsgehalt noch unerträglicher macht. Zusammenhänge zwischen dem inneren, so verständlichen Wunsch nach Heimat und einem wiederholten Reinfallen auf zwielichtige Gruppen lassen sich im Dialog herausarbeiten.

Als sich eine gute Therapeut-Patient-Beziehung aufgebaut hat, bitte ich den 30-Jährigen einmal, zwischen zwei Sitzungen aufzuschreiben, mit welchen Worten ihn die Grübel-Stimme seines früheren Sekten-Freundes so häufig quält. Anschließend unterhalten wir uns darüber. Meist jedoch gehe ich unterstüt-

zend vor und versuche etwa, Walter Heerbach zu vermitteln, *Normalisierung*
dass seine Verhaltens- und Erlebensweisen eine ganz normale
Reaktion auf eine unerträgliche biografische Situation waren.
Manches von dem, was er erzählt, macht uns beide traurig.

Da der junge Mann nicht mehr allein und in Reichweite der   *Therapeutische*
Skinhead-Bande wohnen will, suchen wir in Absprache mit sei-   *Wohngemeinschaft*
ner gesetzlichen Betreuerin nach einem Platz in einer therapeutischen Wohngemeinschaft. Außerdem kann er im Rah-   *Arbeitstherapie*
men einer „Erprobung für die Arbeitstherapie" fast täglich in
der Krankenhausgärtnerei tätig sein, was dem Patienten
Freude macht.

Nach ungefähr fünf Wochen kommt es allerdings immer öfter
vor, dass Herr Heerbach Einzel- oder Gruppentermine versäumt, weil er gedankenverloren stundenlange Spaziergänge
unternimmt. Er wirkt auch im Kontakt zunehmend abwesend.
Als der 30-Jährige schließlich nur noch höchstens vier Stunden
pro Nacht schläft, was oft als erster Hinweis auf eine wahnhafte Veränderung gilt, und bald berichtet, dass er sich fürchtet,
weil alle Mitpatienten über ihn sprechen würden, frage ich
ihn, ob er sich vorstellen könnte, einige Zeit in der psychiatrischen Abteilung zu verbringen, in der er bereits behandelt
worden ist. Offensichtlich sei das häufig anstrengende Thera-
pieprogramm einfach zu viel für ihn. Walter Heerbach willigt
ein und wirkt sogar ein bisschen erleichtert, als wir uns voneinander verabschieden.

Zwei Wochen später besuchte ich den jungen Mann auf der   *Geschlossene*
geschlossenen Station. Er fühle sich jetzt sicherer, erzählte er *Therapie*
mir, und mit seinem Arzt käme er gut zurecht. Psychotisch war
Herr Heerbach nicht mehr. Als wir uns zum letzten Mal sahen,
wirkte er schutzlos und zerbrechlich. Sein Blick war von großer
Traurigkeit.

Erfolge und Grenzen der Behandlung

Was den langsamen Aufbau von Vertrauen betrifft, spielte   *Vertrauen schaffen*
wahrscheinlich der Umstand, dass Walter Heerbach in den Einzelgesprächen jemanden hatte, der mitfühlte, wenn er von seinem Leidensweg, aber auch von den wenigen schönen Ereig-

nissen berichten konnte, eine große Rolle. Die Befürchtungen des Patienten, die eigenen Erfahrungen würden als Wahngeschichten entwertet, wie er es auf einigen psychiatrischen Stationen erlebt hatte, erwiesen sich als unbegründet.

Gleichzeitig trugen sicherlich diese Erinnerungen, die Auseinandersetzungen mit den schlimmen Aspekten der Vergangenheit ebenso wie die vor allem als Belastung empfundenen Gruppentherapien dazu bei, dass der 30-Jährige sich mehr und mehr zurückzog und schließlich psychotisch dekompensierte.

Stabilisierung statt Konfrontation

Statt Herrn Heerbach durch verhaltenstherapeutische „Hausaufgaben" wie das Notieren der Grübelgedanken massiv mit den eigenen Ängsten zu konfrontieren, hätte ich mich auf ein ausschließlich ich-stützendes Vorgehen beschränken sollen. Ob das gruppen- und problemorientierte Programm der psychotherapeutischen Station angesichts der Labilität des persönlichkeitsgestörten Patienten nicht in jedem Fall eine Überforderung gewesen wäre, ist eine andere Frage.

Psychiatrische Nachsorge

Die Arbeit in der Krankenhausgärtnerei, die Walter Heerbach als positiv und ermutigend erlebte, wird er nach dem Abklingen der Wahnzustände von der psychiatrischen Station aus fortführen können. Später wäre außerdem ein Aufenthalt in einer Tagesklinik vorstellbar, anschließend vielleicht eine Arbeit in einer beschützten Einrichtung, parallel zum Leben in einer therapeutischen Wohngemeinschaft. Obwohl seine gesetzliche Betreuerin versucht, über ein Gnadengesuch vor Gericht die drückende Schuldenlast des Patienten zu verringern, sind die Chancen für einen Erfolg eher gering. Vermutlich wird Herr Heerbach noch für lange Zeit auf die eine oder andere Form professioneller Hilfe angewiesen sein.

5.3.3 Suizidgefährdung

Der Umgang mit suizidalen Krisen, die nicht selten Folge einer Depression oder einer anderen schwerwiegenden Störung sein können, gehört zu den anstrengenden therapeutischen Herausforderungen. Beim pro-

fessionellen Helfer spielen in der Gegenübertragung oft
Emotionen wie Traurigkeit und Resignation, aber auch
Wut und Schuldgefühle eine Rolle, wenn ein Patient
versucht, sich umzubringen. Das gilt natürlich erst recht
für „erfolgreiche" Suizide. In beiden Fällen empfiehlt
sich eine engmaschige unterstützende Supervision
durch eine versierte Kollegin oder einen erfahrenen
Kollegen.

Die Supervision ist bei Suizidalität besonders wichtig

Bereits im Anamnesegespräch, ambulant oder stationär, sollte der Behandler danach fragen, ob und in welchen Situationen sein Klient mit dem Gedanken spielt,
sich das Leben zu nehmen. Falls der Patient an Suizid
denkt, ließe sich erkunden, ob es schon mehr oder
weniger konkrete Selbsttötungspläne gibt, oft ein
Zeichen für akute Gefahr.

Eine Bitte, jede Verschlimmerung der Lage selbst im
Einzelgespräch deutlich zu machen, verweist auf die
Autonomie des Patienten. Aus dem gleichen Grund,
aber auch zur Entlastung des Therapeuten von Schuldgedanken, wäre wichtig, sich und vielleicht auch dem
Erkrankten klar zu machen, dass ihn niemand davon
abhalten kann, wenn er wirklich sterben will. Alle anderen Alternativen, auch den möglichen Weg hin zu
wachsender Lebensfreude und Gesundung, würde er
sich freilich auf immer verbauen. Eine zunächst provo-
kativ klingende Frage, welche die Chefärztin der oben
beschriebenen psychotherapeutischen Abteilung ihren
suizidgefährdeten Patienten zu stellen pflegt, regt die
Betroffenen zum Nachdenken an: „Womit haben Sie
denn die Todesstrafe verdient?"

Hinter den meisten Selbsttötungsversuchen verbirgt
sich, gerade bei depressiv Erkrankten, eine große Wut,
die sich ursprünglich, meist unbewusst, gegen andere
richtete und die aktuell gegen das eigene Ich gewandt
wird. Häufig stammen suizidgefährdete Patienten mit
einer Depression, das gilt für Neurotiker ebenso wie für
Persönlichkeitsgestörte, aus Familien, in denen „negative" Affekte wie Traurig- oder Zornigsein unerwünscht

Hinter Suizid-versuchen steckt oft Wut gegen sich selbst

waren. Solche Erkenntnisse dem Betroffenen in der aktuellen Krise mitzuteilen, wirkt allerdings eher destabilisierend. Erst im weiteren Verlauf der Therapie, wenn der Betroffene gelernt hat, aversive Gefühle wahrzunehmen, kann ein Behandler direkt oder indirekt deutlich werden lassen, dass Wut und Traurigkeit wichtige Bestandteile des Lebens sind, ohne die sich Konflikte nicht klären und Abschiede nicht meistern lassen.

Der Suizidversuch als Hilfeschrei

Die meisten suizidalen Menschen sprechen, wenigstens in Andeutungen, von Verzweiflung und Todessehnsucht, bevor sie versuchen, sich umzubringen, vergleichbar einem eher leisen Schrei nach Hilfe. Paradoxerweise ist die Gefahr besonders groß, wenn eine Depression langsam nachlässt, weil in dieser Phase oft Apathie und Antriebslosigkeit zurückgehen, ohne dass sich der seelische Zustand bereits wesentlich gebessert hätte.

In der seelischen Behandlung Selbstmordgefährdeter empfiehlt es sich häufig, eine stabile Therapeut-Patient-Beziehung vorausgesetzt, dem Betroffenen eine Art Abkommen vorzuschlagen: Er verspricht, sich zu melden, etwa telefonisch, wenn der Suizidimpuls übermächtig wird. Dafür verpflichtet sich der Psychotherapeut, bei einer Krise erreichbar zu sein, zum Beispiel sofort zurückzurufen, sobald er seinen Anrufbeantworter abgehört hat, und gegebenenfalls einen Extra-Termin einzuräumen. Falls sich die Problematik nicht mehr ambulant auffangen lässt, wäre zu klären, unter welchen Umständen sich der Betroffene vorstellen könnte, in eine stationäre psychiatrische Behandlung einzuwilligen.

Behandlung eines Patienten mit Suizidalitäts- und Abhängigkeitsproblematik auf der Basis einer Borderline-Persönlichkeitsstörung

Borderline-Patienten wirken in der Gegenübertragung zunächst oft so, als sei ihre eigentliche Persönlichkeit hinter einer schlecht sitzenden Maske verborgen. Hinter der oberflächlichen Angepasstheit des Betroffenen scheinen Abgründe zu liegen.

Vielen Therapeuten fällt es in der ersten Behandlungsphase schwer, zu einem grundgestörten Klienten einen wirklichen emotionalen Bezug aufzubauen, was die enormen Schwierigkeiten des Erkrankten widerspiegelt, sich selbst, aber auch das Verhältnis zur Außenwelt dauerhaft wahrzunehmen und auszuhalten.

Der gestörte Kontakt zur Außenwelt erschwert die Therapie

Der stabile, kontinuierliche und belastbare Kontakt zum professionellen Helfer ist jedoch eine wichtige Voraussetzung für jeglichen Fortschritt, auch wenn der Betroffene die Therapeut-Patient-Beziehung häufig gewaltig strapaziert. Damit testet der Klient, oder – häufiger – die Klientin, ob sich das professionelle Gegenüber nicht vielleicht doch genauso verhält wie die anderen Bezugspersonen, allen voran Mutter und Vater, die meist als unzuverlässig-desinteressiert oder bedrohlich-verschlingend erlebt werden.

In dieser zweiten Behandlungsphase lassen sich die Abgründe hinter der Maskerade meist überdeutlich erkennen. Besonders schwer zu ertragen sind oft die Selbstzerstörungstendenzen der Erkrankten, die sich in ganz unterschiedlichen Formen manifestieren können. Zum Beispiel im Zufügen von Wunden, als bulimische Attacken oder gefährliche sexuelle Praktiken. Nur wenn der Psychotherapeut dazu in der Lage ist, das unermessliche Leid des Betroffenen auszuhalten, wo es eben sichtbar wird, kann es einem Borderline-Patienten mittel- oder langfristig glücken, sich selbst anzunehmen.

Autoaggressionen

Verbindliche Absprachen über eine Reduktion selbstverletzender Verhaltensweisen sind dennoch in einigen Fällen sinnvoll. Abhängig vom Stand des Therapieprozesses stellt es für manche Erkrankte allerdings schon eine erhebliche Leistung dar, wenn es ihnen gelingt, von sich aus im Gespräch deutlich zu machen, dass es erneut zu Autoaggressionen gekommen ist, oder die zugefügten Schädigungen mit Situation und Gefühlszustand in ein Protokoll einzutragen.

Hintergründe

Im Hintergrund von Autoaggression und Persönlichkeitsstörung stehen in vielen Fällen massive Gewalt-, Vernachlässigungs- oder Missbrauchserfahrungen, die nicht sofort zum Thema werden. Der Klient sollte hier das Tempo und die Intensität der Auseinandersetzung bestimmen dürfen.

Eine – begrenzte – Authentizität des Helfers, Selbstvertrauen und Rückmeldung der eigenen Empfindungen sind hier wichtige Therapievariablen. Der Behandler fungiert als emotionales Modell für seinen Patienten, eigentlich als Gegenmodell zum bisher Erlebten. Regelmäßige Supervisionsgespräche mit einem erfahrenen Kollegen scheinen unabdingbar zu sein.

Mit Rückschritten
ist zu rechnen

Bei Borderlinern muss der Psychotherapeut immer wieder damit rechnen, dass alles bisher Erreichte – oder die ganze Behandlung – innerhalb kürzester Zeit in Frage zu stehen scheint. Manchmal gleichen die Sitzungen einer fortwährenden Krisenintervention, mitunter geht es auch einige Wochen lang einen Schritt vor und zwei zurück. Wenn beide Beteiligten durchhalten, empfiehlt sich eine langfristig angelegte ambulante Psychotherapie.

Auch wiederholte stationäre Behandlungen kommen vor, vor allem bei starken, in Grenzfällen auch vitalgefährdenden Autoaggressionen.

Fallbeispiel

Symptomatik und Lebensgeschichte

Nachdem Herr Lauterer eine Entscheidung zur Psychotherapie im Krankenhaus getroffen hat, um seine massiven Identitäts-, Kontakt- und Suchtprobleme zu bewältigen, wird während des ersten Wochenendurlaubs nach der Aufnahme die Angst vor den aktuellen Herausforderungen so übermächtig, dass der damals 22-Jährige bei einem Aufenthalt in der Wohnung seiner Eltern versucht, sich mit Beruhigungstabletten das Leben zu nehmen. Am nächsten Montag ist der junge Mann nach einer ärztlichen Versorgung wieder auf der Station. Das Therapeutenteam beschließt, unter bestimmten Auflagen, etwa der Unterzeichnung eines Anti-Suizid-Vertrags, die Behandlung fortzusetzen, ohne den Patienten auf die geschlossene Psychiatrie zu verlegen.

„Anti-Suizid-Vertrag"

Simon Lauterer nimmt Drogen, um sich ein bisschen weniger einsam und traurig zu fühlen. Dass er während der stationären Therapie auf den Konsum von Rauschmitteln verzichten würde, überprüft durch gelegentliche Urinkontrollen, wird ebenfalls schriftlich festgehalten.

Verzicht auf Drogen während der Therapie

Dem Patienten fehlen Arbeit, Freunde und Partnerin, was damit zusammenhängt, dass er entsetzliche Angst vor jedem zwischenmenschlichen Austausch hat. Herr Lauterer befürchtet, von den anderen negativ bewertet zu werden, weswegen er jede Begegnung mit ihnen vermeidet, abgesehen von der Familie, einer ABM-Stelle zum Geldverdienen und gelegentlichen Kontakten zum Dealer. Verzweiflung, Wut und Selbsthass betäubt der junge Mann, der alleine lebt, mit Rauschmitteln. Eigentlich nimmt er alles, was er bekommt, in dieser Zeit vor allem Haschisch, LSD, Speed oder Ekstasy. Durch die Drogen erscheint dem 22-Jährigen die eigene Insel-Welt ein Stückchen bunter und es geht ihm vorübergehend etwas besser. Aber jeder Antrieb, etwas zu unternehmen, schwindet.

Der Vater, von dem sich Simon Lauterer nicht ernst genommen fühlte, verließ die Familie, als der Junge in der Pubertät war und eigentlich dringend ein männliches Rollenmodell gebraucht hätte. Ihm sei immer vieles abgenommen worden, so dass er kaum Selbstvertrauen aufbauen konnte, berichtet der 22-Jährige. Seine Mutter beschreibt er als „lieb, unselbstständig und unsicher". Auch die Beziehung zum Stiefvater scheint eher schwierig zu sein. Von ihm sieht sich Herr Lauterer behandelt wie ein unmündiges Kind. Ein jüngerer Bruder, der zunächst die wichtigste Vertrauensperson des Patienten darstellt, hat in der Familie die Rolle des Gewinners und des Erwachsenen inne.

Familiärer Hintergrund

Nach einem störungsbedingten Abbruch der Gymnasialzeit in der 11. Klasse arbeitete Simon Lauterer „nur, um nicht zu verhungern". Trotz seiner überdurchschnittlichen Intelligenz absolvierte er keine Berufsausbildung. Normalerweise verhält sich der 22-Jährige überangepasst und frisst seine Wut in sich hinein, bis er irgendwann explodiert. Das kann sich dann etwa als Aggressionsdurchbruch in der elterlichen Wohnung äußern oder eben in Form eines Selbsttötungsversuchs. Dabei betont der Patient in den ersten Gesprächen, dass er in solchen Fällen zu vergleichsweise harmlosen Methoden greift und darauf achtet, dass jemand da ist, der sich anschließend um ihn kümmern kann. Die Intention, durch suizidale Handlungen nachdrücklich um Hilfe zu rufen, wird hier sehr deutlich.

Co-Abhängigkeit

Die Familie des Patienten hält bei aller Verunsicherung zu dem jungen Mann. Mutter oder Stiefvater geben ihm aber zum Beispiel kein Geld für Betäubungsmittel und kritisieren es auch, wenn er im Drogenrausch außer sich gerät und zum Beispiel seine Mutter anbrüllt oder gar schlägt. Die Angehörigen haben also bisher noch keine Co-Abhängigkeit entwickelt, womit Handlungsweisen bezeichnet werden, die das Suchtverhalten des Betroffenen ungewollt unterstützen.

Diagnose

Es wurde ein durch multiplen Substanzgebrauch bedingtes Abhängigkeitssyndrom (bei aktueller Abstinenz, F 19.20) vor dem Hintergrund einer emotional instabilen Persönlichkeitsstörung vom Borderline-Typ (F 60.31) diagnostiziert.

Verlauf der Psychotherapie

Vertrauen schaffen

Nach der ernsten Anfangskrise geht es in den ersten Therapiegesprächen vor allem darum, langsam Vertrauen aufzubauen und dem Patienten zu vermitteln, dass er jederzeit auf Unterstützung rechnen kann. Das erleichterte es Herrn Lauterer möglicherweise, die getroffenen Vereinbarungen, also keine Suizidversuche und keine Drogen während des dreimonatigen Aufenthalts auf der Station, auch einzuhalten.

Zunächst wirkt der junge Mann sehr „pflegeleicht". Er spricht zwar nur, wenn man zuvor das Wort an ihn richtet, aber er lächelt häufig und betont in der morgendlichen Gruppenvisite immer wieder, dass es ihm gut gehe. Meist hat sein Ausdruck etwas schwer Definierbares, Maskenhaftes. Simon Lauterers

Einträge ins Tagebuch, das er wie alle Patienten führt, be-   *Patiententagebuch*
schränken sich auf kurze, oberflächliche Sätze. Doch in der
zweiten Woche verändern sich die schriftlich festgehaltenen
Gedanken erheblich. Der Patient schreibt nun über blutrünsti-
ge Hassfantasien und verfasst melodramatische Anklagen gegen die Welt, stellt Tierquälereien und Todessehnsucht dar.

Obwohl mich diese Darstellungen erst einmal schockieren,
sage ich dem 22-Jährigen im Einzelgespräch, dass es ihm
bestimmt gut tue, ein Ventil für die riesengroße Wut gefunden
zu haben, und dass er wenigstens im Tagebuch nicht der
nette, umgängliche junge Mann sein müsse, wenn ihm doch
ganz anders zu Mute ist. Ob es noch mehr solche Ventile für
Frust und Zorn in ihm gebe?

In der nächsten Zeit macht Herr Lauterer die Erfahrung, dass   *Maltherapie*
er sich in der Maltherapie, lieber jedoch allein auf dem Zimmer, durch die Anfertigung von großformatigen Bleistiftzeich-
nungen Erleichterung verschaffen kann. Es entstehen beein-
druckende Werke von teilweise beängstigender Düsterkeit, mit
kahlen Bäumen in einem fahlen Licht, deren Zentrum meist
ein trauriger, einsamer, manchmal auch erblindet wirkender
junger Mann darstellt. Im Tagebuch richtet sich der Fokus des
Patienten nicht mehr auf Hassfantasien. Dafür beschreibt der
22-Jährige jetzt die eigene Verzweiflung, seine Haltlosigkeit
und das Traurigsein darüber, dass er nie die Liebe einer Frau
erfahren hat. In den Morgenvisiten ist es ihm möglich, anderen zu sagen, dass er sich meist schlecht fühlt, ohne in die
Details zu gehen.

Durch die Rückmeldungen seiner Mitpatienten erfährt der
junge Mann, dass er keineswegs für nichtswürdig gehalten
wird, wie er es immer befürchtet hat. Vielmehr beschreiben
ihm die anderen, dass er schüchtern, aber liebenswert wirkt,
und dass sie gern mehr von ihm erfahren würden. An den
Selbstsicherheits- und Kommunikations-Rollenspielen nimmt   *Rollenspiele*
er allerdings nur teil, wenn ihn ein Therapeut darum bittet.

Im letzten Monat des Stationsaufenthalts gelingt es Simon
Lauterer schließlich, so viel Vertrauen zu fassen, dass sich eine
Freundschaft zu seinem Zimmernachbarn entwickelt. Die bei-

den unternehmen viele Spaziergänge in den verwilderten Teil des Krankenhausparks und erzählen einander von den unterschiedlichen Lebenserfahrungen. Man verspricht, das gute Verhältnis auch über das Ende der stationären Psychotherapie hinaus aufrecht zu erhalten.

Eines seiner letzten Bilder zeigt Herrn Lauterer, wie er am Ausgang einer dunklen Hütte steht, ein Gepäckbündel über der Schulter, vor sich eine Weggabelung, von der aus Pfade ins Gebirge am Horizont führen. Die Sonne scheint, und ein vormals abgestorbener Baum trägt Knospen und Blätter.

Etwa eine Woche vor dem Ende der Behandlung fühlt sich der Patient deutlich schlechter, was wir im Einzelgespräch als Zeichen für die durchaus verständliche Angst davor deuten, wieder in alte Verhaltensmuster zurückzufallen, wenn er im Wesentlichen auf sich allein gestellt ist. Um Simon Lauterer genug Zeit zu geben, den bevorstehenden Abschied zu bewältigen, wird bei der Krankenkasse eine Verlängerung um weitere zwei Wochen beantragt. Im letzten Gespräch vor der Entlassung biete ich ihm angesichts der vertrauensvollen therapeutischen Beziehung an, die Gespräche nach einigen Monaten ambulant fortzusetzen. Dazu mehr im nächsten Kapitel.

Erfolge und Grenzen der Behandlung

Dass sich Simon Lauterer mit der Zeit wenigstens im Einzelgespräch erlauben konnte, von seinem Zorn, seiner Einsamkeit und seiner Verzweiflung zu erzählen, ohne befürchten zu müssen, deshalb abgelehnt zu werden, trug zum Aufbau einer

Verzicht auf Drogen und Suizidversuche

guten therapeutischen Beziehung bei. Gleichzeitig gelang es dem Patienten, motiviert durch die Hoffnungen, die er auf die Behandlung setzte, alle schriftlich fixierten Grenzen einzuhalten, indem er auf Selbstzerstörung durch Suizidversuche oder Rauschmittel verzichtete.

Vieles von dem, was der Patient nicht im Dialog deutlich machen konnte, ließ sich symbolisch durch die „Ventile" von Tagebuch und Bildern ausdrücken. Beide Bereiche dokumen-

Verbesserte Selbstakzeptanz

tieren auch eine Entwicklung in Richtung einer größeren Akzeptanz der eigenen Persönlichkeit und der Gefühle. Die langsam entstehende Freundschaft zu einem in anderer Weise persönlichkeitsgestörten Mitpatienten zeigte, dass sich der 22-Jährige in manchen Momenten aus dem fast lebenslangen Schneckenhaus herauswagte.

Die Schwere der Problematik und die Tatsache, dass er nach seinem Abschied von der Station als allein lebender Arbeitsloser ohne Berufsausbildung mit einem Hang zu Rauschdrogen keine wirkliche Perspektive hatte, verschlechterte allerdings die individuelle Prognose. Aber gerade bei Borderline-Patienten ist in vielen Fällen eine einzige stationäre Therapie nicht ausreichend. Häufig werden, gerade in Krisensituationen, erneute Aufenthalte notwendig und auch die erfolgreiche ambulante Nachbehandlung dauert normalerweise, wenn sie nicht vom Erkrankten abgebrochen wird, jahrelang.

Ansätze zur Überwindung der sozialen Angst

Um weitere Aussagen darüber treffen zu können, welche Faktoren eine Psychotherapie wirksam machen, ob ambulant oder stationär, wäre es möglicherweise interessant, erst einmal festzustellen, woran manche Therapien scheitern.

6 Seelische Behandlungen, die mit einem Misserfolg enden

Ein kritischer Blick auf die Prozesse, die manchmal zu einem Abbruch der Gespräche führen, ist das Thema des folgenden Abschnitts. Exemplarisch sollen drei dieser Therapieverläufe aus der ambulanten Praxis des Autors vorgestellt werden. Im Anschluss wird jeweils versucht, Gründe für das Scheitern herauszuarbeiten.

Therapieabbrüche analysieren

6.1 Zu schnell zu viel erreichen wollen

Manchmal erweist sich im Laufe des Behandlungsprozesses, dass sich der Therapeut nicht auf das Veränderungstempo seines Patienten eingestellt hat und deshalb zu schnell vorgeht. Vermeidungsreaktionen des Betroffenen, was die Anwendung der gesammelten Erkenntnisse im Alltag betrifft, können Anzeichen einer mangelnden Veränderungsmotivation sein. Gemeint ist hier zum Beispiel, dass ein Patient immer wieder „vergisst", zu Hause Entspannungsübungen durchzuführen oder bestimmte Selbstbeobachtungen zu den Umständen der Symptomatik zu notieren, obwohl er mit diesem Vorgehen einverstanden war. Fast immer reflektiert ein vergleichbares Vermeidungsverhalten außerdem Schwierigkeiten in der Therapeut-Patient-Beziehung.

Bei zu schnellem Vorgehen können Vermeidungsreaktionen auftreten

Fallbeispiel

Symptomatik und Lebensgeschichte

Tanja Petersen berichtet im Aufnahmegespräch, sie habe schon während ihrer Ausbildung zur Krankenschwester unter

Hypochondrie,
Panikattacken

Körperliche
Symptome

Familiärer
Hintergrund

allen Syndromen gelitten, die gerade im Unterricht behandelt wurden. Vor elf Jahren kamen zu dieser hypochondrischen Symptomatik Angstgefühle und Panikattacken hinzu, die immer noch auftreten, zunächst ausgelöst durch belastend erlebte 24-Stunden-Dienste als Krankenschwester. Pulsrasen, Schwitzen und Hyperventilation werden von Befürchtungen begleitet, Herzprobleme zu haben und demnächst ohnmächtig zu werden. Wiederholte medizinische Untersuchungen zeigten keinerlei behandlungsbedürftige Anomalien, was die Patientin allerdings nicht beruhigte. Krankheitsbedingt wurden die Nachtschichten inzwischen ausgesetzt. „Wenn ich etwas nicht will, sagt es mein Körper", bemerkt die 33-Jährige in einer der ersten Sitzungen. So seien die Angstattacken immer dann besonders stark, wenn sie mit zwei Kolleginnen zusammenarbeiten müsse, die sie nicht leiden könne. Vor allem diese Panikanfälle möchte Frau Petersen nicht mehr erleben, weshalb sie eine Psychotherapie beginnen will.

Zurzeit schreckt die Klientin ungefähr viermal pro Nacht aus fürchterlichen Albträumen hoch. Sie fühlt sich im Dunkeln wie starr vor Angst und weckt dann normalerweise ihren 13-jährigen Sohn Herbert auf, der seine Mutter trösten und beruhigen soll. Auch die Eltern ihres Lebensgefährten, die im gleichen Haus leben, stellen für Tanja Petersen einen Notanker dar, ungeachtet der sonst eher problematischen Beziehung. Ihr Partner arbeitet die Woche über auf einer Hunderte Kilometer entfernten Großbaustelle und ist nur samstags und sonntags zu Hause. Fast scheint es so, als habe sich der Lebensgefährte einem Geflecht von Abhängigkeiten und Gebrauchtwerden auf seine Weise entzogen.

Die Kindheit der 33-Jährigen war geprägt von einem „kalten jähzornigen Vater" mit einem Alkoholproblem, der seine Tochter schlug und herumkommandierte, und einer Mutter, die sie als „meine beste Freundin" bezeichnet und zu der ein fast schon symbiotisches Verhältnis besteht. Mit ihrer jüngeren Schwester versteht sich Frau Petersen relativ gut. Einen berufsbedingten Umzug weit weg von der Heimat erlebte die Patientin als sehr belastend.

Mitte der Achtzigerjahre, als Frau Petersen wegen der gerade aktuellen Freundschaft zu dem heutigen Lebensgefährten mit dem Gedanken spielte, sich von dem Vater ihres ungeborenen Kindes zu trennen, starb dieser nach einem Arbeitsunfall an Brandverletzungen. Seitdem leidet die 33-Jährige unter starken Schuldgefühlen, wobei Tod und Feuer auch wichtige Bilder in den stetig wiederkehrenden Albträumen sind.

Sohn Herbert weiß nichts vom Schicksal seines leiblichen Vaters. Der Junge wird in der Erziehung sehr von der Mutter kontrolliert. So schenkte sie ihm vor einigen Monaten ein Handy. „So kann ich ihn anrufen, wenn's mir schlecht geht. Außerdem soll Herbert Bescheid sagen, wenn er einmal später kommt, damit ich mir keine Sorgen mache", erzählt die Patientin.

Kontrollbedürf-nisse und der Wunsch nach Unterstützung

Herbert hat eine eher passive Methode gefunden, sich der Mutter zu entziehen: Er „vergisst" einfach Handy und Absprache, wenn er seine Freunde besucht. Die Probleme des 13-Jährigen, der niemanden hat, mit dem er über die verwirrenden körperlichen und seelischen Veränderungen der Pubertät sprechen kann, werden nur indirekt sichtbar, etwa daran, dass Herberts Schulleistungen in den letzten Monaten deutlich schlechter geworden sind.

Bei Tanja Petersen wird eine Agoraphobie mit Panikstörung (F 40.01) vor dem Hintergrund einer Persönlichkeit mit dependenten Anteilen diagnostiziert. Im Juli 2000 beginnt sie eine ambulante Kurzzeittherapie mit einem Rhythmus von einer Sitzung pro Woche. Ende November des gleichen Jahres kommt sie nicht mehr, ohne die Stunden abgesagt zu haben. Einige Monate später findet sich die Epikrise, der Abschlussbericht, zu ihrem Anfang Dezember begonnenen zweimonatigen Aufenthalt auf einer psychotherapeutischen Station im Praxisbriefkasten.

Diagnose

Verlauf der Psychotherapie und mögliche Gründe für ihr Scheitern

Während der ersten Gespräche versuche ich – neben dem Aufbau von Vertrauen – den Druck, unter dem die Patientin

Hausaufgaben

Progressive Muskelrelaxation

Die eigenen Therapieziele nicht mit denen des Patienten verwechseln

Vermeidungsverhalten

steht, sämtliche Probleme, unter denen sie leidet, möglichst bald loszuwerden, etwas zu verringern. Gleichzeitig vermute ich, Frau Petersens Veränderungswünsche könnten eine gute motivationale Grundlage für einen möglichen Therapieerfolg darstellen, und gebe ihr deshalb schon bald einige „Hausaufgaben" mit. Sie soll zum Beispiel eine Liste mit Situationen erstellen, die sie als stressig erlebt. Ein angemessenerer Umgang mit solchen Lebenslagen, eine bessere Konfliktfähigkeit und die Erschließung von Wegen hin zur Entspannung scheinen angemessene Behandlungsziele zu sein. Letzterem dienen auch Übungen in der Technik der Progressiven Muskelrelaxation (PMR) nach Jacobson, die Tanja Petersen in den Praxisräumen erlernt, um sie zu Hause in den Alltag einzubauen.

Im Nachhinein nehme ich an, dass ich unbewusst die alarmistische Haltung und den Druck der Patientin, alles müsse sich schleunigst ändern, übernommen habe. Durch ein paar Anfangserfolge, etwa die Tatsache, dass es der 33-Jährigen in einigen Fällen gelang, nach einem nächtlichen Hochschrecken wieder einzuschlafen, ohne die Unterstützung ihrer Angehörigen zu benötigen, sah ich mich in meinem problemorientierten, fast aktionistischen Vorgehen bestätigt.

In der ersten Zeit wären ich-stabilisierende Interventionen und ein Herausnehmen von Tempo notwendig gewesen. Stattdessen konzentrierte ich mich bald auf die Analyse der Schwierigkeiten und auf Wege zu deren Lösung, ohne zu registrieren, dass was wir bearbeiteten, zu einem Gutteil *meine* therapeutischen Ziele waren und nicht die von Frau Petersen. Die Bewältigung der meisten Aufgaben, die ich ihr mitgab, wurde längere Zeit vermieden oder scheiterte an Kleinigkeiten, vergleichbar dem Widerstandsverhalten von Sohn Herbert, wenn er sich unter Druck gesetzt fühlt. Häufig jedoch machte ich diesen Umstand und seine möglichen Ursachen nicht zum Gesprächsthema oder gab mich schnell mit einer charmant vorgetragenen Entschuldigung zufrieden.

Einige Termine verpasste die 33-Jährige wegen körperlichen Beschwerden, zum Beispiel einer Erkältungskrankheit. Einmal gestand sie mir, sich nach den meisten Gesprächen hundeelend zu fühlen. Das Prinzip, meine Patientin erst einmal nur emotional zu stützen, hielt ich allerdings nur kurze Zeit durch. Das hing auch damit zusammen, dass sie immer wieder in recht dramatischer Weise von den aktuellen Problemen berichtete, wodurch ich mich unter Zugzwang gesetzt sah. Sich regelmäßig auszusprechen war Tanja Petersen wohl wichtiger, als die eigenen Schwierigkeiten aktiv anzugehen. Dem standen Lebensangst und zwischenmenschliche Abhängigkeiten entgegen.

In der letzten Sitzung vor dem Fernbleiben der Patientin wollte ich Übungen in Systematischer Desensibilisierung zum Aushalten der eigenen Angst in problematischen Situationen vorbereiten, was wohl an ihrem Stand im therapeutischen Prozess vorbeiging. Das vorbereitende Gespräch hatte sicherlich Empfindungen von Panik ausgelöst. Dass sich Frau Petersen diesem Druck nicht länger aussetzen wollte und möglicherweise den Eindruck hatte, nicht ernst genommen zu werden, kann man verstehen.

Angst als Motiv für den Abbruch der Behandlung

Während ihrer stationären Behandlung auf einer verhaltenstherapeutisch orientierten Station wiederholte sich in den beiden darauf folgenden Monaten zunächst die gleiche Darstellungsweise von sprunghaft wechselnden Gesprächsthemen, Klagen und Vermeidungsverhalten. Die dysfunktionalen Interaktionsmuster, also Kommunikationsformen, durch die es der Patientin regelmäßig schlecht gelingt, zu erreichen, was sie eigentlich erreichen will, konnten allerdings anschließend zum Thema gemacht werden. Auch von Rückmeldungen im Gruppen-Rollenspiel profitierte Tanja Petersen. Schlafstörungen und andere körperliche Beschwerden haben sich deutlich gebessert. Allerdings vermeidet sie auch zum Entlassungszeitpunkt noch vieles von dem, was sie ängstigt.

Dysfunktionales Verhalten des Patienten

6.2 Zugangsschwierigkeiten

Neben dem Druck, unter dem Therapeut und Patient in Bezug auf die gewünschten Behandlungsfortschritte stehen können, führen manchmal auch Probleme mit dem Einfühlen in die Lebenswelt des Klienten oder grundsätzliche Erwartungsunterschiede der Gesprächspartner zu einem Abbruch einer Psychotherapie. Auch hierzu wird ein Fall dargestellt.

Fallbeispiel

Symptomatik und Lebensgeschichte

Agoraphobie

Nikolai Spantekow, der in einem osteuropäischen Land aufgewachsen ist, lebt seit gut zwei Jahrzehnten in Deutschland. Als der 61-jährige Ingenieur vor drei Jahren zum ersten Mal arbeitslos ist, treten Angstzustände auf, unter denen er bis heute leidet, begleitet von gedanklichen Befürchtungen, „etwas am Herzen" zu haben. Bevor sich die unangenehmen Gefühle allerdings bis zur Panik steigern, beruhigt sich Herr Spantekow mit normalisierenden Kognitionen. Sobald die Angst zunimmt, macht er sich klar, dass alle ärztlichen Untersuchungen ergeben haben, dass sein Herz ohne Probleme funktioniert. „Wahrscheinlich rede ich mir die Sache nur ein", sagt der Patient in solchen Fällen zu sich.

Aktuelle Bandscheiben-Probleme, die möglicherweise eine Operation nötig machen, und die Entfernung eines Hirntumors im letzten Jahr haben die Phobie, die vor allem beim Alleinsein eine Rolle spielt, häufiger und stärker werden lassen. Außerdem leidet Nikolai Spantekow unter Albträumen, einem Gefühl der Freudlosigkeit und häufigem nächtlichen Aufschrecken. Er schläft jede Nacht nur ungefähr 4 bis 5 Stunden lang. Im Anamnesegespräch lässt sich aus dem nonverbalen Verhalten des 61-Jährigen nicht viel ablesen und er bemerkt ausdrücklich, ich solle seine wenig sagende Mimik und Gestik ignorieren.

Familiärer Hintergrund

Der Klient stammt aus der ehemaligen Führungsschicht seines Landes. Seinen Vater, der noch in der alten Heimat lebt, beschreibt er als „kühlen preußischen Typ", zu dem er eher ein „Pflichtverhältnis" habe als wirkliche Zuneigung. Die Mutter, über deren Tod Anfang der 70er Jahre er traurig war „wie nie zuvor", stand dem heute 61-Jährigen in der Kindheit sehr nahe. Ein neun Jahre älterer Bruder „trug viel zu meiner Erziehung bei", wie Herr Spantekow betont. Heute sei ihre Beziehung allerdings, auch bedingt durch die große räumliche Entfernung, distanzierter.

Nach der Heirat mit einer Deutschen siedelte der Patient nach Deutschland um, wo Ende der Siebzigerjahre eine Tochter geboren wurde. Anfang der Achtziger ließ sich das Ehepaar scheiden. Seine Frau sei ihm zu dominant und zu emanzipiert gewesen, berichtet Nikolai Spantekow. Zur Tochter bestünde ein ausgesprochen gutes Verhältnis, er müsse sich allerdings auf gelegentliche Besuche beschränken. Seit dem Verlust des festen Arbeitsplatzes und einer Umschulung zu Beginn der Neunzigerjahre ist der Patient nur noch im Rahmen von Zeitverträgen tätig und hat zwischenzeitlich keinen Job.

Regression und Erholung fallen Herrn Spantekow sichtbar schwer, er „entspannt" am liebsten bei einigen Klimmzügen an der Teppichstange und fühlt sich nach eigenen Angaben viel jünger als Anfang sechzig. Ich vermute Schwierigkeiten mit dem Älterwerden und Einsamkeit angesichts der Tatsache, dass er keine Partnerin und kaum Freunde hat. Diese Überlegung mache ich allerdings nicht sofort zum Thema.

Neben einer leichten depressiven Episode mit somatischem Syndrom (F 32.01) werden eine Agoraphobie ohne Panikstörung (F 40.00) und zwanghafte Persönlichkeitszüge diagnostiziert. Nikolai Spantekow entschließt sich im Juli 2000 zu einer ambulanten Kurzzeittherapie, die er, nach mehreren Unterbrechungen durch körperliche Erkrankungen und eine Kur, im Februar 2001 abbricht. Da es nicht mehr zu einem Abschlussgespräch gekommen ist, lassen sich über die Gründe für seine Entscheidung nur Mutmaßungen anstellen.

Diagnose

Verlauf der Psychotherapie und mögliche Gründe für ihr Scheitern

Schon während der ersten beiden Sitzungen wird deutlich, dass es mir schwer fällt, meine bisherigen kommunikativen Verhaltensweisen aufrecht zu erhalten. Bei seinen Ausführungen macht Herr Spantekow kaum Pausen, so dass meine Nachfragen den

Einzelgespräche

Empathisches Zuhören

Charakter von Unterbrechungen bekommen. Es scheint Sinn zu ergeben, dem 61-Jährigen hauptsächlich mit Empathie zuzuhören und eigene Beiträge zurückzuhalten. Diese neue Strategie durchzuhalten fällt mir allerdings nicht leicht. Auch kann ich mich nur unter Schwierigkeiten in seine fremd erscheinende Lebenswelt einfühlen.

Bald scheinen Nikolai Spantekow meine regelmäßigen Fragen nach seinem Befinden und nach den Einzelheiten der erlebten Symptomatik lästig zu sein. Einmal bemerkt er, „das Frage- und Antwort-Spiel bringt uns nicht weiter". Leider komme ich erst in der Rückschau auf die eigentlich nahe liegende Idee, mich danach zu erkundigen, was uns denn seiner Meinung nach weiter bringe.

Die Methode, seine Bitten um direkte Empfehlungen mit der Gegenfrage zu beantworten, was er denn dazu meine, durchschaut er anscheinend als Trick. Umgekehrt fühle ich mich in der Rolle des Ratgebers, die Herr Spantekow von mir fordert, nicht besonders wohl, denn der Patient soll ja nicht meine Lösungen verwirklichen, sondern herausfinden, welche Herangehensweise zu ihm passt, denke ich.

Selbstbeobach-tungsprotokolle

Entspannungs-übungen

Seine leicht zwanghafte Art hilft ihm allerdings auch dabei, die empfohlenen Selbstbeobachtungsprotokolle zu führen. Obwohl es ihm anfangs sehr schwer fällt, sich zu entspannen, erlernt Nikolai Spantekow in den Sitzungen die Progressive Muskelrelaxation und integriert sie auch zeitweilig in den Alltag. Sein Schlaf und auch der Allgemeinzustand werden besser, die Häufigkeit der Angstattacken geht zurück. Die vom Hausarzt verschriebenen Antidepressiva kann der 61-Jährige schließlich absetzen.

Kuraufenthalt

Nach wie vor jedoch haben unsere Gespräche meist etwas Monologisches. Von September bis Oktober 2000 tritt Nikolai Spantekow eine mehrwöchige Kur an. Nach deren Beendigung setzten wir unsere Unterhaltungen fort und es ist dem Patienten anzumerken, dass er den Umgang mit anderen Menschen während seiner Rehabilitationsbehandlung sehr genossen hat. Symptome von Angst und Depression erlebt er nur noch selten. Auf mich wirkt Herr Spantekow ein gutes Stück weicher als zuvor.

Als ihm die Implantation eines künstlichen Hüftgelenks bevorsteht, geht es dem 61-Jährigen wieder schlechter. Er kann akzeptieren, dass auch jeder andere in seiner Situation Angst vor dem hätte, was bevorsteht.

Nach einem zweimonatigen Krankenhausaufenthalt kommt er noch zweimal zum Gespräch. Er leidet unter Schmerzen und geht an Stützen, trainiert aber fleißig nach Anleitung seiner Physiotherapeutin, um die frühere Beweglichkeit weitgehend wiederherzustellen. Als er mich in dieser Zeit nach meinen Erlebnissen befragen will, reagiere ich irritiert, da ich normalerweise, wie die meisten Therapeuten, meine Biografie weitgehend aus der Behandlung heraushalte. Nachdem ich mir Gedanken über Herrn Spantekows Anliegen gemacht habe, sage ich ihm, dass ich seine persönlichen Fragen beantworten würde, außer ich hätte subjektiv den Eindruck, es ginge zu weit.

Mit dieser eher unorthodoxen Herangehensweise hätte ich tatsächlich leben können. Nicht so der 61-Jährige, der sich durch dieses Setzen von Grenzen anscheinend beleidigt fühlte und anschließend bloß noch aus Höflichkeit antwortete. Danach meldete sich Nikolai Spantekow telefonisch: Er sei krank und würde später auf mich zurückkommen. Seitdem habe ich nichts mehr von dem Patienten gehört.

Abbruch der Therapie

Unterschiedliche, vielleicht auch kulturell bedingte Erwartungen an Psychotherapie und die Funktion des Therapeuten trugen ebenso wie die Probleme, die ich damit bekam, gleichzeitig meiner Rolle, aber auch dem Patienten gerecht zu werden, dazu bei, dass diese Behandlung schließlich abgebrochen wurde.

6.3 Die Störung macht jeden Fortschritt zunichte

Manchmal reicht eine ambulante Psychotherapie nicht aus, um eine effektive Behandlung der individuellen Problematik sicherzustellen. In diesen Fällen ist mitun-

Manchmal ist eine stationäre Behandlung erforderlich

ter die zugrundeliegende Störung mit ihren Begleiterscheinungen so massiv, dass der Therapeut jede mögliche Veränderung seines Patienten zum Positiven im weiteren Verlauf kaum noch wahrnimmt. Eine Integration neuer Erfahrungen emotionaler und kognitiver Art, die zu wachsender Selbstakzeptanz und einer konstruktiven Umgestaltung der eingefahrenen Kommunikationsmuster führen könnte, findet hier nicht statt. Ein Beispiel für solch einen Teufelskreis, aufrechterhalten durch Angst, Drogenmissbrauch und Einsamkeit, wird nun dargestellt.

Fallbeispiel

Verlauf der Psychotherapie und mögliche Gründe für ihr Scheitern

Der inzwischen 23-jährige Simon Lauterer, dessen Symptomatik und Lebensgeschichte bereits im Abschnitt zur Suizidgefährdung beschrieben worden ist, entschloss sich im Oktober 2000, nach der stationären Psychotherapie eine ambulante Anschlussbehandlung zu beginnen.

Grenzen der ambulanten Therapie

Nachdem sich das Suchtproblem des jungen Mannes vor dem Hintergrund einer Borderline-Persönlichkeitsstörung in der ersten Hälfte des Jahres 2001 verfestigt und verschlimmert hatte, wurden mir die Grenzen wöchentlicher Sitzungen deutlich. Ohnehin waren die ambulanten Stunden eine Gratwanderung zwischen dem Grundsatz, nur abstinente Patienten anzunehmen, und der Notwendigkeit, Herrn Lauterer da abzuholen,

Sucht kann einen Klinikaufenthalt notwendig machen

wo er aktuell stand. Einen Totalverzicht auf Drogen würde er nicht durchhalten, gab der 23-Jährige im ersten Gespräch zu. Als später wegen der verstärkten Schwierigkeiten mit Betäubungsmitteln eine ambulante Behandlung tatsächlich nicht mehr ausreichte, erklärte sich der junge Mann schließlich im April zu einer Psychotherapie in einer Klinik für Abhängigkeitserkrankungen bereit. Er betonte allerdings in der Abschlusssitzung, dass er große Angst davor habe, den bevorstehenden Herausforderungen nicht gewachsen zu sein. Zwei Telefonate mit Simon Lauterers Stiefvater, die auf dessen Wunsch hin und unter Wahrung der Schweigepflicht zustande kamen, ließen mich sehr pessimistisch werden, was die vermutete weitere Entwicklung des Patienten betrifft.

Zunächst, im Herbst 2000, sind einige Perspektiven am Horizont zu erkennen. Herr Lauterer hat den Rauschmittelmissbrauch reduziert und beschränkt sich auf die Einnahme psychoaktiver Pilze, die eine träumerische Stimmung, aber auch stundenlange Halluzinationen auslösen und zum Beispiel in Mittelamerika wachsen. Diese Droge nimmt der Klient etwa zweimal pro Woche. Da es den 23-Jährigen, wie er sagt, noch überfordere, völlig abstinent zu leben, einigen wir uns darauf, dass er sich erst einmal auf diesen begrenzten Konsum beschränken und, was mir besonders wichtig erscheint, am Tag des Therapiegespräches keine bewusstseinsverändernden Mittel zu sich nehmen würde.

Reduzierter Drogenkonsum

Der junge Mann berichtet, ihm sei erst in den letzten Wochen klar geworden, dass er ohne Hilfe nicht aus seinem Problemkreis herauskomme. Er lebe inzwischen von Arbeitslosenhilfe und wohne immer noch allein. Zwar hätten sich die Beziehungen zu Mutter, Bruder und Schwiegervater ein Stück weit verbessert, seit er sich traue, die eigenen Gefühle zu zeigen. Die frühere Freundschaft zu seinem ehemaligen Mitpatienten sei allerdings an einer wachsenden Entfremdung gescheitert. Andere Freunde, Bekannte oder eine Partnerin habe er wegen der nach wie vor erheblichen sozialen Angst nicht finden können. Simon Lauterer träumt davon, in ein paar Monaten in eine andere Stadt zu ziehen und dort das Abitur auf dem zweiten Bildungsweg nachzumachen. Wenn er dazu gezwungen sei, Kontakte zu knüpfen, dann würde er das auch schaffen, hofft der 23-Jährige. Ich habe meine Zweifel, ob das so funktionieren kann, und schlage dem Patienten vor, während der nächsten Monate schrittweise Brücken aufzubauen zwischen seinen aktuellen Möglichkeiten und der großen Sehnsucht, das eigene Leben selbstbewusst und angstfrei zu bewältigen.

Die Probleme verstärken sich

Schwierigkeiten Schritt für Schritt bewältigen

Da Herr Lauterer viele Stunden mit Musikhören, Träumen und Lesen verbringt, erinnere ich ihn daran, dass es ihm im Kran-

kenhaus Freude gemacht hat, Bilder zu malen und seine Gefühle im Tagebuch zu formulieren. Wenn er erneut Lust habe,
sein Befinden und seine Fantasien in vergleichbarer Weise auszudrücken, könne er die Ergebnisse gerne zu den Sitzungen
mitbringen. Obwohl ihm der Vorschlag gefällt, kommt es doch
nie zu einer Realisierung. Er habe Angst davor, auf diese Weise
zu sehr im Mittelpunkt zu stehen, erklärt der 23-Jährige.

Zwar geht es Simon Lauterer nach den meisten Stunden besser als vor dem Gespräch. Bald jedoch nehmen wir beide eine
gewisse Stagnation wahr, da der junge Mann nach wie vor
Kontaktprobleme alles daran setzt, jeden Kontakt zur Außenwelt jenseits der
eigenen Familie zu vermeiden, und Kommunikation auf die
Zeit „nach dem Umzug" verschiebt.

Auch Schritte, die ihm klein genug erscheinen, um die Angst
auch aushalten zu können, geht er im Alltag nicht an. Zum
Beispiel fehlt Herrn Lauterer der Mut, seinen Vorschlag, zusammen mit dem vertrauten Bruder eine Kneipe zu besuchen, in
die Tat umzusetzen. Andererseits tut es ihm gut, sich über
Ängste, Konflikte und Sehnsüchte auszusprechen und zum
Beispiel herauszufinden, in welchen Bereichen er sich so akzeptieren kann, wie er ist, und wo er anders sein möchte.

Verzicht auf Aus- Eines Tages berichtet der 23-Jährige, er habe Ärger mit seinem
einandersetzungen Wohnungsnachbarn. Der drehe immer wieder die Musik laut
hält Schwierig- auf, um ihn zu provozieren. In mehreren Gesprächen lässt sich
keiten aufrecht herausarbeiten, dass es für das Verhalten des anderen auch
Erklärungsmodelle gibt, die nichts mit der Person des Patienten zu tun haben. Ohne Kommunikation mit dem Gegenüber
wird er jedoch weiter auf Spekulationen angewiesen sein. Im
Rollenspiel übt der junge Mann verschiedene Möglichkeiten,
mit dem Nachbarn in Kontakt zu treten und die eigenen Grenzen zu verdeutlichen.

Zwar schafft es Herr Lauterer, seinen Drogenkonsum, der ja die
geschilderten paranoiden Gedanken noch unterfüttern kann,
vorübergehend zurückzuschrauben. Die Angst vor der persönlichen Begegnung mit dem Hausnachbarn bleibt allerdings
stärker als der Wunsch, die Angelegenheit zu klären. Zur Selbst-
verteidigung dreht der junge Mann die eigene HiFi-Anlage

hoch, wenn er den Eindruck hat, mit Lärm attackiert zu werden. Das funktioniert, aber die Panik vor jeder direkten Interaktion besteht fort.

Der Patient muss mitarbeiten

Dass ich immer wieder den Eindruck habe, vergeblich gegen ein immenses Beharrungsvermögen zu schieben und zu ziehen, macht mir zu schaffen, denn ich weiß, dass kein Psychotherapeut anstelle des Patienten am Behandlungsfortschritt arbeiten kann. Auf der Grundlage einer vertrauensvollen therapeutischen Beziehung beschreibe ich dem 23-Jährigen mein Problem. Es lässt sich herausarbeiten, dass Simon Lauterer auch im Verhältnis zu Eltern und Lehrern auf Druck oft mit Verweigerung reagiert hat. Seit diesem Gespräch versuche ich, eigene Ideen weitgehend außen vor zu lassen und stattdessen den Patienten zu fragen, was er zwischen den Stunden tun möchte. Wiederholt erinnere ich ihn an seine Selbstverantwortung und an die Freiheit, sich für oder gegen etwas zu entscheiden.

Fortschritte im Umgang mit der Familie

Obwohl der junge Mann außerfamiliäre Kontakte nach wie vor aus Angst vermeidet, beginnt er im November 2000, das Verhältnis zu den Eltern auf eine solidere Grundlage zu stellen: „Ich gewöhne meinem Stiefvater gerade ab, mich ‚Kleiner' zu nennen", berichtet Herr Lauterer. Später kann er sich mit dem Älteren sogar über persönliche Dinge, etwa die Verletzungen zu der Zeit, als die Mutter den leiblichen Vater hinauswarf, unterhalten. Inzwischen bringt der Patient auch seiner Mutter mehr Respekt entgegen, „weil sie selbstbewusster geworden ist und sich nicht mehr von mir auf der Nase herumtanzen lässt". Einmal besucht der 23-Jährige ein Museum und freut sich über freundliche Blicke junger Frauen, die er beobachtet.

Rückfälle erschweren oft die Behandlung von Borderlinern

Doch diese positiven Veränderungen sind, nicht untypisch für Borderline-Syndrom und Abhängigkeitsproblematik, nur von kurzer Dauer. Die meisten Ideen, die Simon Lauterer einfallen und mit denen er sich etwas Gutes tun könnte, scheitern schon im Ansatz an Unlust, Resignation und einer Tendenz zur Selbstbestrafung. Ab Anfang Dezember erhöht sich sein Drogenkonsum erheblich, neben dem Rauchen von 3 bis 4 Gramm Marihuana schnupft der Patient etwa 1/3 Gramm Kokain pro Tag, um Einsamkeit und Angst zu betäuben. Ich erinnere ihn

Manche Gespräche dienen eher der Entlastung als dem therapeut. Fortschritt

an unsere Abmachung, er will sich bis zur nächsten Sitzung auf eine aktuell festgelegte Reduktion der Rauschmittelmenge einlassen.

Da der Missbrauch allerdings eher zu- als abnimmt, erkläre ich dem jungen Mann, dass sich auf diese Weise jeder mögliche Behandlungsfortschritt innerhalb kürzester Zeit im Drogenrausch verflüchtigt, und dass ein wöchentliches Entlastungsgespräch, wenn der Patient den Rest der Zeit betäubt verbringt, nicht meinen Vorstellungen von Psychotherapie entspricht. Herr Lauterer soll sich in den nächsten Tagen Gedanken darüber machen, ob er sich eine stationäre Behandlung vorstellen kann, entweder in der ihm bereits bekannten Klinik oder anderswo. Meiner Ansicht nach ist die Problematik nicht mehr ambulant zu bewältigen.

Zwar stellt der 23-Jährige einmal fest, die Kluft zwischen seinen Wünschen und Fähigkeiten sei groß, und er könne sich nur im kommunikativen Austausch weiterentwickeln. Tatsächlich möchte er immer noch umziehen und das Abitur nachmachen, während er in Wirklichkeit fast die gesamte Zeit im Drogenrausch verbringt. Andererseits habe er eine furchtbare Angst vor allen Kontakten und ende wahrscheinlich sowieso im Suizid. Die Selbstmordfantasien sind besonders belastend, wenn der junge Mann Rauschmittel konsumiert.

Entzugs-erscheinungen

Einmal versucht der Patient, sich das Kokain zu entziehen, was in einem massiven Aggressionsdurchbruch gegenüber der Mutter mündet. Es gelingt ihm zwar, nüchtern zu den Sitzungen zu kommen, wie wir es vereinbart haben. Wenn er es an dem betreffenden Wochentag nicht schafft, auf Rauschmittel zu verzichten, versäumt er allerdings seine Therapiestunde, ohne abzusagen. Diese Situation ist nicht nur für Simon Lauterer äußerst unbefriedigend. Es dauert bis zum März 2001, bis er einsieht, dass er weiter gehende Hilfe braucht. Mit der Unterstützung durch seinen Stiefvater lässt er sich ein Bett in einer renommierten Klinik für Abhängigkeitserkrankungen reservieren. Während unserer letzten Gespräche ist dann die Angst wieder sehr stark, was auch damit zusammenhängt, dass der junge Mann seit einigen Tagen auf das weiße Pulver verzichtet.

Ich freue mich über seinen Mut und erkläre ihm, dass es jedem anderen in seiner Situation auch schlecht ginge, da die Symptome des Kokainentzugs eine Zeit lang schwer zu ertragen seien. Neben vielen Befürchtungen hat Herr Lauterer allerdings auch Hoffnungen, was den bevorstehenden Krankenhausaufenthalt betrifft, zum Beispiel „Interessen entwickeln", „einen harten Konflikt auch mit Fremden bis zum Ende durchhalten" oder „netten Menschen zeigen, dass ich sie mag".

Ein Klinikaufenthalt steht bevor

Anfang Mai, einen Monat nach dem Abschluss der Psychotherapie, erfahre ich, dass mich Simon Lauterers Stiefvater dringend sprechen möchte. Nach einer Beratschlagung mit meiner Supervisorin rufe ich abends zurück und mache meinem Gegenüber klar, dass ich ihm wegen der therapeutischen Schweigepflicht nichts zu Diagnose oder Behandlungsverlauf sagen könne, aber gern zuhören würde.

Der Stiefvater des jungen Mannes ist ziemlich verzweifelt. Simon habe die stationäre Psychotherapie nicht angetreten, obwohl man ihm den Platz bis zum heutigen Tage freihalte. Kürzlich habe sein Stiefsohn in einem Wutanfall die Zimmereinrichtung des Bruders demoliert. Mein früherer Patient traue sich nicht, in der ambulanten Praxis anzurufen und einen Termin auszumachen. Außerdem habe der 23-Jährige seinen Anspruch auf Arbeitslosen- oder Sozialhilfe verloren, da er sich nicht bei der zuständigen Behörde zurückgemeldet habe. Wegen Mietrückständen drohe auch die Kündigung der Wohnung. Simon Lauterer spreche davon, zukünftig im Wald zu leben, und löse gerade seinen Haushalt auf.

Angst und Ohnmachtgefühle

Mein Gesprächspartner hat große Angst, dass sich sein Ziehsohn umbringen könnte, und ich mag ihm da nicht widersprechen. Von der Möglichkeit einer Zwangseinweisung bei erkennbarer Eigen- oder Fremdgefährdung hat er bereits gehört, er befürchtet jedoch, in einem solchen Falle die Beziehung zu Simon aufs Spiel zu setzen. Ich kann nicht umhin, seine Idee, der 23-Jährige müsse nur wieder regelmäßig zu mir kommen, damit sich alles normalisiert, abzulehnen, und erkläre dem Stiefvater des Patienten, dass meines Erachtens nur eine stationäre Behandlung helfen würde. Letztlich sei das

Ein Extratermin wird nicht wahrge- nommen

aber eine Entscheidung, die der junge Mann selbst treffen müsse.

Meine Bitte, Simon Lauterer von diesem Gespräch zu erzählen, um nicht den Eindruck aufkommen zu lassen, es werde etwas hinter dem Rücken des 23-Jährigen besprochen, diesen Wunsch will der Stiefvater erfüllen. Außerdem solle er seinem Sohn ausrichten, dass er zum nächsten regulären Sitzungstermin erscheinen könne, wenn er wolle. Es ginge dann jedoch nicht um eine Fortführung der ambulanten Therapie, sondern um eine Einzelstunde zur Vorbereitung der Behandlung im Krankenhaus.

Dass Herr Lauterer diese Gelegenheit nicht wahrnimmt, teile ich dem Stiefvater nach einem weiteren Supervisionsgespräch in einem zweiten Telefonat mit. Mein früherer Patient verbringt jetzt seine Tage im Wald. Sein Stiefvater verspricht auszurichten, dass mich der junge Mann jederzeit in der Praxis anrufen könne, wenn er einen – singulären – Termin wünsche. Seitdem habe ich nichts mehr von meinem ehemaligen Patienten gehört. Was dessen weitere Entwicklung betrifft, bin ich nicht sehr optimistisch. Nach wie vor jedoch gehe ich davon aus, dass meine Entscheidung, dem jungen Mann wegen des massiven Suchtmittelmissbrauchs zur stationären Behandlung zu raten und die ambulante Therapie zu beenden, richtig war.

Drucksituationen bei seelischen Behandlungen

Neben der Schwere der Persönlichkeitspathologie und der fortschreitenden Entwicklung hin zu massiver Drogenabhängigkeit scheiterten die Gespräche sicherlich auch daran, dass ich meinen Patienten aus einer Frustration wegen des mangelnden Behandlungsfortschritts heraus immer wieder in ähnlicher Weise unter Druck gesetzt habe, wie es seine Herkunftsfamilie tat. In beiden Fällen reagierte Simon Lauterer gleich, nämlich mit Autoaggression, Rückzug und Verweigerung.

6.4 Zusammenfassung

Gestörte Therapeut- Patient-Beziehung

Zusammenfassend lässt sich feststellen, dass die ersten beiden Behandlungen, die dargestellt wurden, hauptsächlich an Schwierigkeiten in der Therapeut-Patient-

Beziehung scheiterten. Diese Probleme wurden entweder nur indirekt deutlich, wie bei Tanja Petersen, die mit körperlichen Erkrankungen und der Vermeidung von Hausaufgaben reagierte. Oder der Klient machte sein Missfallen an der emotionalen Situation klar. Etwa indem Nikolai Spantekow erklärte, er habe „keine Lust auf Frage- und Antwort-Spiele", ohne dass ich in angemessener Weise auf die gespürten Spannungen eingegangen wäre. Es mangelte an Flexibilität.

In beiden Fällen wurden therapeutisches Tempo und Veränderungsdruck erhöht, sobald sich Widerstandshandlungen feststellen ließen. Es wäre um ein Vielfaches produktiver gewesen, wenn ich den Behandlungsprozess verlangsamt und mit meinem Gegenüber herausgearbeitet hätte, welche Abläufe und welche Emotionen den Therapiefortschritt gerade behindern. Meine Gegenübertragung in den dargestellten Fällen wäre ein wichtiger Gegenstand der Supervisionsgespräche gewesen.

Behandlungsziele und -tempo auf den Klienten abstimmen

Diese Entwicklung ist nicht untypisch für Probleme in der eher direktiven und handlungsorientierten VT. Analog dazu könnte sich der Widerstand des Patienten, der immer auch als Zeichen von Schwierigkeiten in der therapeutischen Beziehung gelten kann, bei Gesprächspsychotherapeuten und Tiefenpsychologen zum Beispiel darin äußern, dass der Hilfe Suchende bestimmte Themen dauerhaft vermeidet oder die gewonnenen Erkenntnisse keine Konsequenzen für den Alltag haben.

Die letzte in diesem Abschnitt beschriebene Behandlung wiederum hatte sich irgendwann zu einer so genannten Alibitherapie entwickelt. Simon Lauterer nutzte die Sitzungen schließlich nur noch dazu, sich fünfzig Minuten Erleichterung pro Woche zu verschaffen, einer Woche, die ansonsten aus Drogeneinnahme, Alleinsein und zeitweiligen Aggressionsdurchbrüchen gegenüber der Familie bestand. Die Problematik des Patienten ließ sich in diesem Setting, also unter den Bedingungen einer ambulanten Behandlung, nicht

„Alibitherapie": Der Patient sucht nur Erleichterung

mehr Erfolg versprechend therapieren. Eine Weichen-
stellung in Richtung stationäre Psychotherapie scheiterte am Schweregrad von Abhängigkeitserkrankung
und Persönlichkeitsstörung, außerdem an der mangelnden Motivation des 23-Jährigen.

Der Klient muss die Veränderung wollen

In vergleichbaren Fällen scheint es besonders wichtig
zu sein, die eigenen Grenzen als professioneller Helfer
zu erkennen und rechtzeitig erfolgversprechendere
Alternativen zur gewählten Behandlungsform anzu-
streben. Die Erkenntnis, dass jeder Änderungswunsch
vom Klienten ausgehen muss und dass es nicht möglich ist, jemandem zu helfen, der sich nicht helfen lassen will, hilft manchmal dabei, auftretende Schuldgefühle konstruktiv zu bewältigen. Selbst wenn es, wie im
dargestellten Fall, nicht unwahrscheinlich ist, dass die
Angelegenheit tragisch endet und sich der frühere Patient das Leben nimmt.

7 Verbreitete Störungsbilder im ambulanten therapeutischen Prozess

Neben Aussagen zur Psychotherapie der wichtigsten Syndrome, die sich im Regelfall ambulant behandeln lassen, folgen im nächsten Abschnitt ausführliche Fallberichte zu den einzelnen Störungsbildern. Manche Darstellungen beschreiben Verläufe im Praxiszimmer, mit dem üblichen Rhythmus von einer Stunde pro Woche im Rahmen einer 25-stündigen Kurzzeittherapie.

Bei den in diesem Abschnitt vorgestellten ambulanten Fallbeispielen lagen zwischen den probatorischen Sitzungen und der Behandlungsbewilligung bis zum ausdrücklichen Verbot dieses Vorgehens durch die zuständige Landes-KV mehrere unentgeltliche Gespräche zur Aufrechterhaltung des therapeutischen Kontaktes. *Aufrechterhaltung des therapeutischen Kontakts* (Eine Alternative wäre die im Umfang begrenzte Vergütung von Stunden zur Anamneseergänzung oder für Entspannungsübungen in Progressiver Muskelrelaxation oder Autogenem Training. Hierfür gibt es bestimmte Kennziffern, die ein Richtlinientherapeut im Anschluss an die Antragsstellung auf dem Quartalsschein eintragen kann.)

Andere Schilderungen von Therapieprozessen beziehen sich auf stationäre seelische Behandlungen. Da die beschriebenen Störungen oft in der ambulanten Praxis zu beobachten sind und die wesentlichen Veränderungen im Rahmen der Einzelgespräche deutlich wurden, finden sich diese Berichte ebenfalls im aktuellen Kapitel. Ob es um ambulante oder stationäre Verläufe geht, wird in den einzelnen Falldarstellungen angemerkt.

Was ist bei Gesprächsnotizen zu beachten?

Einige Behandler machen sich während der Sitzung kurze Notizen als Gedächtnisstütze. Dies sollte möglichst im rechten Moment geschehen und den Kontakt zum Gegenüber nicht mehr als unbedingt nötig unterbrechen. Andere Therapeuten verfassen direkt nach der Stunde ein Gedächtnisprotokoll. Hier kann der Helfer zwar seinem Klienten die ungeteilte Aufmerksamkeit zuwenden; problematisch ist jedoch häufig der Zeitfaktor, denn bis zum nächsten Gespräch dauert es meist nur zehn Minuten. Außerdem gehen durch selektive Erinnerungsprozesse nicht selten wichtige unmittelbare Eindrücke verloren. Manche professionelle Helfer lassen sich von ihren Patienten schriftlich bestätigen, dass Video- oder Audio-Aufnahmen gemacht werden dürfen. (Bei Psychotikern mit Verfolgungserleben ist ein solches Vorgehen nicht angezeigt.) Auch hier gilt die Schweigepflicht, sieht man von den vertraulich behandelten Supervisionsterminen ab. Es wäre entscheidend, einen Weg zu finden, der zur individuellen Persönlichkeit des Therapeuten passt. Die Patienten werden sich bald an das Procedere gewöhnen.

Soll der Patient die Diagnose erfahren?

Unterschiedlich gehandhabt wird auch der Umgang mit der vergebenen Diagnose. Einige Behandler informieren ihre Klienten umfassend über das festgestellte Krankheitsbild, um in späteren Gesprächen das Kind beim Namen nennen zu können. Nicht selten reagiert der Betroffene mit einer gewissen Erleichterung, weil er nun weiß, was ihm fehlt.

Es gibt auch Helfer, die ihr Gegenüber gerade bei schwerwiegenderen Syndromen nicht unnötig stigmatisieren, also implizit abwerten wollen, etwa als „schizophren" oder als „Borderline-Patientin". Diese Therapeuten haben das jeweilige Störungsbild zwar im Hinterkopf, um auf die entscheidenden, spezifischen Problembereiche achten zu können. Die Diagnose wird hier allerdings nur dann explizit zum Thema, wenn es der Behandlungsverlauf erfordert oder ein Patient ausdrücklich nachfragt.

Letztlich geht es in jeder Psychotherapie darum, dass sich der Behandler irgendwann überflüssig macht. Es ist dem Klienten in wachsendem Maße gelungen, die Verantwortung für das eigene Leben zu übernehmen, und so braucht er seinen Gesprächspartner zu einem bestimmten Zeitpunkt nicht mehr.

Umgang mit dem Therapieende

Neben Befriedigung über die positiven Ergebnisse der Sitzungen kann dies beim Therapeuten auch zu Gefühlen von Kränkung führen, was in jedem Fall Gegenstand der Supervisionsstunden sein sollte. Manche Behandler setzen, ohne es sofort zu merken, den kommunikativen Austausch über das Notwendige hinaus fort. Vielleicht weil es ihnen schwer fällt, Abschied zu nehmen oder weil der Dialog keine große Mühe macht und angenehme Themen behandelt werden.

Neben dem eigenen Gefühl in der Gegenübertragung und einer Berücksichtigung von Vermeidung oder Widerstand beim Klienten gibt es einen anderen interessanten Indikator dafür, ob eine Psychotherapie erfolgreich verläuft oder nicht. Ein professioneller Helfer, der feststellt, dass er selbst während der Gespräche einen Hauptteil der Redezeit einnimmt, macht etwas falsch.

Gegenübertragung u. Vermeidung als Maß für den Erfolg

Oft verbirgt sich eine Störung der Therapeut-Patient-Beziehung hinter diesem Umstand, die der Behandler durch eine aktionistische „Flucht nach vorn" zu ignorieren sucht. Die Therapie wird dann zu einem Ziehen und Zerren, wogegen sich der Klient in unterschiedlicher Weise wehrt, weil er Schwierigkeiten mit seinem Gegenüber hat. Die beschriebene Problematik tritt allerdings bei direktiv vorgehenden Psychotherapeuten, zum Beispiel Verhaltens-, Familien- oder Gestalttherapeuten, häufiger auf als bei professionellen Helfern, die einen eher begleitenden Zugang zum Patienten haben, etwa Gesprächstherapeuten oder Tiefenpsychologen.

Direktives Vorgehen führt eher zur Abwehrhaltung

Für suggestive Verfahren wie Hypnotherapie, Fantasiereisen beim Katathymen Bilderleben (KB) oder für Entspannungstrainings gilt die Aussage, dass der Hilfsbedürftige mehr sprechen sollte als sein Behandler, naturgemäß nicht. Der Klient nimmt bei der Anwendung dieser Methoden ohnehin verbal eine vergleichsweise passive Rolle ein.

Dem Patienten seine „Stützen" lassen

Was Psychotherapie im Allgemeinen betrifft, lohnt es sich vielleicht, eine Aussage des Verhaltenstherapeuten Albert Ellis im Hinterkopf zu behalten: „Säge niemals an dem Ast, auf dem dein Patient sitzt, ohne ihm zuvor eine Leiter hingestellt zu haben."

7.1 Reaktive Störungen

Dass reaktive Syndrome und Belastungsstörungen auf eine massive Traumatisierung durch akute oder chronische Ereignisse zurückgehen, die den Betroffenen emotional, kognitiv, physiologisch und auf der Verhaltensebene nicht ins Gleichgewicht zurückfinden lässt, wurde bereits in Kapitel 2.1 (S. 22 ff.) beschrieben.

Traumata können versch. Folgen haben

Meist läuft die belastende Erfahrung immer wieder vor dem inneren Auge ab oder sie manifestiert sich in halbbewussten, dissoziativen Erlebnissen, nicht selten auch in Albträumen. Unter dissoziativen Phänomenen versteht man Erfahrungen, die mit einem teilweisen oder vollständigen Verlust der Alltagsintegration einhergehen. Das kann sich auf fortfallende Erinnerungen, ein beeinträchtigtes Bewusstsein der eigenen Identität, gestörte Sinneswahrnehmungen oder eine mangelnde Kontrolle von Körperempfindungen beziehen (siehe auch ICD-10). Das Ausmaß der Problematik schwankt nicht selten von Tag zu Tag, manchmal auch stündlich. Neben diesen dissoziativen Schwierigkeiten sind bei reaktiven Syndromen psychovegetative Störungen, depressive und angstbezogene Symptome zu beobachten. In

Manche Traumata führen zu Schuld- u. Schamgefühlen

einigen Fällen ist das Trauma zusätzlich schuld- und schambesetzt, zum Beispiel bei Opfern sexueller, politischer oder krimineller Gewalt.

Für die entsprechenden ICD-10-Diagnosen wäre entscheidend, dass die Vorgeschichte des Betroffenen unauffällig wirkt. Eine Biografie wiederholter belastender Erfahrungen seit der Kindheit führt häufig eher zu einer Neurose oder Persönlichkeitsstörung.

Für die Psychotherapie von Belastungsstörungen ist es von Bedeutung, dass der Patient Tempo und Intensität der Aufarbeitung des Erlebten bestimmen kann. Jede Grenzüberschreitung in der Behandlung reaktualisiert das Trauma und vertieft die Gewissheit des Betroffenen, dass man ohnehin niemandem trauen könne. Auch ein zu forsches Vorgehen des professionellen Helfers führt nicht selten zur Angstüberflutung.

Das richtige Tempo wählen

Mögliche negative Übertragungsprozesse beim Klienten sollten stets im Fokus des Therapeuten sein. Manche sexuell traumatisierten Frauen etwa halten es nicht aus, sich von einem männlichen Gegenüber behandeln zu lassen, weil ihnen ein anderer Mann Gewalt angetan hat. Diesbezügliche Ängste gilt es frühzeitig zu erfragen und die Patientin gegebenenfalls an eine fähige Kollegin zu überweisen.

Übertragungen beachten

Wenn es einer missbrauchten oder vergewaltigten Klientin dennoch emotional möglich erscheint, eine Psychotherapie bei einem männlichen Therapeuten zu beginnen, hat dies, ein stets verantwortungsbewusstes Verhalten des Helfers vorausgesetzt, den Vorteil, dass die Betroffene am Modell erleben kann, dass nicht alle Männer Grenzen überschreiten.

Die Gegenübertragung ist in diesen und anderen Fällen reaktiver Störungen oft von Mitgefühl mit dem Opfer geprägt, aber auch durch Wut auf den Täter, wenn das Trauma durch einen Menschen verursacht wurde. Entscheidend wäre hier, die eigenen Gefühle in tröstender und unterstützender Weise deutlich zu machen, sich aber nicht vom Mitleid überwältigen zu lassen. Denn die Hilfsbedürftigen brauchen eine sichere, stabile Therapeut-Patient-Beziehung und die Gewissheit, dass der Gesprächspartner die schlimme Wahrheit aushalten kann.

Das Leid des Patienten aushalten

Fallbeispiel

Symptomatik und Lebensgeschichte

Carla Schneider entschied sich wegen multipler Beschwerden, die seit anderthalb Jahren auftreten, an einer gut zweimonatigen stationären Psychotherapie teilzunehmen, die im November 1999 begann. Immer wieder fühlt sich die 21-Jährige depressiv, ängstlich, hilflos und verzweifelt. Außerdem leidet sie unter einer erhöhten Anfälligkeit für Erkältungskrankheiten und andere somatische Störungen.

Das Trauma Vergewaltigung

Mit einigen Wochen Verzögerung ausgelöst wurden die unterschiedlichen Symptome von einer äußerst brutalen, mehrstündigen Vergewaltigung durch den Ex-Freund der Patientin. Zunächst offenbarte sich Frau Schneider, innerlich und äußerlich verwundet, nur ihrer Hausärztin, die sie am nächsten Tag medizinisch versorgte und behutsam nach den Ursachen für die Verletzungen fragte. Schuld- und Schamgefühle, die mit Gedanken zusammenhingen wie „wenn ich ihm die Tür geöffnet habe, bin ich wahrscheinlich selbst dafür verantwortlich", hielten die junge Frau davon ab, den Eltern oder einer guten Freundin von dem Trauma zu erzählen.

Rückzug kann versch. Lebensbereiche betreffen

Carla Schneider zog sich immer mehr in sich zurück, weil sie nicht so unbeschwert sein konnte wie früher, andererseits aber auch nicht den Mut hatte, jemanden ins Vertrauen zu ziehen und von den belastenden Erfahrungen zu berichten. Irgendwann, als sie die Situation kaum noch aushielt, gelang es ihr, wenigstens mit den eigenen Eltern über das massive Gewalterlebnis zu sprechen, allerdings ohne die grässlichen Details.

Geschwächte Abwehrkräfte

Aber Frau Schneiders Abwehrkräfte waren im wörtlichen wie im übertragenen Sinne dauerhaft geschwächt, wozu auch beitrug, dass sich die Patientin aus Angst vor dem Täter nicht traute, zur Polizei zu gehen, und von ihrem Peiniger noch einige Male durch Telefonanrufe mit drohendem Unterton terrorisiert wurde.

Die Einzelheiten des Sexualverbrechens laufen vor dem innerem Auge der 21-Jährigen ab, wenn sie allein ist und sich nicht ablenken kann. Carla Schneider hat das Gefühl, von anderen nicht mehr verstanden oder akzeptiert zu werden, seit sie ver-

gewaltigt wurde. Seit drei Monaten ist Frau Schneider krank-
geschrieben. Die Klientin befürchtet, bei ihrer Tätigkeit als Verkäuferin von dem Problem erzählen zu müssen, da es schon
besorgte Nachfragen gab. Bagatellisierende Reaktionen der Kollegen, die sie sich ausmalt, könnte sie nicht ertragen. In dieser
Zeit bekommt die junge Frau immer dann einen grippalen
Infekt oder eine Sinusitis (Nasennebenhöhlenentzündung),
wenn sie wieder arbeiten gehen müsste.

Vor der Traumatisierung war Carla Schneider ein ganz norma-
ler Teenager, fröhlich, gesellig und problemlos im Umgang,
wie sie es beschreibt. Die heute 21-Jährige traf sich mit Freunden, ging gerne ins Kino oder zum Tanzen und verbrachte
viele Spätnachmittage im Café.

Die Patientin lebt in einer Wohnung gegenüber ihrer Herkunftsfamilie, was ihr einerseits ein Gefühl von Sicherheit vermittelt, andererseits bestimmte Abhängigkeiten weiter bestehen
lässt. Ihrem Vater, derzeit arbeitslos, falle es schwer, Emotionen
zu zeigen, die Mutter wird als eher dominant beschrieben.
Seitdem sie von dem Trauma wüsste, sei ihre Mutter „manchmal zu lieb", wie Frau Schneider berichtet. Früher habe ihre
Mutter zeitweilig die eigene Familie mit Suiziddrohungen
erpresst. Einen zehn Jahre jüngeren Bruder liebt die Klientin
„über alles". Ihr älterer Bruder sei früher mitunter gewalttätig
gewesen, allerdings bestehe heute ein guter Kontakt.

*Familiärer
Hintergrund*

Bis zu dem schlimmen Ereignis lebte Carla Schneider gleichsam nach der Lebensregel: „Wenn ich immer fröhlich und un-
kompliziert und für andere da bin, werde ich von ihnen anerkannt und kann mich selbst gut finden." Nach dem sexuellen
Gewalttrauma ist ihr die Aufrechterhaltung dieses Prinzips nicht
mehr möglich, bräuchte sie doch jetzt selbst Hilfe, und sie
kann auch nicht mehr entspannt über Nichtigkeiten plaudern.
Mit ihrem Rückzug von Freunden und Arbeit verstärkt die 21-
Jährige die depressiven, angst- und körperbezogenen Symptome, weil sie sich gerade in der extrem belastenden Situation
mit niemandem austauschen kann. Dass sie sich schließlich den
Eltern offenbart, erleichtert Frau Schneider zwar ein bisschen.
Mutter und Vater halten zu ihr und der Vater verspricht auch

*Eine Vergewalti-
gung belastet auch
das soziale Umfeld*

leiblichen Schutz vor dem Täter. Daraufhin unterbleiben die belästigenden Telefonate.

Aber alle Beteiligten haben verständliche Schwierigkeiten, die Tatsache der Vergewaltigung zu akzeptieren und das Leid der jungen Frau auszuhalten. Das Problem mangelnder Unterstützung durch Freunde und Kollegen bleibt vorerst ebenso bestehen wie die vielfältigen Symptome, als sich Carla Schneider entscheidet, eine Psychotherapie im Krankenhaus zu beginnen. Es wird eine Anpassungsstörung mit gemischter Störung von Gefühlen und Sozialverhalten (F 43.25) diagnostiziert.

Diagnose

Verlauf der Psychotherapie

In der Anamnesesitzung frage ich Frau Schneider, ob es ihr möglich wäre, mit einem Mann therapeutisch zu arbeiten. Die Patientin antwortet, sie habe keine Probleme damit. Ich erkläre ihr, es solle ihr selbst überlassen bleiben, was und wie viel sie mir erzähle. Falls sie eine bestimmte Frage nicht beantworten wolle, möge sie das bitte deutlich machen.

Einzelgespräche

Während der ersten Wochen traut sich die 21-Jährige nicht, zu sagen, welches Ereignis sie so belastet. Durch Andeutungen kann ich mir ungefähr vorstellen, was passiert ist, respektiere aber, dass die junge Frau Zeit braucht, Vertrauen aufzubauen, um Worte für das Unbeschreibliche zu finden.

Auch ohne das Ding beim Namen zu nennen, geht es in diesen Gesprächen darum, dass eigentlich alle Menschen nach einer wirklich furchtbaren Erfahrung für gewisse Zeit aus dem inneren Gleichgewicht geraten. Dass Angst, Depressionen und schlechte Immunabwehr in solchen Fällen normal sind und manchmal länger andauern, als es den Betroffenen lieb ist.

Bald lässt sich Carla Schneider ermutigen, auch in Arbeit und Freizeit selbst zu entscheiden, wem sie wie viel von dem Trauma erzählt. In Rollenspielen üben wir einige Möglichkeiten, neugierigen Bekannten oder Kollegen nur zu berichten, dass es ihr in den letzten Monaten nicht gut ging und klar zu machen, dass sie nicht über die Gründe sprechen will, denn das hätte sie den anderen am liebsten gesagt. Im Rahmen eines Selbstsicherheitstrainings in der Gruppe sammelt die Patientin

Rollenspiele

Selbstsicherheitstraining in der Gruppe

weitere Erfahrungen darin, ihrem Gegenüber Grenzen zu setzen und Konflikte anzusprechen.

Nach gut einem Monat Psychotherapie erweist es sich zunehmend als Hindernis, dass Frau Schneider keinem der Therapeutinnen und Therapeuten erzählen will, was ihr widerfahren ist. Nach einem Supervisionsgespräch mache ich der jungen Frau deutlich, dass Schamgefühle nach einem Gewalterlebnis vollkommen normal sind, dass wir uns aber nur dann mit der Sache auseinander setzen könnten, wenn wir beide wüssten, worum es geht.

Die Patientin ringt ein wenig mit sich und berichtet dann von dem Trauma und von ihrer gewaltigen Wut auf den Täter. Einige schlimme Einzelheiten beschreibt sie in einer späteren Sitzung, aber wir kommen überein, dass sie sich den belastenden Erinnerungen nur in kleinen, erträglichen Dosen aussetzt.

Umgang mit Wut und Schuldgefühlen

Die Hassgefühle kann ich gut verstehen und ich bestärke Carla Schneider darin, den Vergewaltiger und nicht sich selbst für das Geschehene verantwortlich zu machen. In einer überaus demütigenden Zwangssituation der Gewalt eines Menschen hilflos ausgeliefert zu sein, ist zu hundert Prozent die Schuld des Gewalttätigen. Dass manche Täter durch die Ausübung sexueller Gewalt dazu beitragen, dass sich ihr Opfer des eigenen Körpers schämt und nicht den Mut aufbringt, jemandem von dem grauenhaften Ereignis zu erzählen, macht solche Verbrechen nur umso perfider.

Diesen Aussagen stimmt die 21-Jährige erleichtert zu. In einigen Momenten wird ihr großer Zorn zum Thema, in anderen fühle ich mit, wenn sie traurig ist. In der Zeit meines Urlaubs übernimmt die Chefärztin der Station die Behandlung. Gegenstand dieser Stunden sind die Auseinandersetzung der Patientin mit ihrer Mutter und eine Beschäftigung mit Autonomiebedürfnissen. Bestimmte Konflikte zwischen den Generationen, neue Möglichkeiten der Verantwortungsübernahme und der Wunsch, in Zukunft auch kritische Rückmeldungen zuzulassen, werden in einem Dreiergespräch mit der Mutter bearbeitet. Carla Schneider wendet selbstsichere Verhaltensmuster zunehmend auch im Alltag an.

Ein familiärer Konflikt wird angesprochen

Die junge Frau fühlt sich im Krankenhaus inzwischen recht wohl und hat auch einige freundschaftliche Kontakte zu ihren Mitpatienten geknüpft, als ich nach drei Wochen wieder die Einzeltermine wahrnehme. Ein bestimmter Mann gefällt ihr besonders gut. Frau Schneider macht allerdings im Therapiegespräch klar, dass sie nur Freundschaft sucht. Wir unterhalten uns darüber, dass es wahrscheinlich besser wäre, dem Bekannten, der vielleicht ganz andere Erwartungen an die 21-Jährige hat, von den eigenen Wünschen und Grenzen zu erzählen. Andernfalls käme es möglicherweise zu Situationen, in denen Erinnerungen an Ohnmacht und Ausgeliefertsein eine Abgrenzung erschweren.

Als der Arbeitgeber der Patientin Konkurs anmeldet, bewirbt sich Carla Schneider bald darauf für andere Arbeitsstellen. Positiv an dieser Entwicklung ist sicher die Vorstellung, zukünftigen Chefs oder Kollegen nichts von zurückliegenden Zeiten der Verzweiflung erzählen zu müssen.

Gegen Ende des stationären Aufenthalts sind die depressiven und angstbezogenen Symptome stark zurückgegangen. Bei aller neugewonnenen Lebensfreude bleibt allerdings die erhöhte Anfälligkeit für Erkältungsbeschwerden vorerst bestehen.

Erfolge und Grenzen der Behandlung

Verbesserung der Selbstwirksamkeit

Dadurch, dass Frau Schneider im Laufe ihrer Psychotherapie lernte, manchen Konflikt aktiv anzusprechen, sich für wahrgenommene Bedürfnisse und Grenzen stark zu machen, erhöhte sich ihre Überzeugung, das eigene Leben zu kontrollieren. Psychologen sprechen von verbesserter Selbstwirksamkeit. Die Phase, in der die 21-Jährige nur in Andeutungen von dem schrecklichen Erlebnis sprechen konnte, ohne dass es zu bohrenden Nachfragen gekommen wäre, schien sehr wichtig zu sein, weil sich nur auf diese Weise langsam und ohne therapeutische Grenzverletzungen Vertrauen aufbauen ließ.

Nach einem Monat erwies sich das Arrangement jedoch zunehmend als Hindernis für die Behandlung. Da die Therapeut-Patient-Beziehung zu diesem Zeitpunkt gefestigt schien, bat ich Frau Schneider, das traumatisierende Ereignis in Worte zu fassen, ohne ins Detail zu gehen. Dass sie statt der befürchteten Neugier Mitgefühl erfuhr, trug wohl dazu bei, dass die junge Frau damit beginnen konnte, sich den Erinnerungen ein Stück weit auszusetzen, ohne erneut zu verzweifeln. Carla Schneider schuf sich einen Feiraum, in dem sie wütend und auch traurig sein durfte, ohne dabei allein zu sein. Allerdings wollte sich die 21-Jährige im Gespräch nur begrenzt mit dem Trauma beschäftigen. Das galt es zu respektieren.

Traumabearbeitung in kleinen Schritten

Erfolge, die Frau Schneiders Konfliktfähigkeit betrafen, etwa gegenüber der Mutter, führten ebenso wie neugewonnene Kommunikationsweisen und Kontakte im Krankenhaus dazu, dass depressive und angstbezogene Symptome zurückgingen und ein Gutteil der früheren Lebensfreude aufs Neue erschien. Allerdings leidet die Patientin nach wie vor unter einer schlechten Immunabwehr. Bei „klassischen" psychosomatischen Krankheiten (siehe S. 36) ist es ebenfalls häufig so, dass die körperliche Problematik im zeitlichen Abstand zur Stresserfahrung auftritt, also mit einer gewissen Verzögerung zur Geltung kommt. Carla Schneider erlebte nach der Vergewaltigung zunächst einige symptomfreie Wochen.

Körperl. Symptome können verzögert auftreten und verschwinden

Nachdem der Stressor ausgeschaltet wurde oder mittels erfolgreicherer Strategien bewältigt wird, dauert es oft seine Zeit, bis sich die psychosomatische Störung zurückbildet. Hier sind wirksame Entspannungstechniken hilfreich, zum Beispiel ein Training in PMR. Zwar erlernte die 21-Jährige dieses Verfahren während ihres Stationsaufenthalts, ob es ihr allerdings gelingt, Erholungsmöglichkeiten ins Alltagsleben zu integrieren, muss sich in den Monaten nach der Entlassung erweisen.

Falls Frau Schneider in bestimmten Momenten, ob beim Alleinsein, im Traum oder in Entspannungsphasen, erneut massiv durch Erinnerungen an das Erlebte gequält wird oder die Erkältungsanfälligkeit noch viele Monate weiter besteht, würde sich eine ambulante Anschlussbehandlung empfehlen.

7.2 Neurotische Depressionen

*Schwierigkeiten
im Umgang mit
Depressiven*

Der therapeutische Umgang mit mittelgradigen oder schweren Depressionen, ob sie nun ohne komorbide Problematik oder, wie bei dem folgenden Beispiel, im Zusammenhang mit anderen Störungen auftreten, ist für viele professionelle Helfer nicht ganz einfach. Gilt es doch, geeignete Momente zu finden, in denen sich der Patient schrittweise aus dem Dunkel von Niedergeschlagenheit, selbstabwertenden Grübeleien, Rückzug und Passivität befreien kann. Unangenehmerweise erhalten sich die depressiven Symptome durch Teufelskreise langfristig selbst aufrecht. Das macht die Behandlung manchmal zu einem Ziehen und Schieben eines ungeduldigen oder überforderten Therapeuten gegenüber dem Patienten, der konsequent jede Veränderung meidet.

*Teufelskreise
behindern die
Heilung*

*Passive
Aggressivität*

Außerdem leugnen neurotisch Depressive auch bei offenkundigen Anzeichen hartnäckig jedes Vorhandensein von Wut gegen andere. Gleichzeitig ist das beobachtbare Verhalten nicht selten lange Zeit von ständigen Vorwürfen begleitet, die jedoch normalerweise in Selbstanklagen enden. Der Patient handelt passiv-aggressiv, wozu auch das Verleugnen aller Wutgefühle gehört.

Das trägt dazu bei, dass viele Therapeuten, was die Gegenübertragung betrifft, Empfindungen von Zorn an sich feststellen, weil der Betroffene so oft in Selbstmitleid versinkt und offenbar alles daran setzt, im Zustand des Unglücklichseins zu verharren. Mit diesen Emotionen muss der professionelle Helfer konstruktiv umgehen. Dazu kann eine gute Supervision beitragen.

*Wenn die eigenen
Bedürfnisse zu
lange vernachläs-
sigt werden*

Manchmal wirkt die Depression wie eine späte Rache an der Familie und den anderen Bezugspersonen, die dem Erkrankten wenig Raum für den Aufbau einer eigenen Identität gelassen haben und „negative" Emotionen oft tabuisierten. Viele Patienten mit neurotisch-depressiven Symptomen waren ihr Leben lang für andere da. Sie hatten wenig Gelegenheit, die eigenen Bedürfnisse und Grenzen kennen zu lernen und dekompensieren in Richtung Depression, sobald zu den oft chronischen Belastungen weitere Schwierigkeiten hinzukommen oder entscheidende Veränderungen im Leben zu bewältigen sind.

Symptomatik und Lebensgeschichte

Fallbeispiel

Seit der Verfassung ihrer Diplomarbeit in einem sozialwissenschaftlichen Studienfach vor einem halben Jahr leidet Frederike Merian unter Gefühlen von Angst und Verzweiflung. Sie zieht sich, wenn es geht, zurück und beschäftigt sich in stundenlangen Grübeleien mit vermeintlichen oder tatsächlichen Fehlern. Außerdem treten seit drei Monaten dissoziative Beschwerden auf, die sich als visuelle Störungen und als Schwindelgefühle bemerkbar machen.

Dissoziative neurotische Störungen (F 44) können ganz unterschiedlich aussehen, etwa die Form einer Amnesie, eines Ohnmacht- oder Krampfanfalls, einer Empfindungs- oder Bewegungsstörung, aber auch die Form von „Trance und Besessenheitszuständen" annehmen, wie das die ICD-10, ungewohnt bildhaft, beschreibt. Die Symptome treten in subjektiv belastenden Situationen auf und es fehlt, anders als bei den psychosomatischen Krankheiten, jede organische Grundlage. Die seelische Erkrankung äußert sich körperlich, in Selbstwahrnehmung und Außenwirkung.

Formen dissoziativer neurotischer Störungen

Die 32-jährige Patientin entschließt sich im September 1999, an einer stationären Psychotherapie teilzunehmen, die ein gutes Vierteljahr dauern wird. Depressive und dissoziative Zustände haben sich in den letzten Monaten vor dem Beginn der Behandlung verstärkt. Wie kam es zu der Krise?

Frederike Merian wuchs teilweise bei ihren Großeltern mütterlicherseits auf, wo ein starker Anpassungsdruck herrschte. Die Mutter, vom gewalttätigen und alkoholkranken Ehemann früh geschieden, verlangte von ihrer Tochter, stets fröhlich und hilfsbereit zu sein, ohne dem Kind ein Gefühl von Geborgenheit vermitteln zu können. Andere Affekte wurden in der Her-

Familiärer Hintergrund

kunftsfamilie der Patientin nicht gern gesehen. Das Verhältnis zur Mutter ist schlecht, ohne dass die zu Grunde liegenden Konflikte je zum Thema gemacht worden wären. Die Beziehung zum Stiefvater erscheint eher distanziert.

Auf guten Erfahrungen aufbauen

Wenn sich Frau Merian an schöne Erfahrungen zurückerinnert, denkt sie vor allem an ihre Schulzeit. Beim Rebellieren gegen autoritäre Lehrer fühlte sie sich frei, ganz anders als zu Hause. In ihrer Freizeit traf sich die Patientin mit Freundinnen und fand darin einen gewissen Ausgleich für den innerfamiliären Konformitätsdruck.

Seit mehreren Jahren wohnt die 32-Jährige mit ihrem Lebensgefährten, einem Musiklehrer, zusammen, mit dem sie eine dreijährige Tochter erzieht. In ihrer Freizeit ist Frederike Merian für die beiden da. Sie hat es nie gelernt, etwas für sich selbst zu tun. Dem Betrachter erscheint es problematisch, dass die kleine Familie ein Haus auf dem Grundstück von Frederike Merians Eltern gebaut hat, denn vor allem ihre Mutter mischt sich immer wieder ein, was Fragen der Haushaltsführung und der Kindererziehung betrifft.

Überhöhte Ansprüche an sich selbst

Nach zwei abgeschlossenen Berufsausbildungen und Arbeit in beiden Berufen wünscht sich die Patientin eine „anspruchsvolle Tätigkeit für die nächsten Jahrzehnte" und beginnt ein Studium. Inzwischen erwartet sie von sich, in allen Dingen perfekt sein und innerhalb kürzester Zeit erwachsen werden zu müssen. Die 32-Jährige unterbricht ihre Studien nur, wenn sie für die kleine Tochter sorgt. Beinahe systematisch hat sie fast alle Situationen, in denen sie unbeschwert auftanken und schöne Erfahrungen machen kann, ausgeschaltet.

Da Frau Merian an ihre Abschlussarbeit mit den gleichen Vollkommenheitsansprüchen herangeht, scheitert sie schließlich an dem Versuch, etwas Perfektes zu verfassen, um sich endlich selbst akzeptieren zu können, und wird depressiv. Trotz gegenteiliger Versicherungen der Ärzte führt die Patientin die erlebten Sehstörungen auf organische Probleme zurück. Jetzt kann sie technisch kaum noch schreiben und sich um die Familie kümmern, was die 32-Jährige allerdings nicht entlastet, da sie unter Schuldgefühlen leidet.

Als Frederike Merian eine stationäre Psychotherapie beginnt, werden neben einer mittelgradigen depressiven Episode, hier mit somatischem Syndrom (F 32.11), „dissoziative Störungen (Konversionsstörungen), gemischt" (F 44.7) diagnostiziert. Auffällig, was das Erscheinungsbild der Symptomatik betrifft, ist die starke Agitiertheit der Betroffenen. Die meisten Depressiven fühlen sich durch ihre Erkrankung eher gehemmt oder wie gelähmt. Von außen wirken diese Patienten verlangsamt, antriebs- und affektgemindert.

Einige neurotisch Depressive scheinen hingegen von Unruhe, Aufgeregtheit und Bewegungsdrang getrieben zu sein, als versuchten sie, vor dem drohenden inneren Abgrund zu fliehen. So auch im beschriebenen Fall. Früher bezeichnete man diese Form als „agitierte" oder „Jammerdepression". Im aktuellen Bestimmungsmanual ICD-10 zählen nur noch der Schweregrad der Störung und ihr einmaliges oder wiederholtes Auftreten, wenn es um eine Differenzierung der Diagnose geht.

Diagnose

Bei einer neurot. Depression kann der Antrieb auch erhöht sein

Verlauf der Psychotherapie

Zunächst erweist sich die Behandlung für beide Seiten als anstrengend. Frederike Merian klagt immer wieder über die erlebten dissoziativen Probleme und kann eine psychogene Deutung der Schwierigkeiten nicht annehmen. Jeder visuelle Kontakt zum Gegenüber ist der Patientin unmöglich. Ihr Blick scheint nach innen gerichtet zu sein und häufig schwimmen ihre Augen in Tränen.

Mögliche soziale Kontakte beschränkt Frau Merian auf ein Minimum, in den Gruppen spricht sie nur, wenn man sie zu einem Thema direkt befragt. Ein wenig Erleichterung findet die 32-Jährige bei ausgedehnten Spaziergängen, die sie alleine unternimmt. Es bleibt lange Zeit ihr einziger Verstärker zur Selbstbelohnung, die Grübeleien dauern an.

Nach etwa drei Wochen berichtet Frederike Merian in der Einzelsitzung zum ersten Mal von der Jugendzeit. Als sie an ihre rebellische Phase zurückdenkt, wirkt sie deutlich weniger depressiv als sonst und lächelt sogar ein paar Mal. Ich melde ihr

Einzel- und Gruppengespräche

Verstärkung positiver Ansätze

diese Unterschiede zurück und stärke in den folgenden Gesprächen die aufmüpfige, ungehorsame Seite der Patientin. Neben diesen Vergangenheitsbetrachtungen lenke ich Frau Merians Fokus immer wieder auf Dinge, die in der Gegenwart anstehen, in einer Stunde oder morgen, und ihre aktuellen Bewältigungsmöglichkeiten.

In den nächsten Wochen nehmen Selbstzweifel und dissoziative Beschwerden allerdings zu, so dass vorübergehend eine schwere depressive Episode (ohne psychotische Symptome, F 32.21) diagnostiziert und eine Verlängerung der Therapie bei der Krankenkasse beantragt wird. Die 32-Jährige klagt verstärkt und fordert viel Trost, ohne sich ändern zu wollen.

Zorn in der Gegenübertragung

Ich spüre Ärger und Wut und mache der Patientin nach einem Supervisionsgespräch meine Schwierigkeiten mit ihrer Einstellung „andere sollen etwas für mich tun, ich tue nichts für mich" deutlich. Das Stück, das ihre Mitmenschen, so wie ich, über die Monate im Trösten nachließen, müsse sie Schritt für Schritt selbst übernehmen. Sie registriere echte Zuwendung wahrscheinlich am ehesten, wenn sie sich selbst welche geben könne. Gern würde ich Frau Merian die Verantwortung für ihr Leben wiedergeben.

Kathartische Übungen zum Umgang mit Wut

Nach zwei Monaten stationärer Behandlung ist die 32-Jährige dazu in der Lage, wenigstens einen Teil des empfundenen Zorns auf die Eltern, die Großeltern, ihren Freund und auch den Therapeuten bei kathartischen Übungen im Klinikwäldchen herauszuschreien. Der Begriff Katharsis stammt aus der tiefenpsychologischen Terminologie und bezeichnet bewegende, direkt erfahrene emotionale Erlebnisse. Deren Ziel ist oft eine Integration bislang abgewehrter Gefühle in die Persönlichkeit des Betroffenen. Meine Klientin erlebt ihre Wut, als sie mit einem Stock mehrere Male auf Baumstämme eindrischt und alle Menschen verflucht, denen es besser geht als ihr. (Die Bäume nehmen keinen dauerhaften Schaden.) Endlich kann sie die so lange tabuisierten Empfindungen spüren und ein bisschen Druck ablassen, auch wenn sie sich nach wie vor sehr schlecht fühlt und die Erleichterung nur kurze Zeit anhält.

Eines Tages, Frederike Merians Stimmung ist erneut auf dem Nullpunkt und sie wird zunehmend von Suizidfantasien gequält, frage ich die Patientin, ob es für sie vorstellbar wäre, sich im Falle einer weiteren Zustandsverschlechterung auf die Psychiatrie verlegen zu lassen. Eine psychotherapeutische Behandlung könne die Problematik möglicherweise nicht mehr ausreichend auffangen.

Die Erkrankte erschrickt und möchte alles dazu tun, diese Entwicklung zu vermeiden. Gedanken-Selbstbeobachtungsprotokolle, deren Bearbeitung sie bisher stets vermieden hatte, werden jetzt erstellt. Auf deren Grundlage versucht Frederike Merian, eine verhaltenstherapeutische Technik anzuwenden, die „Gedankenstopp" heißt. Diese Methode erscheint zwar etwas artifiziell, sie hat sich allerdings bei der Reduktion selbstabwertender Grübeleien, wie sie im Rahmen einer schwerwiegenderen neurotischen Depression auftreten, bewährt.

Gedanken-Selbstbeobachtungsprotokolle

„Gedankenstopp"

Zunächst erstellt der Betroffene ein Selbstbeobachtungsprotokoll der Kognitionen, mit denen er sich selber quält. In einem zweiten Schritt notiert er einige Gedanken, die er gegen die herunterziehenden Abwertungen der eigenen Person setzen könnte. Diese Aussagen sollten positiv formuliert sein und die Bewältigungsmöglichkeiten des Erkrankten betonen. Eine Aufgabe, die gerade für schwer Depressive nur mit großer Mühe zu leisten ist. Der subjektiv überzeugendste innere Satz der Liste wird im Einzelgespräch ausgewählt.

Selbstabwertungen unterbinden

Unter der Prämisse, dass die bisherigen deprimierenden Kognitionen ohnehin dauernd im Kopf des Patienten kreisen, sattsam bekannt sind und immer wieder alles dazu tun, die miese Stimmung noch zu verstärken, dementsprechend als überflüssig gelten können, wird der Betroffene darum gebeten, ein Experiment zu wagen. Jedes Mal wenn eine der zuvor identifizierten Grübelaussagen ins Bewusstsein tritt, setzt er ein inneres Abbruchsignal dagegen, indem er entweder in Gedanken „Stopp" ruft oder neben diesem Wort zusätzlich ein Stoppschild mit dem inneren Auge wahrnimmt. Nach dieser Selbst-Unterbrechung sollte die aufbauende Aussage folgen. Problematisch an der dargestellten Technik ist die Erfahrungstatsache, dass destruktiven Kognitionen, vergleichbar mit Zwangsgedanken, ein gewisses Beharrungsvermögen innewohnt. Sie

Umgewöhnung erfordert Geduld

werden also einige Tage oder Wochen lang gegen die erzwungene „Umprogrammierung" andrängen, was bedeutet, dass der Patient die Methode immer wieder anwenden muss, auch nach Rückschlägen, um mittelfristig eine Stimmungsverbesserung wahrnehmen zu können.

Es gelang Frederike Merian nach anfänglichen Schwierigkeiten, den Gedankenstopp mehrere Wochen lang durchzuhalten, eine Zeit, in der sich schließlich ihr Allgemeinzustand deutlich zum Positiven wandelte. Tröstlicher als der erste Gegen-Satz, „wahrscheinlich schaffe ich es, dass es mir besser geht", erweist sich die Aussage „Gott wird mir helfen". Frau Merian erinnert sich, obwohl lange nicht gläubig, an die schönen Momente ihrer Jugend, die sie oft mit kirchlich engagierten Menschen verbracht hat. Dieses Gefühl von Geborgenheit und Sicherheit will die 32-Jährige wieder finden.

Manchen Patienten hilft die Religion

In der Folge sucht Frederike Merian immer öfter Trost im Gebet und sie nimmt in den letzten teilstationären Wochen auch den Kontakt zu den früheren Freunden wieder auf. In der Therapie wird die Patientin auf diesem Weg zum Glauben begleitet, da beide Gesprächspartner spüren, dass ihr die Neuorientierung gut tut.

Angehörige von Depressiven leiden ebenfalls

Ein Termin zu dritt mit Frau Merians Freund dient dazu, gegenseitige Ängste und Erwartungen zu klären. Der Lebensgefährte kann zum ersten Mal deutlich machen, wie sehr ihn die Problematik seiner Partnerin belastet. Beide hören einander zu. Die 32-Jährige wirkt während der letzten Einzelsitzungen ziemlich narzisstisch. Ihre eigenen Bedürfnisse stehen im Vordergrund, die der anderen interessieren kaum. Wahrscheinlich eine notwendige Entwicklungsphase, wenn man bedenkt, wie wenig Möglichkeiten sie in der Vergangenheit hatte, an sich selbst zu denken und eigene Bedürfnisse zu artikulieren. Leichte depressive und dissoziative Symptome bestehen zunächst fort. Frederike Merian entscheidet sich nach ihrer Entlassung aus dem Krankenhaus dafür, eine ambulante Anschlussbehandlung anzufangen.

Ambulante Anschlussbehandlung

Erfolge und Grenzen der Behandlung

Die Phase einer fast zweieinhalbmonatigen Stagnation nach dem Beginn der stationären Therapie endet, als Frau Merian, wegen der scheinbaren Untauglichkeit des psychotherapeutischen Ansatzes vor die Alternative einer psychiatrischen Weiterbehandlung gestellt, erstmals aktiv an sich arbeitet und zum Beispiel die „Hausaufgaben" nicht mehr vermeidet. Die reale Angst vor den Konsequenzen einer fortgesetzten Nichtverantwortlichkeit für die eigene Person erweist sich in diesem Falle als fruchtbar, was sicher auch mit Stabilität und Ernstnehmen der Betroffenen in der Therapeut-Patient-Beziehung zu tun hat. Wichtiger noch als der mittelfristige Erfolg der Gedankenstopp-Methode scheint mir die Tatsache, dass die Patientin über eine Auseinandersetzung mit ihren Sehnsüchten etwas fand, das ihr Lebenssinn und Mut wiedergeben konnte. In ihrem Fall war das die Religion.

Motivation durch Einsicht in die Folgen des Verhaltens

Mit ein wenig Verzögerung kamen dann auch die befreiende Wirkung von Wutübungen und ein Anknüpfen an positiv erlebte Zeiten von Trotz und Rebellion zum Tragen. In den letzten Therapiewochen gelang es Frederike Merian, sich mehr und mehr auf die Gegenwart zu konzentrieren und der Umwelt die eigenen Bedürfnisse und Grenzen zu vermitteln. Dass sie sich in den Einzelsitzungen erlauben konnte, auch bislang verpönte Gefühle wie Zorn, Traurigkeit oder Freude am Eigensinn zu erleben, spielte hier vermutlich eine wichtige Rolle.

Neuen Lebensmut gewinnen

Auch „negative" Gefühle zulassen

Die Interessen der Mitmenschen werden allerdings gegen Ende der Behandlung kaum berücksichtigt. Es ist zu spüren, wie erleichtert die 32-Jährige ist, dass sie sich endlich einmal erlauben kann, egoistisch und egozentrisch zu sein, ohne Schuldgefühle befürchten zu müssen.

Einige soziale Konflikte spricht Frau Merian direkt an. Gegenüber der dominanten Mutter grenzt sie sich massiv ab und gewinnt auf diese Weise neue Freiräume, was die eigene kleine Familie und das Zuhause betrifft. Zum Stiefvater entwickelt sich ein positiver Kontakt, er wird ein wichtiger Vertrauter. Diese Erhöhung von Souveränität im Umgang mit der sozialen

Konflikte ansprechen lernen

Umwelt wirkt sich wiederum positiv auf das Selbstwertgefühl der Betroffenen aus.

Allerdings sind vor allem die dissoziativen Symptome der Patientin, Störungszeichen, die manchmal gewisse Beharrungstendenzen aufweisen, noch nicht vollständig remittiert. Auch aus diesem Grund möchte die 32-Jährige nach ihrem Klinikaufenthalt ambulante psychotherapeutische Gespräche führen.

Nach einigen eher unfruchtbaren Monaten der Weiterbehandlung in einer Praxis gelingt es Frederike Merian, das Erreichte mit einer Therapeutin im Rahmen wöchentlicher Sitzungen zu vertiefen, um vielleicht in Zukunft ein wirklich angemessenes Verhältnis zu sich und der Welt aufzubauen.

7.3 Angststörungen

Was die Gegenübertragung bei Angstpatienten betrifft, ist es für manche Psychotherapeuten schwierig, das Ausmaß an Abhängigkeit, Verstrickung und Vermeidung zu ertragen, das sie bei vielen stärker Betroffenen wahrnehmen. Nicht selten halten die Erkrankten lange Zeit ein medizinisches Störungsmodell aufrecht, bis sie, oft im Rahmen von Reizkonfrontationen, merken, was sie selbst dazu beisteuern, wenn sie an der Symptomatik leiden. Oft dauert es auch eine ganze Weile, bis sich Angstpatienten trauen, Selbstbeobachtungs-Hausaufgaben oder gar Desensibilisierungsübungen im Aushalten von Angst anzugehen, was von Seiten des Behandlers einiges an Geduld und Empathie erfordert.

Hilfe durch Selbstbeobachtung und Desensibilisierung

Manchmal hilft es dem Therapeuten, sich in die Lage seines Gegenübers hineinzuversetzen, das zum Beispiel in verschiedenen Situationen erschreckende Panikanfälle erlebt, die bis hin zur Todesangst gehen können. Nachfolgende Vermeidungsreaktionen engen den Lebensradius des Betroffenen häufig in unerträglicher Weise ein.

Statt dem Patienten ausreden zu wollen, dass doch bestimmt eine schlimme Krankheit hinter den Angstsymptomen steckt, was Gefühle auslösen kann, nicht ernst genommen zu werden, ließe sich zunächst Respekt dafür deutlich machen, dass es dem Erkrankten trotz der peinigenden Furcht gelungen ist, in die Praxis zu kommen. Umso mehr positive Verstärkung verdient es, wenn sich der Klient irgendwann traut, Angstübungen durchzuführen, in Begleitung seines Therapeuten oder allein.

Unterstützung durch positive Verstärkung

Symptomatik und Lebensgeschichte

Fallbeispiel

Nachdem eine schwere, teilweise wahnhafte depressive Episode (F 32.3) zwei mehrmonatige Psychiatrieaufenthalte notwendig werden ließ, litt Lothar Fridrich zum Entlassungszeitpunkt vor allem unter einer massiven Angstproblematik, weswegen sich im September 1999 eine gut zwei Monate dauernde Behandlung auf der psychotherapeutischen Station des gleichen Krankenhauses anschloss.

Agoraphobische Panikattacken, die der 47-Jährige seit einem Jahr erlebt, werden ausgelöst durch die Trennung von der Ehefrau. Die schwere Krankheit seines 16-jährigen Sohnes, für den der Vater das Sorgerecht innehat, führt bei Herrn Fridrich ein halbes Jahr später zu einer starken Depression. Der Sohn liegt mit einem zunächst lebensbedrohlichen Stirnhirnsyndrom, bedingt durch einen Tumor, in einem spanischen Krankenhaus. Lange Zeit waren unterschiedliche Auffälligkeiten des 16-Jährigen fälschlich als „Verhaltens- und emotionale Störungen mit Beginn in der Kindheit und Jugend" (F 9) diagnostiziert worden.

Immer wieder kam es zu heftigen Auseinandersetzungen zwischen Vater und Sohn, in deren Verlauf der Jugendliche aggressiv wurde. Einmal rutschte Lothar Fridrich die Hand aus, und er schlug seinen Jungen so heftig ins Gesicht, dass er gegen die Wand knallte. Seitdem quälen den Älteren starke Schuldgefühle, denn er befürchtet, die spätere komatöse Entwicklung des 16-Jährigen verursacht zu haben.

Familiärer Hintergrund

Ausbreitung einer
Agoraphobie:
Reizgeneralisierung

Herr Fridrich, der lange als Berufskraftfahrer gearbeitet hat, reagiert auf jede Veränderung mit Verunsicherung und auf manche mit Dekompensation. Ein Urlaub des Hausarztes führte zum ersten Auftreten eines Angstanfalls, als der 47-Jährige am Steuer seines Lkws saß. Später weitete sich die Phobie auf andere Lebensbereiche aus, etwa eine Gegenwart großer Menschenmengen oder Alleinsein zu Hause. Wegen seiner starken Vermeidungstendenzen traute sich der Patient bald nicht mehr, Auto zu fahren, und verlor seine Stelle. Seitdem lebt Lothar Fridrich von Sozialhilfe. In dieser Zeit versucht er auch, sich das Leben zu nehmen, was in einem ersten Psychiatrieaufenthalt mündet.

Körperliche
Symptome

Zurzeit leidet der Patient unter Kribbelsensationen am ganzen Körper, Schweregefühlen in den Beinen, Kopfschmerzen, psychogenem Schwindel und Schmerzen im Brustbereich. Herr Fridrich nimmt an, dass er eine ernste Herzkrankheit hat, obwohl die ärztlichen Untersuchungen keine pathologischen Befunde nachweisen können. Während des Panikanfalls steigert sich der 47-Jährige in die Angst hinein, einen Infarkt zu bekommen.

Lothar Fridrich war das älteste von sieben Kindern und wuchs in ärmlichen sozialen Verhältnissen auf. Die Mutter arbeitete als Köchin, der Vater ist nicht bekannt. Von seiner Großmutter,

Probleme mit der
Lebensregel

bei der er aufwuchs, lernte der Patient: „Solange du arbeiten kannst, bist du etwas wert." Herr Fridrich besuchte die Sonderschule. Ein so genannter sprachfreier Intelligenztest ergab einen unterdurchschnittlichen Intelligenzquotienten von 85, bei einem verbal orientierten Verfahren schnitt der heute 47-Jährige noch schlechter ab: Mit einem IQ von 60 gilt er als mittelgradig intelligenzgemindert (F 71). Lesen gelingt Lothar Fridrich einigermaßen, Schreiben fällt ihm schwer (funktioneller Analphabetismus).

Verlusterlebnisse
führen in die Krise

Nach seiner Heirat Anfang der Siebzigerjahre folgte auf die Scheidung Mitte der Achtziger eine zweite Hochzeit mit der selben Frau. Mit ihr erzieht der Patient drei Kinder. Die erneute und endgültige Trennung Mitte der Neunzigerjahre führte zusammen mit dem als demütigend empfundenen Verlust der Arbeitsstelle in die Krise.

Inzwischen lebt der 47-Jährige mit einer etwas jüngeren Altenpflegerin zusammen. Diese Beziehung ist stark dadurch geprägt, dass sich Herr Fridrich von seiner Freundin umsorgen und unterstützen lässt. Wenn es ihm besser geht, kocht er allerdings gern und hilft oft im Haushalt. Fernsehen und Tagträumen machen ihm Freude.

Zu Beginn der stationären Psychotherapie werden neben einer Agoraphobie mit Panikstörung (F 40.01) eine mittelgradige depressive Episode mit somatischem Syndrom (F 32.11) und eine Somatisierungsstörung (F 45.0) – hier mit hypochondrischen Tendenzen – diagnostiziert. Trotz der komorbiden Probleme ähnelt die Behandlung von Lothar Fridrich anderen Therapieverläufen bei Personen mit Agoraphobie, weswegen dieser Fall als typisches Beispiel in das aktuelle Kapitel aufgenommen wird.

Diagnose

Verlauf der Psychotherapie

Ich übernahm den Patienten drei Wochen nach Behandlungsbeginn von einem Assistenzarzt, der die Station wechselte. Es gelang Herrn Fridrich nach anfänglichen Schwierigkeiten gut, sich auf die veränderte Konstellation einzustellen und Vertrauen zu fassen.

In der ersten Zeit gilt es den 47-Jährigen in etwas zu bestärken, was schon der frühere ärztliche Psychotherapeut immer wieder herausgestellt hatte, nämlich dass ihn keinerlei Schuld träfe am Schicksal seines Sohnes. Nicht weil er so ein miserabler Vater wäre, sei es zu den schlimmen Auseinandersetzungen gekommen. Der Grund dafür liege vielmehr bei dem Tumor im Kopf des 16-Jährigen, den die Mediziner lange übersehen hätten und der nun operiert werden müsse.

Auch sei der Streit, in dessen Verlauf der Patient handgreiflich wurde, weil er sich nicht mehr anders zu helfen wusste, nicht für die Krankheit des Jugendlichen verantwortlich. Jeder Mensch wäre traurig und verzweifelt, wenn es seinem Sohn so schlecht gehen würde. Es dauert ein bisschen, eine einfache Sprache und manche Wiederholungen sind nötig, bis Lothar Fridrich vergleichbare Aussagen aufgenommen hat. Diese Einsichten

Bei Agoraphobie kann ein stationärer Aufenthalt nötig sein

sind dann aber auch von Dauer. Seine Schuldgedanken gehen langsam zurück.

Als sich die Therapeut-Patient-Beziehung als stabil und belastbar erweist, liegt der Fokus in einer zweiten Behandlungsphase auf praktischen Reizkonfrontationsübungen, in denen sich Herr Fridrich den eigenen Körperwahrnehmungen während der Panik aktiv aussetzt. Doch zunächst hat der 47-Jährige noch zu viele Bedenken, um etwa ein Training in der Straßenbahn auszuprobieren. Er ist der Auffassung, die Befürchtung, einen Herzinfarkt zu erleiden, sei an bestimmte Situationen gebunden, die er aus Sorge um seine seelische und körperliche Gesundheit eben vermeiden müsse. Lothar Fridrich kann sich höchstens vorstellen, Autofahren zu üben, weil er einsieht, dass es für seine berufliche Zukunft wichtig sein könnte. Hier spielen auch Bequemlichkeitsaspekte eine Rolle.

Da die Patienten zu Beginn ihrer stationären Behandlung aus versicherungsrechtlichen Gründen unterschreiben müssen, dass sie im Rahmen des stationären Aufenthalts kein Kraftfahrzeug bedienen, fällt dieses Übungsfeld aus. Herrn Fridrichs zeitweiligem Unwillen, andere Schritte zur Behebung seiner Schwierigkeiten zu unternehmen, werden schließlich einige Erfahrungen entgegengesetzt, die der 47-Jährige mit willkürlich ausgelösten Panikzuständen im Therapieraum macht.

In einem Einzelgespräch interveniere ich paradox und unterbreite meinem Patienten einen unkonventionellen Vorschlag: „Sie sagen, dass Sie nur im Auto, beim Alleinsein und in großen Menschenmengen Panik bekommen. Ich wette dagegen, weil ich glaube, dass Sie auch hier im Zimmer jederzeit einen Angstanfall kriegen können. Wenn Sie Lust haben, probieren wir etwas aus: Ich sage Ihnen, was Sie tun müssen, um in Panik zu geraten, Sie setzen dagegen, was Sie nur können. Wenn nichts passiert, haben Sie gewonnen. Falls Sie aber doch Angst bekommen sollten, gewinne ich die Wette."

Lothar Fridrich reagiert erst einmal verdutzt und etwas ungläubig auf diese Idee. Dann lacht er und ist mit dem Vorgehen einverstanden. In mehreren Sitzungen macht der 47-Jährige zunächst ein paar Kniebeugen, um außer Atem zu geraten

Reizkonfronta-tionsübungen

Auch unkonventio-nelle Methoden können helfen

Eine Übung wird zur Wette

und beginnt dann, heftig zu schnaufen (Hyperventilation). Die etwa 40 Zigaretten, die er pro Tag raucht, tun ein Übriges. Er erlebt Schwindelsensationen und Druckgefühle auf der Brust, außerdem Seitenstechen.

Schon sind einzelne Paniksymptome erkennbar und ich erkläre dem Patienten, dass er bestimmt bald einen Herzinfarkt bekommen wird und dass alles, was ihm sein Therapeut und die Ärzte erzählt haben, wahrscheinlich reiner Blödsinn war. Herr Fridrich gerät ins Schwitzen und argumentiert gegen die Anwürfe. Er sei körperlich völlig gesund und nur ein bisschen außer Atem.

Doch ich lasse nicht locker und gewinne meine Wette, mit etwas Verzögerung: In der nächsten Sitzung gesteht mein Gesprächspartner, dass er tatsächlich eine halbe Stunde nach der Übung einen kompletten Angstanfall erlebt hat, als er sich die Frage stellte, ob der Therapeut nicht vielleicht doch die Wahrheit über seinen beklagenswerten Zustand gesagt hätte. Was glaubt er jetzt? „Sie wollten mich nur provozieren", sagt Lothar Fridrich und grinst.

Dem kann ich nicht widersprechen. Es kommt in den nächsten Sitzungen noch zu einigen anderen „Wettdurchgängen", und mit der Zeit gelingt es dem Patienten deutlich besser, den Provokationen standzuhalten. Ein paar Mal übt er auch, mit der Trambahn zu fahren, was ihm aber immer noch sinnlos und unbefriedigend vorkommt. *Der Patient hält den Provokationen stand*

Ein Freund mit eigener Spedition habe ihm das Angebot unterbreitet, er könne dessen Lkw steuern, erzählt Herr Fridrich eines Tages. Erst zu zweit, dann alleine. Später wäre es vielleicht möglich, für diesen Bekannten als Kraftfahrer tätig zu sein. Ja wenn er Auto fahren dürfte, meint der 47-Jährige, könne er gleichzeitig seine Angst überwinden und etwas dazu beitragen, wieder Arbeit zu finden.

Nach einer Absprache mit der Stationschefärztin schlage ich Lothar Fridrich einen Kompromiss vor, in dem er seine Bequemlichkeit überwinden müsste und sich trotzdem etwas für die berufliche Zukunft tun ließe. Der Patient nimmt nur noch ein leichtes Antidepressivum, so dass aus medizinischer Sicht *Wege zur Motivation* nichts dagegen spräche, einen Pkw zu bedienen. Für die nachfolgende Arbeit als Lkw-Fahrer müsste man die Dosis noch weiter reduzieren. Versicherungsrechtliche Bedenken werden ausnahmsweise ignoriert.

Herr Fridrich darf in seiner tagesstationären Zeit morgens mit dem eigenen Wagen zum Krankenhaus kommen, wenn er das Auto nach den Einzel- und Gruppenterminen zu seinem Wohnort zurückbringt. Anschließend soll er mit der Straßenbahn erneut in die Klinik und abends mit dem öffentlichen Nahverkehr nach Hause fahren.

Der 47-Jährige meckert zwar zunächst über den gewaltigen Aufwand, aber die Aussicht, einen Wagen steuern zu dürfen, ist so verlockend, dass er schließlich einwilligt. Lothar Fridrich hält sich an die Absprachen und die Angst geht weiter zurück.

Erwartungen im Angehörigengespräch klären

Ein Gespräch zu dritt mit der Lebensgefährtin des Patienten dient einer gegenseitigen Abklärung von Wünschen an den anderen. Es stellt sich heraus, dass die Freundin gerne hilft und verwöhnt, während Herr Fridrich die vermittelte Geborgenheit ebenso genießt, wie es ihr gefällt, eine starke Schulter zum Anlehnen zu haben. Erkennbar wird außerdem, dass der 47-Jährige auf seine Beziehung sehr stolz ist. Beide ergänzen sich hervorragend. Ob sich das beschriebene Gleichgewicht von Geben und Nehmen zum Negativen hin verändert, wenn Lothar Fridrich keine Beschwerden mehr hat und seine Lebensgefährtin deshalb weniger dringend braucht als heute, muss sich noch erweisen.

Als er schließlich die psychotherapeutische Station verlässt, sind die depressiven Symptome vollständig zurückgegangen. Der Patient achtet weniger häufig auf mehrdeutige körperliche Signale als zuvor, eine mildere Somatisierungsstörung besteht allerdings fort. Nur noch selten kommt es zu Angstattacken, ohne dass die Problematik komplett remittiert wäre. Was seine beruflichen Perspektiven als Trucker betrifft, ist Herr Fridrich optimistisch. Er übt, wieder mit dem Lkw zu fahren, unterstützt von seinem Bekannten. Das Selbstwertgefühl des 47-Jährigen hat sich deutlich verbessert.

Erfolge und Grenzen der Behandlung

Die intellektuellen Einschränkungen des Patienten haben sich nur während der ersten Gespräche als leichtes Hemmnis bemerkbar gemacht. Als erkennbar wurde, dass einmal Erlerntes bei Lothar Fridrich dauerhaft „sitzt" und sich auf dem Vertrauen in der Therapeut-Patient-Beziehung gut aufbauen lässt, erwies sich seine tendenziell haftende, relativ rigide Persönlichkeitsstruktur sogar als Ressource.

Intellektuelle Defizite müssen kein Hindernis sein

Wichtig war in diesem Fall sicherlich das eher direktive Vorgehen des Behandlers mit Wiederholungen und Sicherheit vermittelnden, gleich bleibenden Strukturen. Die paradoxe Intervention trug nicht nur dazu bei, ein wenig Ernst aus den agoraphobischen Attacken zu nehmen. Vielmehr setzte sich Herr Fridrich aktiv einer Konfrontation mit den furchtauslösenden Reizen aus. Nach einer gewissen Zeit würde die körperliche Erregung von selbst zurückgehen. Das ist das Hauptziel sowohl von stufenweisen VT-Angstbehandlungen (Systematische Desensibilisierung) als auch der so genannten Reizüberflutungstechnik (Flooding), die hier Anwendung gefunden hat.

Systemat. Desensibilisierung u. Reizüberflutung bei Angststörungen

Wegen des speziellen Arrangements kam es allerdings nicht ganz so weit, da ja der 47-Jährige im Rahmen der „Wette" mit allen verbalen Mitteln gegen die Panikmache Widerstand leisten sollte. Aber zumindest gelang es dem Patienten bei dieser Vorgehensweise, sich ein Repertoire kognitiver Möglichkeiten zur Bekämpfung von Angstzuständen zu erarbeiten, die er im Alltag verwenden kann. Außerdem lernte er, dass Panikempfindungen nicht an bestimmte, eng umgrenzte Situationen gebunden sind. Die angstauslösenden Reize weiten sich vielmehr auf die unterschiedlichsten Alltagsbereiche aus, was Verhaltenstherapeuten „Reizgeneralisierung" nennen.

Was die schwere Krankheit des 16-jährigen Sohnes betrifft, trug eine Aufklärung über die ungefähren medizinischen Zusammenhänge zu einer Verringerung von Schuldgefühlen bei. Durch normalisierende Aussagen, etwa empathische Rückmeldungen des Helfers darüber, dass es auch jedem anderen Menschen in seiner Lage schlecht ginge, gelang es Lothar Fridrich

Schuldgefühle verringern sich

besser, zeitweilige Gefühle von Leid zu akzeptieren. Depressive Symptome bildeten sich zurück, was auch mit einem wachsenden beruflichen und privaten Selbstbewusstsein zu tun hatte. Der Wunsch, wieder Auto zu fahren und eine Arbeitsperspektive zu haben, stellte sich als wirksamer Verstärker für die lästigen Pflichtübungen im Ertragen von Panikempfindungen heraus, so dass der 47-Jährige die Anstrengung in Kauf nahm, die es für ihn bedeutete, im Gedränge des Berufsverkehrs und ohne Begleitung die Trambahn zu benutzen. Wenn er, zumindest was das Autofahren betrifft, weiter trainiert, wäre es möglich, dass sich die wachsende Sicherheit auf andere schwierige

Reaktionsgenerali-   Situationen überträgt (Reaktionsgeneralisierung), was dann in
sierung   einem weiteren Rückgang von Angst und Vermeidung münden könnte.

Auch wenn sich Herr Fridrich gegen Ende der Behandlung körperlich fitter fühlte, dauerte die stationäre Psychotherapie nicht lange genug, um die Somatisierungssymptome wirksam anzugehen. Zumindest jedoch bezweifelt er inzwischen, dass er jeden Moment einen Herzinfarkt erleiden könnte.

7.4 Zwangserkrankungen

Probleme in der Gegenübertragung bei der Behandlung von Zwangsneurotikern haben häufig mit der Unentschlossenheit oder einer gewissen Rigidität, einer mangelnden Flexibilität der Betroffenen zu tun. Einige Therapeuten fühlen sich selbst ein Stück weit beengt, wenn sie die durchritualisierte Lebenswelt von Zwangskranken wahrnehmen. Verschiedene Formen unterdrückter Wut, die der professionelle Helfer beobachtet, verleugnet der Patient oft lange Zeit, was manchmal zu Zorngefühlen beim Gegenüber führen kann.

Zwangsneurotiker   Wenn die Behandlung einmal in Gang gekommen
sind oft zuverlässig ist, wird sie paradoxerweise durch einen Aspekt der
                        Problematik unterstützt: Da für Zwangsgestörte Zuver-

lässigkeit enorm wichtig zu sein scheint, kommen sie normalerweise pünktlich zu den Sitzungen und versuchen, Übungen und Hausaufgaben gewissenhaft zu erledigen.

In vielen Fällen erweisen sich allerdings die Schwierigkeiten, die im Rahmen von Zwangsgedanken oder zusätzlich durch obsessive Handlungen (etwa Waschzwang) bzw. Zwangsimpulse (z. B. Fantasien, das eigene Kind zu töten) deutlich werden, als äußerst hartnäckig. Rezidive sind häufig, was dann nicht nur der Klient, sondern auch der Therapeut ertragen muss. Wenn ein Behandler seinen Patienten frühzeitig auf die Gefahr von Rückfällen aufmerksam macht, ohne ihn dabei zu entmutigen, können sich beide Seiten, soweit es geht, auf eine solche Entwicklung einstellen.

Psychotherapien auf spezialisierten Stationen, die an einigen Kliniken angeboten werden, sind vor allem für sehr schwere Ausprägungsgrade der Störung geeignet. Viele Zwangsneurotiker lassen sich auch ambulant behandeln. Eine Kurzzeittherapie von 25 Stunden genügt hier meistens nicht, so dass bei einer Kassenfinanzierung rechtzeitig der Antrag auf Umwandlung in eine Langzeitbehandlung gestellt werden sollte.

Meist ist eine LZT erforderlich

Fallbeispiel

Symptomatik und Lebensgeschichte

Seit mindestens 30 Jahren leidet Margarete Esch unter Zwangsgedanken und Zwangshandlungen. Gesundheitliche Befürchtungen, sich durch infektiöse „Keime" anzustecken, führen immer wieder zu ritualisierten Säuberungen, was dann unterschiedliche Formen annehmen kann: Die Patientin wäscht stundenlang ihre Hände. Jedes Kleidungsstück und jedes Handtuch steckt sie nach einmaliger Verwendung in die Waschmaschine. Küchenspülbereich und Bad müssen vor der Benutzung desinfiziert werden. Interessanterweise hält Frau Esch in der Küche etliche Haustiere, zum Beispiel Vögel und Hasen,

Zwänge ufern
häufig aus

die durchaus Dreck machen dürfen. Wie es dem Beobachter erscheint, an Stelle der Erkrankten.

Neben dieser Symptomatik scheitert die 53-Jährige regelmäßig daran, ihre Wohnung aufzuräumen. Sie hat große Schwierigkeiten, Dinge wegzuwerfen, und verzettelt sich bei dem Versuch, Ordnung zu schaffen. Mit Ausnahme ihrer Mülltüten hebt die Patientin alles auf. In dem fast chronischen Chaos fühlt sich Margarete Esch meist unwohl. Außerdem kontrolliert sie beim Verlassen des Apartments mehrere Male, ob auch alles ausgeschaltet und abgesperrt ist. In Frustsituationen kauft die Klientin Gegenstände, die sie nicht braucht, um diese Dinge irgendwo abzustellen, so dass sich ihr häuslicher Freiraum zunehmend einengt.

Wenn sie Bekannte erwartet, räumt Frau Esch tagelang bestimmte Bereiche ihrer Wohnung auf, die von den Gästen betreten werden dürfen, um nicht von den Besuchern kritisiert zu werden. Kisten und Zeitungen stapeln sich dann in einem Zimmer, das die Patientin abschließt und zur Tabuzone erklärt. Ihren Ansprüchen gegen sich selbst, die „perfekte Ordnung" zu finden und dauerhaft zu halten, genügt die 53-Jährige nie.

Depression und
Angst als Neben-
symptomatiken

Zusätzlich hat sich nach dem tödlichen Unfall ihres einzigen Sohnes vor neun Jahren eine depressive und angstbezogene Symptomatik entwickelt. Margarete Esch war dauernd erschöpft, weinte viel und flüchtete sich in den Schlaf. Seit einigen unterstützenden Gesprächen mit ihrer Ärztin fühlt sie sich nicht mehr so niedergeschlagen, aber sie weint immer noch häufig und schläft mindestens 12 Stunden pro Tag.

Wenn die Klientin Medikamente einnehmen oder eine Spritze bekommen soll, erlebt sie Panikzustände mit Angst vor Ohnmacht und Kontrollverlust. Enge Räume wie Aufzüge oder Seilbahnen können ebenso Angstanfälle auslösen wie ein Hoch- oder Hinuntersehen an Gebäuden. Normalerweise bewältigt Frau Esch die Panikattacken, indem sie auf vertraute Zwangsrituale zurückgreift.

Die 53-Jährige entschließt sich im Oktober 2000, eine ambulante Psychotherapie zu beginnen, zunächst wegen der Angst und den depressiven Zuständen.

Margarete Esch wuchs mit einer acht Jahre jüngeren Schwester auf, die als „artig" galt und bevorzugt wurde. Der leibliche Vater ist unbekannt, der Stiefvater, verstorben vor elf Jahren, „unterwarf sich meiner Mutter", wie es die Patientin darstellt. *Familiärer Hintergrund*

Ihre Mutter, die noch lebt, wird als „bestimmsüchtige Hausfrau" bezeichnet. Jede Selbstbehauptung bestrafte sie mit Anbrüllen oder Schlägen, „sicher zu Recht, weil ich so widerborstig war", wie Frau Esch sagt. Ihre Mutter habe es nicht ertragen können, wenn auch nur ein Fussel auf dem Teppichboden zu sehen war. Alle Regungen von Selbstständigkeit und kindlicher Lebensfreude wurden in dieser Familie streng sanktioniert. Grenzverletzungen und ein fortwährendes Ignorieren von Liebesbedürfnissen waren an der Tagesordnung.

Als die heute 53-Jährige Anfang der Siebzigerjahre von einem ihrer wechselnden Partner selbst ein Kind bekam, gab sie manche der erduldeten Qualen an den Jungen weiter. So verprügelte Margarete Esch ihren Sohn, als er einmal ein Bonbon vom Boden aufheben wollte. Diese rigide Erziehung trug dazu bei, dass das Kind erst mit vier Jahren „sauber" wurde. Schließlich löste der tödliche Unfall des damals 20-Jährigen Anfang der Neunzigerjahre starke Schuldgefühle aus, mit denen die Klientin immer noch zu kämpfen hat.

Frau Esch, die lange Zeit als Ingenieurin tätig war, arbeitet heute im Öffentlichen Dienst, wo ihr zwar nicht gekündigt werden kann, aber mangels eines Aufgabenbereiches seit längerem nur „Zeit totschlagen" ansteht. Zu Behandlungsbeginn kriselt die aktuelle Partnerschaft mit einem etwa gleichaltrigen Mann. Dessen offenbar massive Alkoholabhängigkeit kritisiert die Patientin „als Gesundheitsfanatikerin" bei jedem Treffen, ohne dass sich etwas ändert. *Unzufriedenheit in Beruf und Freizeit*

Ungeklärte Konflikte halten die 53-Jährige momentan von einem intensiveren Kontakt zu ihrer besten Freundin ab. Weitere Bekanntschaften pflegt sie nur sporadisch. Die Klientin wünscht sich insgeheim, die anderen mögen bei ihr anrufen und auf diese Weise ein persönliches Interesse signalisieren, macht das entsprechende Bedürfnis aber nicht deutlich.

Margarete Esch wirkt wie ein Mensch, der große Angst vor

Diagnose

dem eigenen Körper, vor dem Leben, vor dem Kontakt mit anderen hat. Psychoanalytiker würden eine ausgeprägte, im späteren Kleinkindalter begründete anale Problematik und immer wieder reaktualisierte Konflikte rund um das Thema Autonomie feststellen. Neben depressiven, agoraphobischen und somatoformen Symptomen wird eine „Zwangsstörung mit Zwangsgedanken und -handlungen, gemischt" (F 42.2) diagnostiziert.

Verlauf der Psychotherapie

Zu Beginn der ambulanten Therapie stellt sich heraus, dass die Patientin Hilfe von Dritten schlecht annehmen kann. Gleichzeitig tut sie jedoch alles dazu, es den anderen recht zu machen und stellt in diesem Bereich sehr perfektionistische Ansprüche an sich. Ihre wirklichen Bedürfnisse sind kaum präsent. In der ersten Behandlungsphase strengt mich der Kontakt mit Frau Esch ziemlich an, was auch mit der Schwere und dem umfassenden Charakter ihrer Problematik zu tun hat.

Die therapeut. Beziehung verbessert sich

Zu einer Verbesserung der therapeutischen Beziehung trägt entscheidend bei, dass mir die 53-Jährige von ihren Kindheitserfahrungen berichtet, soweit sie sie noch im Gedächtnis hat. Denn viele Aspekte, die Margarete Esch wahrscheinlich traurig, wütend und verzweifelt werden ließen, sind ihr nicht mehr in Erinnerung. Was die Klientin noch weiß, reicht allerdings aus, um zum ersten Mal ein empathisches Mitfühlen zu erlauben. Die sterile Lebensfeindlichkeit in ihrer Herkunftsfamilie und das fast schon sadistische Verhalten der Mutter machen mich zornig. Frau Esch kann es sich noch nicht sofort erlauben, Wut gegenüber der alten Frau zu empfinden. Allerdings stellt sie die pädagogischen Mittel und Ziele ihrer Mutter zunehmend in

Der Preis der Überanpassung

Frage. Denn deren Überanpassung, ihr Wunsch, es allen Leuten recht zu machen, scheint eine Kehrseite zu haben: Die „widerspenstige" Tochter bekommt als Sündenbock all den aufgestauten Frust und den Lebenshass der Mutter ab. Mit der Zeit arbeiten wir heraus, dass auch jeder andere unter solchen Umständen Schwierigkeiten mit einer Wahrnehmung eigener Wünsche und im Vertrauen zur Welt entwickeln würde. So massiv, wie Ordnung und Sauberkeit bei der kleinen Margarete erzwungen worden waren, wäre es ein Wunder, wenn ihr der Umgang mit diesen Themen als Erwachsene leicht fiele.

Zunächst jedoch gilt es festzustellen, in welchen Bereichen sich Frau Esch täglich mit Zwangshandlungen beschäftigt und wie viel Zeit diese Tätigkeiten beanspruchen. Die Erkenntnis, dass sie vor allem unter einer obsessiven Störung leidet, ist der 53-Jährigen neu. Bisher dachte sie, sie sei angstkrank und deprimiert. Sie hatte versucht, die Zwangsprobleme zu ignorieren, ohne jemandem davon zu erzählen. Deshalb hielt auch die Ärztin, von der Margarete Esch den Rat bekam, psychotherapeutische Unterstützung aufzusuchen, ihre Patientin nur für agoraphobisch und leicht depressiv.

Zwangsprobleme können lange verborgen bleiben

In den folgenden Sitzungen setzt sich die Betroffene mit diesen vormals tabuisierten Schwierigkeiten auseinander. Mit der Hilfe von Selbstbeobachtungsprotokollen, die Frau Esch eine Woche lang ausfüllt, ist es uns beiden möglich, das Ausmaß der Problematik abzuschätzen.

Die Klientin stellt fest, dass sie beinahe während der gesamten Freizeit Zwangsrituale abwickelt, ausgenommen die Stunden, die sie mit Dösen und Schlafen verbringt. So dauert das morgendliche Duschen und Händewaschen etwa zwei Stunden, weshalb Margarete Esch sehr früh aufstehen muss, wenn sie zur Arbeit will. Manchmal schafft sie es nicht, die sinnentleerten Handlungen abzubrechen, und meldet sich dann krank. Auch die unbefriedigende berufliche Tätigkeit trägt dazu bei, dass sich die 53-Jährige oft körperlich schlecht fühlt.

In manchen Gesprächen ist sie stolz auf sich, dass sie es geschafft hat, ein Handtuch sieben Tage lang nicht zu wechseln, in anderen verzweifelt sie am Zwiespalt, einerseits bestimmte Medikamente einnehmen zu müssen, andererseits aber furchtbare Nebenwirkungen zu befürchten. Mal schafft sie es, die Tablette trotz heftiger Angstzustände einzunehmen, mal leidet sie lieber unter den Schmerzen nach einer Operation. Allerdings gelingt es Frau Esch, den Krankenhausaufenthalt durchzustehen, ohne eine Panikattacke zu erleben.

Zwei Schritte vorwärts und einen zurück

Autonomiebedürf-
nisse werden
bewusst

In den nächsten Monaten meldet sich immer öfter eine Stimme zu Wort, deren Wünsche Margarete Esch lange überhört hat. Wenn sie die Streitereien zwischen ihrer besten Freundin, ebenfalls ausgesprochen pingelig, und deren halbwüchsiger Tochter beobachtet, fällt ihr auf, dass es viel schöner ist, ein bisschen Unordnung im Zimmer zu haben. „Damit man auch merken kann, dass da jemand wohnt", findet die Patientin. Die 53-Jährige unternimmt jetzt immer wieder Aktivitäten mit Bekannten, die sie von sich aus anruft. Eine lang ersehnte Urlaubsreise mit der besten Freundin gerät allerdings zum Reinfall, da beide sehr unterschiedliche Erwartungen aneinander haben und die zu Grunde liegenden Konflikte nicht zum Thema werden. Vielmehr machen die Frauen gute Miene zum bösen Spiel und fressen ihren Ärger in sich hinein.

Im Rollenspiel
kann der Patient
lernen, Konflikte
auszutragen

In den folgenden Monaten wird bei den gelegentlichen Telefonaten mit der Freundin eine große Distanz deutlich. Die Klientin hat zwar immer noch Angst vor der irgendwann fälligen Auseinandersetzung. Sie erkennt jedoch inzwischen, dass es manchmal besser ist, zu streiten, als die Probleme unter den Teppich zu kehren. Vergleichbare Konfliktklärungen werden im Rollenspiel vorbereitet.

Die Deutung von Chaos im Zuhause als äußeres Zeichen dafür, dass es Margarete Esch mit den übertriebenen Ordnungs- und Sauberkeitsvorstellungen ihrer Mutter nicht gut geht, weil niemand mit solchen Ansprüchen fertig werden kann, ohne dass die Lebendigkeit auf der Strecke bleibt, kann die 53-Jährige annehmen. Die unaufgeräumte Wohnung wird dadurch zum Symbol dafür, lebendig sein zu wollen, und zum stillen Protest gegen die übermächtige Mutter. In einer Sitzung stimmt die Patientin zu, dass ihr das Chaos in der Wohnung immerhin dabei hilft, die alte Frau nicht zu sich einladen zu müssen. Nicht nur weil die Mutter diesen Zustand schlecht ertragen würde, sondern auch, weil Frau Esch auf solche Besuche keine Lust hat.

Der Bezug zur
Umwelt ändert
sich

Die Beziehung zu dem alkoholkranken Mann geht in Richtung größerer Distanz, auch emotional. Die Klientin trifft sich nur noch sporadisch mit dem Mann und begreift langsam, dass sie ihm nicht helfen kann, wenn er sich nicht helfen lassen will. Die Eigendynamik von Suchtentwicklungen wird kurz zum Thema. Margarete Esch fühlt sich inzwischen ein Stück wohler. Die Angststörung tritt nur noch selten auf. Allerdings beschränkt sich die Zustandsverbesserung der 53-Jährigen auf die Momente, die sie allein oder mit Bekannten außerhalb ihrer Wohnung verbringt. Zu diesen positiv erfahrenen Erlebnissen zählt interessanterweise auch der Besuch des Friedhofs, auf dem ihr Sohn begraben liegt. Aber zu Hause verzweifelt sie immer noch am Auf- oder wenigstens Wegräumen und flüchtet sich aus den Zwängen in den Schlaf.

Die Erarbeitung kleinerer Freiräume im eigenen Apartment ist ein wichtiger Gegenstand der Gespräche. Es gefällt der Patientin, Blumensträuße in den Zimmern aufzustellen. Sie beginnt, alte Steckenpferde auszugraben, häkelt und näht. Um die Nähmaschine bedienen zu können, muss sich Frau Esch im größten Zimmer etwas Platz schaffen. So gelingt es ihr zunehmend besser, die Wohnung mit Leben und mit ihrer individuellen Persönlichkeit zu füllen.

Schritt für Schritt Freiräume erschließen

Dass sie ihre Arbeitszeit ohne Beschäftigung verbringt, nagt zwar noch an der 53-Jährigen; das Gespräch mit den Kolleginnen genießt sie allerdings durchaus. Überdies bewirbt sich Margarete Esch für „alle Lehrgänge, die ich machen kann" und sucht nach anderen beruflichen Perspektiven. Sie kommt selbst auf die Idee, selbstbehauptendes Verhalten zu üben, indem sie mangelhafte Konsumartikel nach dem Kauf im Laden reklamiert.

Einigen Vertrauten öffnet sich die Klientin so weit, dass sie die unaufgeräumte Wohnung betreten dürfen. In anderen Fällen ist es Frau Esch wenigstens möglich, das Ordnung schaffen an einer Stelle zu unterbrechen, an der sie den erreichten Zustand gerade noch erträgt, ohne das „perfekte System" gefunden zu haben. Dass die Vorstellung einer vollkommenen Ordnung der Dinge, die für immer so bleiben kann, schon naturwissenschaftlich eine Illusion ist, scheint für die 53-Jährige so etwas wie ein Aha-Erlebnis zu sein, als wir zehn Monate nach Beginn der Behandlung darüber sprechen.

Zu den eigenen Schwächen stehen

Mit paradoxen Interventionen die Therapie spielerischer machen

Auf der Basis einer stabilen therapeutischen Beziehung kommen paradoxe Interventionen zur Anwendung, um eine spielerische Reizkonfrontation zu erlauben. Margarete Esch soll so wild wie möglich fantasieren, was alles geschehen könnte, wenn sie einen Kaugummi essen würde, den sie zuvor eingewickelt in der Handtasche liegen hatte. Über die unausweichlichen Pickelbildungen, Darmblutungen und Magenkrebswucherungen muss schließlich auch die Patientin lachen. Ganz nebenbei nimmt sie unangenehme Hautsensationen und Angstgefühle an sich wahr, die keineswegs der Kaugummi produziert hat, sondern sie selbst.

Obwohl immer wieder kleinere Rückfälle und Phasen der Resignation Thema der Sitzungen sind, hat sich der Zustand von Frau Esch im elften Behandlungsmonat ein gutes Stück gebessert, was die meisten wichtigen Lebensbereiche betrifft. Das Hauptproblem Zwangshandlungen ist allerdings bislang nur unzureichend gelöst. Auch die Schuldgefühle der 53-Jährigen wegen des Unfalltodes ihres Sohnes sollten noch zum Gesprächsgegenstand werden. Ein Antrag auf Umwandlung der bewilligten Kurzzeit- in eine Langzeittherapie steht bevor.

Erfolge und Grenzen der Behandlung

Eine wichtige Voraussetzung für den Aufbau eines guten Therapeut-Patient-Verhältnisses waren die Gelegenheiten, bei denen ich mich in die Biografie und das unsägliche Leid von Margarete Esch hineinversetzen konnte. Hierdurch wurde mir die Klientin verständlich und sympathisch, was den Aufbau von Vertrauen sicher beförderte. Die lange tabuisierte Zwangsproblematik intensiv zu fokussieren, schien bei der 53-Jährigen Erleichterung auszulösen und tendenziell auch die Therapiemotivation zu stärken.

Symptomorientierte Behandlung / direktives Vorgehen

Schon bald erwiesen sich symptomorientierte Behandlungsmethoden als wirksam. Dazu zählen zum Beispiel Selbstbeobachtungsprotokolle, paradoxe Intentionen und Reizkonfrontationen mit (Zwangs-)Reaktionsverhinderung, hier unter anderem Versuche, das Aufräumen des Apartments an einer bestimmten Stelle abzubrechen oder trotz Angst eine verordnete Tablette zu schlucken.

Neben diesen direkten Interventionen wurden zunehmend indirekte Wege, sich der Problematik zu nähern, bedeutsam. Über eine Stärkung der lebensfrohen, aufmüpfigen Seite, die Margarete Esch lange kaum hatte wahrnehmen können, verbesserte sich auch ihr Selbstwertgefühl. Das Ausprobieren verschiedener Möglichkeiten, Probleme anzusprechen, Bedürfnisse und Grenzen deutlich zu machen, trug zu diesem Prozess bei. Auf dem sozialen Gebiet bleibt aber noch einiges zu tun.

Bedürfnisse und Grenzen verdeutlichen

Auch direkte Auseinandersetzungen mit der Mutter stehen weiterhin aus. Immerhin jedoch stellt die 53-Jährige in wachsendem Maße Erziehungsideal und pädagogische Praxis ihrer Mutter in Frage, was auch damit zu tun hat, dass sie sich inzwischen als deutlich lebendiger empfindet. Diese positive Entwicklung ist mit einer Verringerung der depressiven und angstbezogenen Beschwerden verbunden.

Frau Esch geht einerseits in den meisten Belangen immer noch mit sich selbst um wie mit einem rohen Ei. Auch sieht sie sich nach wie vor durch fortdauernde Zwangshandlungen zu Hause und die Unordnung in der Wohnung an der Weiterentwicklung gehindert. Da sich die 53-Jährige außerhalb des Apartments meist wohler fühlt als innerhalb, kommt es in manchen Fällen zu Fluchtreaktionen, in die Natur, zu einer Bekannten oder in den Schlaf. Andererseits mildert die Erkenntnis, dass sich die perfektionistischen Ziele niemals vollkommen verwirklichen lassen und die Wohnung nicht nur einen stillen Protest gegen die Mutter symbolisieren könnte, sondern auch den augenblicklichen Zustand ihrer Seele darstellt, die Schuldgedanken der Patientin etwas. Margarete Esch kann sich zunehmend kleinere Freiräume erschließen, was zum Beispiel eine Wiederaufnahme früherer Hobbys und das Zusammensein mit netten Bekannten oder Kollegen betrifft. Dass ihr die eigenen Wünsche langsam bewusst werden, Kontaktbedürfnisse ebenso wie Alleinsein im rechten Moment, trägt zu diesem Prozess bei.

Freiräume suchen

Im August 2001, elf Monate nach Therapiebeginn, wünscht sich die 53-Jährige erst einmal so etwas wie Urlaub von ihren

> Schwierigkeiten. Frau Esch plant eine kleine Reise, wo sie hofft, sympathische Menschen kennen zu lernen, ohne die eigenen Probleme zum Thema machen zu müssen. Vielleicht hilft ihr diese Erfahrung, ein weiteres Stück zurückzulegen auf dem Weg zu sich selbst.

7.5 Psychosomatische Krankheiten

Organveränderungen auf seel. Grundlage

Im engeren Sinne psychosomatisch Erkrankte, bei denen es ja zu pathologischen Organveränderungen gekommen ist, fordern häufig ein ausschließliches Vorgehen nach dem medizinischen Behandlungsmodell. Am liebsten wäre ihnen wahrscheinlich die perfekte Pille, die alle Beschwerden schlagartig aufhebt. Zu psychologischen Vorgehensweisen fehlt hier häufig der Zugang.

Auch ein somatoform Erkrankter versteht die andauernden Beteuerungen der verschiedenen Ärzte, ihm fehle nichts, als Beleidigung. Denn er ja spürt ja, dass es anders ist, und fühlt sich weder ernst genommen noch ausreichend versorgt. Beide Patientengruppen neigen dazu, sämtliche Lebensumstände als „völlig normal" darzustellen, was auch die psychotherapeutische Konfliktarbeit erschwert. „Offensichtliche" Belastungen oder Kränkungen in der Biografie werden nicht als krank machend begriffen. Der Betroffene schildert seine somatischen Beschwerden nicht selten mit hörbarem Vorwurf. Es ist hier manchmal schwer, eine gemeinsame Sprache mit dem Patienten zu finden.

Der Patient ist sich oft nur der körperl. Probleme bewusst

Im Laufe der Krankheitsentwicklung wird der Körper des Erkrankten bei somatoformen Störungen ebenso wie bei psychosomatischen Erkrankungen zu einer Art Projektionsfeld für unangenehme Empfindungen. Manchmal äußern sich aversive Gefühle nur noch als akute oder chronifizierte Körperwahrnehmungen. Deshalb haben viele Betroffene zunächst große Schwierigkeiten mit dem psychotherapeutischen Ansatz: Oft glauben sie eher an Aussagen wie „bei mir ist alles in Ordnung, nur mit meinem Körper stimmt was nicht".

Neben den psychosomatischen Kliniken lassen sich manche Klienten, die psychosomatisch oder somatoform erkrankt sind, auch ambulant beim Therapeuten behandeln. Die Gespräche sollten unterstützend angelegt sein und immer die Therapeut-Patient-Beziehung berücksichtigen. Fragen, die interaktionelle Verhaltensweisen im Fokus haben, sind oft fruchtbarer als solche, die auf mögliche Konflikte abzielen. Mit Entspannungsverfahren wie der Progressiven Muskelrelaxation wurden gute Erfahrungen gesammelt.

Hilfe durch PMR

Neben einer Verbesserung der Entspannungsfähigkeiten geht es bei den somatoform Gestörten häufig um ein Verlassen der Teufelskreise, die durch vermehrte Selbstbeobachtung und verstärktes Wahrnehmen von Körpersensationen aufrechterhalten werden. Verhaltenstherapeuten betrachten körperliche Empfindungen bei somatoformen Klienten auch als Indikator für die Wirksamkeit oder Unwirksamkeit der Behandlung. Sich mit den Symptomen und ihren Auslösebedingungen, etwa durch Selbstbeobachtungsprotokolle, aktiv zu konfrontieren, scheint für den Betroffenen eine wichtige Quelle für ein Verständnis der Zusammenhänge zu sein. Später wird der Behandlungsfokus nicht selten darauf gerichtet, sinnvolle Alternativen zu den Beschwerden zu entwickeln, wenn es um einen Ausdruck von Gefühlen und das Austragen von Konflikten geht.

Veränderung körperl. Symptome als „Erfolgsmesser"

Wenn ein psychosomatischer Patient lernt, mit seiner Krankheit zu leben, ist schon viel erreicht. Eine enge Abstimmung mit dem behandelnden Arzt empfiehlt sich bei Organkranken in jedem Fall.

Mit der Erkrankung leben lernen

Fallbeispiel

Symptomatik und Lebensgeschichte

Seit 22 Jahren leidet Inge Nonenmacher an schubweise auftretenden Erscheinungsformen einer entzündlichen psychosomatischen Hauterkrankung, der Urticaria. Es entwickeln sich juckende Quaddeln an Hals, Armen und Gesicht. Auf dem Höhepunkt der Symptomatik schwillt das Gesicht der Betroffenen so zu, dass sie Angst bekommt, zu ersticken, vor allem nachts.

Zweimal musste sich die 55-Jährige ins Krankenhaus bringen lassen. In den meisten Krisenfällen genügt allerdings eine Cortisonspritze, die Frau Nonenmacher am nächsten Morgen von ihrer Hausärztin bekommt. Cortisontabletten, die eingenommen werden, solange der Schub andauert, verhindern viele dieser Notsituationen und mildern andere ab.

Manifestation der Erkrankung in der Freizeit

Interessanterweise manifestiert sich die Erkrankung fast ausschließlich am Wochenende und im Urlaub, „genau dann, wenn ich mich eigentlich erholen will", wie die Patientin zu Beginn der Therapie feststellt. Auch unter Migräneanfällen, die seit einer Akupunkturbehandlung keine Rolle mehr spielen, litt sie grundsätzlich samstags und sonntags. Ihre Tätigkeit als Verwaltungsangestellte empfindet Inge Nonenmacher zunächst als wenig stressig. „Wenn ich Feierabend habe, schalte ich sofort ab", sagt sie in einem Gespräch. Dem steht entgegen, dass die Krankheitszeichen schnell abklingen, sobald sie sich am Montag hat krankschreiben lassen.

Das Hautproblem trat zum ersten Mal auf, als die Mutter der Klientin, zu der ein gutes Verhältnis bestand, schwer krank war. Ein Jahr nach Beginn der Störung starb Frau Nonenmachers Mutter an Krebs. Im Jahr darauf überlebt ihr Ehemann, ein 15 Jahre älterer Staatsbeamter, einen schweren Dienstunfall und ist seitdem als Schwerbeschädigter in Frühpension.

Im ersten Krankheitsjahr ließ sich die inzwischen 55-Jährige einige Monate lang stationär behandeln. Anschließend blieb sie zehn Jahre symptomfrei. Seit nunmehr zwölf Jahren ist die Problematik wieder da, wobei die Intervalle zwischen den einzelnen Schüben immer kürzer werden. Ein weiterer Krankenhausaufenthalt Anfang der Neunziger brachte keine wesentliche Besserung. Im August 2000 entschied sich Inge Nonenmacher zu einer ambulanten Kurzzeittherapie mit 25 Sitzungen, zunächst im wöchentlichen Abstand.

Der Vater der Klientin ist unbekannt, der Stiefvater, zu dem sie eine positive Beziehung hatte, starb Ende der Neunzigerjahre. In dieser Zeit nahm Frau Nonenmacher an einer klinischen Arzneimittelstudie teil, worauf sie trotz des persönlichen Verlustes ein Jahr lang nicht unter Hautsymptomen litt. Ein darauf folgender Urlaub löste allerdings einen massiven Krankheitsschub aus.

Familiärer Hintergrund

Ihre Kindheit auf dem Land erlebte die heute 55-Jährige, die keine Geschwister hat, recht unbeschwert. Sie pflegte viele Freundschaften und war mit ihren Schulleistungen zufrieden. Nach einer Lehre als Verkäuferin arbeitete sie in diesem Bereich und zog später in die Großstadt. Mitte der Achtzigerjahre folgte der Wechsel zur Verwaltung. Ihren derzeitigen unbefristeten Vertrag über eine Tätigkeit im Öffentlichen Dienst klagte sich Inge Nonenmacher auf dem Rechtsweg ein.

Positiv findet sie das Arbeitsklima und die Solidarität der Kollegen, eher negativ erlebt die Patientin ihre häufigen Außeneinsätze, wenn sie Mitarbeiter anderer Dienststellen vertreten muss. Es fällt der 55-Jährigen dann nicht leicht, sich auf die logistischen Unterschiede zum üblichen Aufgabenbereich einzustellen.

Dauernde Umstellungen verstärken oft das Stresserleben

In ihrer Freizeit geht Frau Nonenmacher unterschiedlichen sozialen Interessen nach und erholt sich gerne bei Ausflügen oder Saunabesuchen. Mit ihrem Ehemann hat sie einen Sohn um die 30, der den gleichen Beruf ausübt, in dem früher auch der Vater tätig war. Dieser junge Mann hat seinerseits zwei kleine Kinder. Ihre Enkel liebt die Klientin sehr.

Während der Anamnesegespräche wird deutlich, dass Inge Nonenmacher dazu neigt, ihren Lebenslauf betont normal darzustellen. Von den verstorbenen Eltern habe sie sich gut verabschieden können. Nur mit Mühe findet die Patientin spontane emotionale Beschreibungen, was die Eigenschaften ihrer Angehörigen betrifft, und diese Aussagen wirken seltsam

Diagnose

gleichförmig und etwas blutleer: „Ruhig", „gesellig", „hilfsbereit" sind ihre Attribute für Mann und Sohn.

Es werden „psychische Faktoren oder Verhaltenseinflüsse bei andernorts klassifizierten Krankheiten" (F 54) bei Urticaria (L 50) diagnostiziert.

Verlauf der Psychotherapie

Abweichende Störungsmodelle von Patient und Therapeut

Zunächst erweisen sich unsere Störungsmodelle als recht unterschiedlich. In den ersten Sitzungen geht es Frau Nonenmacher immer wieder darum, klare Umweltursachen für ihre Erkrankung herauszufinden. Sie berichtet von diversen Allergietests, homöopathischen Behandlungen und verschiedenen gesundheitlichen Problemen.

Abgrenzung der PT von der med. Betreuung

Nach einem Supervisionsgespräch mache ich der Klientin deutlich, dass ich ihr gerne auch weiterhin zuhören würde, wenn sie von körperlichen Beschwerden und möglichen Überempfindlichkeiten gegen bestimmte Substanzen erzählt. Als Psychotherapeut wäre ich allerdings nur in der Lage, zusammen mit ihr etwaige seelische Zusammenhänge herauszufinden und festzustellen, was sie in diesem Bereich für sich tun könne. Die medizinische Behandlung überließe ich lieber Inge Nonenmacher und ihren Ärzten. Diese Kompetenzabgrenzung kann die Patientin nach einer gewissen Zeit akzeptieren. Sie bleibt jedoch erst einmal skeptisch und glaubt nicht daran, dass psychische Hintergründe bei der erlebten Symptomatik eine Rolle spielen.

Mit Selbstbeobachtungsprotokollen Stressfaktoren finden

Einige Monate lang führt Frau Nonenmacher Selbstbeobachtungsprotokolle, die für jeden Tag unter anderem besondere Situationen, den erfahrenen Stresspegel und den Ausprägungsgrad der somatischen Beschwerden festhalten. Bei der Auswertung stellt sich heraus, dass die 55-Jährige Belastungen in den Bereichen Arbeit, Haushalt und Freizeit nur in den seltensten Fällen als „stressig" wahrnimmt. Nach einer solchen Woche reagiert sie in manchen Fällen mit einem Entzündungsschub.

Besonders interessant ist für Inge Nonenmacher die Beobachtung, dass sie mit mittelgradigen Symptomen reagiert, wenn sie das Grab ihrer Eltern besucht, beginnend mit dem Vortag und endend mit dem Tag danach. Dass ein solcher Gang für jeden Menschen problematisch wäre und mein Gegenüber diese Schwierigkeiten eben körperlich spüre, leuchtet der 55-Jährigen ein.

Eher chronischer Stress hingegen macht sich bei der Klientin mit einer gewissen Verzögerung somatisch bemerkbar, meist dann, wenn sie sich die Krankheit leisten kann. Zum Beispiel am Wochenende und im Urlaub.

Chron. Stress äußert sich oft verzögert

Frau Nonenmacher erlernt in dieser Therapiephase die Technik der Progressiven Muskelrelaxation (PMR) und eine hypnotherapeutische „Ruheort"-Vorstellung, bei der sie sich an einen wohl tuenden Platz in der Fantasie zurückzieht. Zunächst übt sie unter Anleitung im Praxiszimmer, anschließend alleine zu Hause. Dabei kommt der 55-Jährigen entgegen, dass die PMR-Methode einen vergleichsweise aktiven Zugang zur Entspannung zur Verfügung stellt. Da Inge Nonenmacher merkt, dass ihr die Erholungszeiten gut tun, verankert sie sie zunehmend in ihrem Leben und legt nach jedem Arbeitstag eine Entspannungssitzung ein.

Hilfe durch PMR und „Ruheort"-Vorstellung

Stress wegen organisatorischer Umstellungen oder Lärmbelastungen durch anwesende Handwerker kann die Patientin nach etwa einem halben Therapiejahr besser wahrnehmen, aber auch erfolgreicher bewältigen als zuvor. Ihre Kollegen haben sich daran gewöhnt, dass Frau Nonenmacher in den Mittagspausen Entspannungsphasen einlegt und immer wieder Atemübungen macht, die sie sich selbst beigebracht hat.

Cortisonpräparate braucht die 55-Jährige im Normalfall nicht mehr. Sie ist inzwischen auf ein antiallergisches Mittel eingestellt. Dessen Minimaldosis reicht fast immer aus. Inge Nonenmacher reagiert mit Erleichterung auf die Aussage ihrer Ärztin, dass dieses Medikament auch dauerhaft eingenommen werden kann. Leichte Krankheitsanzeichen wie Jucken oder Hautrötung behandelt die Klientin inzwischen selbst. Als besonders wirksam haben sich Kühlung und bestimmte Cremes ohne nebenwirkungsreiche Inhaltsstoffe erwiesen. Auch kaltes Wasser tut ihr gut.

Medikamente anpassen

Die Bewältigung eines Rückfalls

Was die Hausarbeit betrifft, delegiert Frau Nonenmacher inzwischen einige Aufgaben an ihren Mann, was die Beziehung der beiden, wie es scheint, eher befördert. Ein gemeinsamer Urlaub wird zum Testfall, ob das Körper-Seele-System der 55-Jährigen noch mit Verzögerung somatisiert. Wider Erwarten kann sie die Reise genießen.

Zehn Monate nach Beginn der psychotherapeutischen Behandlung kommt es dann doch noch zu einem Rückfall, den die Patientin jedoch mit Cortisontabletten in den Griff bekommt. Da sie fast genau ein Jahr zuvor den letzten Urticaria-Schub erlebt hat, wäre es durchaus möglich, dass Umweltfaktoren, etwa allergene Einflüsse, tatsächlich eine Rolle spielen. Nachdem sie wieder Mut gefasst hat, nimmt Inge Nonenmacher ihre Entspannungssitzungen von neuem auf. Falls sich die Hautproblematik auch in Zukunft einmal pro Jahr bemerkbar machen sollte, könne sie wohl damit leben, sagt die 55-Jährige.

„Ausschleichen" der Therapie

Als ein Jahr wöchentlicher Gespräche vorüber sind, wirkt sie recht gelassen, genießt verschiedene Freizeitaktivitäten und strahlt eine Menge Lebensfreude aus. Die Häufigkeit der Sitzungen verringert sich zunächst auf einmal pro Monat. Die letzten bewilligten Termine dienen einer weitmaschigen Begleitung der Klientin und bereiten den Zeitpunkt vor, an dem Frau Nonenmacher allein für sich und ihre Gesundheit verantwortlich sein wird.

Erfolge und Grenzen der Behandlung

Bei psychosomatischen Krankheiten könnte es grundsätzlich sinnvoll sein, sich als Therapeut nicht auf fruchtlose Debatten über die Genese der Störung einzulassen.

Eine gute Therapeut-Patient-Beziehung erhöht die Compliance

Inge Nonenmacher sammelte ihre eigenen Erfahrungen im Umgang mit Stresssituationen, indem sie während der ersten Behandlungsphase tägliche Notizen zu diesem Thema machte. Die gute Compliance, womit Therapeuten den Ausprägungsgrad der Kooperationsbereitschaft eines Patienten bezeichnen, erleichterte diesen Prozess. Im Hintergrund steht eine stabile und von Vertrauen geprägte Therapeut-Patient-Beziehung.

Es leuchtete Frau Nonenmacher ein, dass sie unabhängig von den einzelnen Ursachen ihrer Symptomatik etwas für sich tun könne, indem sie ihrem Körper regelmäßig Gelegenheit zur Entspannung geben würde. Hierdurch verringert sich mittelfristig das Erregungs- und Grundanspannungsniveau, was mit der Zeit auch erholsame Auswirkungen auf die Beschwerden haben könnte.

Tatsächlich trainiert die 55-Jährige intensiv PMR-Technik und „Ruheort"-Autosuggestionen. Entscheidend ist hier womöglich, dass die Klientin das Verfahren erfolgreich in den Alltag integriert und sich auch durch ein Wiederauftreten der Problematik nicht dauerhaft vom Entspannen abhalten lässt. Das betrifft sowohl ihre Arbeit als auch die Freizeit.

Hilfe durch tägl. Übungen

Es gelingt Inge Nonenmacher in dieser Therapiephase, eine größere Sensibilität für die eigenen Gefühle und für bestimmte situationale Belastungen zu entwickeln. Auf der anderen Seite helfen die praktischen Übungen dabei, etwaigen Stress aktiv zu bewältigen, ohne dass der Körper der Patientin nach einer gewissen Verzögerung noch mit Symptomen deutlich machen müsste, dass es eigentlich zu viel war.

Vielleicht hat das bessere Verhältnis zum eigenen Körper ebenso wie ein größeres Selbstbewusstsein, was das Aufschieben und Delegieren von Aufgaben betrifft, dazu beigetragen, dass die 55-Jährige ihr Dasein gegen Ende der Therapie in wichtigen Bereichen genießen kann.

Das Leben besser genießen können

Ein wichtiges Ziel der Behandlung war, Frau Nonenmacher zu helfen, besser mit der chronischen Krankheit leben zu können. Von einem möglicherweise saisonal, durch Umwelteinflüsse bedingten Rückfall abgesehen, gelingt ihr dies nach einem Jahr Psychotherapie recht gut. Mit der aktuellen Dauermedikation hat die Klientin keine seelischen oder somatischen Schwierigkeiten. Ob sich Inge Nonenmachers Zustand vorübergehend verschlechtern wird, wenn die regelmäßige Zuwendung im Therapiegespräch wegfällt, bleibt abzuwarten.

8 Allgemeine Schlussfolgerungen aus den geschilderten Therapieverläufen

Wenn seelische Behandlungen positiv verlaufen, baut sich mit der ersten Zeit eine vertrauensvolle Therapeut-Patient-Beziehung auf, die irgendwann stabil genug ist, um auch Belastungen, etwa durch eine Konfrontation des Betroffenen mit Ängsten, Konflikten oder unerfüllten Sehnsüchten, auszuhalten. Eine Vermittlung der Erkenntnis, dass es völlig normal ist, auf eine unnormale Situation unnormal zu reagieren, entlastet den Klienten nicht selten.

Entlastung durch Normalisierung

Später geht es um die Entwicklung einer Veränderungsmotivation. Gleichzeitig findet nicht selten eine Annäherung der Störungs- und Weltmodelle von Helfer und Patient statt. Die Beteiligten erarbeiten eine gemeinsame Sprache, was die Kommunikation über die individuellen Probleme des Betroffenen ebenso umfasst wie den Dialog über Entwicklungsziele oder erreichte Veränderungen. Zum Beispiel werden Klienten von Verhaltenstherapeuten in vielen Fällen irgendwann in Kategorien wie „Vermeidung" oder „Üben" denken, was die Betrachtung von Schwierigkeiten und mögliche Wege zu einer Lösung betrifft, denn diese Begrifflichkeiten verwenden auch die Behandler. Auf der anderen Seite mag sich etwa der Patient eines Tiefenpsychologen, wenn ein emotionales Problem zu Bewusstsein kommt, selbst fragen, woher er dieses Gefühl kennt, weil sein Therapeut immer wieder Übertragungsdeutungen ins Gespräch gebracht hat, die einer solchen Vorgehensweise entsprechen. Der Helfer wiederum übernimmt vielleicht eine treffende Meta-

Annäherung der Störungs- und Weltmodelle

pher, die sein Gegenüber zur Charakterisierung der eigenen Schwierigkeiten gefunden hat, in den therapeutischen Dialog. Beim Klienten kommt es zu korrigierenden emotionalen, kognitiven und sozialen Erfahrungen, wobei der Psychotherapeut in allen Bereichen eine Modellfunktion innehat.

Integration des Gelernten ins tägl. Leben

Schließlich gelingt es dem Betroffenen, Einsichten und neu Erlerntes in den Alltag zu integrieren. Oft kann sich der Patient schrittweise besser akzeptieren, mehr Verantwortung für sich übernehmen, Konflikte angemessener lösen und Stress erfolgreich bewältigen. Die individuellen Bedürfnisse und Grenzen werden in vielen Fällen deutlicher wahrgenommen und umgesetzt als zuvor.

Mitunter erweist sich ein direktes, symptomorientiertes Vorgehen als adäquat, zum Beispiel die Reizkonfrontationsübungen, die der Angstneurotiker Lothar Fridrich im vorigen Kapitel durchführte (siehe S. 149 ff.). Bei anderen Therapieverläufen scheinen indirekte, auf Entspannung oder Selbstwertstabilisierung gerichtete Interventionen das Mittel der Wahl zu sein, etwa die Auseinandersetzung der Zwangspatientin Margarete Esch mit den moralischen Maßstäben ihrer Mutter (siehe S. 157 ff.). Häufig geht es mal um direkte, mal um indirekte Zugangsweisen zum Klienten und seinen Problemen, jeweils abhängig vom Stand des Behandlungsprozesses.

Vorteile stationärer Behandlungen

Ein wichtiger Vorteil stationärer Psychotherapien sind die vielfältigen Erfahrungen, die der Patient im Rahmen von Gruppeninteraktionen machen kann. Das unterstützt den Verlauf der Einzelgespräche. Oft sind hier in recht kurzen Zeiträumen beachtliche Veränderungen zum Positiven zu beobachten, was allerdings manchmal durch die Schwere des Syndroms eingeschränkt wird.

Ambulant arbeitende Helfer sind wiederum dazu in der Lage, ihre Klienten längerfristig zu begleiten, ohne sie für Monate aus der normalen Lebensrealität herauszunehmen. Viele Erkenntnisse lassen sich sofort im Alltag erproben und auch etwaige Rückfälle können Thema der Sitzungen sein.

Erprobung neuer Erfahrungen im Alltag

Unabhängig vom Setting lässt sich meist relativ bald erkennen, welche Therapien effektiv sind und welche scheitern. Hinter schlecht laufenden Behandlungen verbergen sich häufig emotionale und beziehungsmäßige Störungen im Therapeut-Patient-Verhältnis, die der professionelle Kommunikationspartner nicht anspricht oder aktiv klärt. Vergleichbare Schwierigkeiten werden oft an einer Vermeidung von Hausaufgaben, wiederholtem Zuspätkommen oder einem längerfristigen Rückzug des Klienten vom Gespräch sichtbar.

Andere Störungen entstehen, wenn jemand den Wunsch hat, sich einmal in der Woche auszusprechen, ohne etwas zur Behebung der eigenen Probleme beitragen zu wollen. Solche Behandlungen erweisen sich irgendwann als Alibitherapie.

Es kommt außerdem vor, dass ein Therapeut einen Fall übernimmt, obwohl er, was die Gegenübertragung betrifft, mit dem Störungsbild oder der Persönlichkeit des Patienten nicht umgehen kann. Die Folgen sind meistens Unsicherheit, eine unangemessene Distanz oder inadäquate Nähe zum Klienten und eine emotionale Destabilisierung des Behandlers. Auch solche Therapien scheitern, wenn der professionelle Helfer den Betroffenen nicht rechtzeitig, möglichst noch während der probatorischen Sitzungen, an einen wirklich geeigneten Psychotherapeuten überweist.

Therapeut und Klient müssen zusammenpassen

8.1 Warum helfen seelische Behandlungen in vielen Fällen, wann scheitern sie? Einschätzungen anderer Therapeuten

Einige Kolleginnen und Kollegen gaben im Gespräch Auskunft darüber, welche Faktoren eine seelische Behandlung ihrer Ansicht nach wirksam werden lassen, und woran es liegen könnte, dass manche Therapien scheitern. Alle Befragten arbeiten trotz bestimmter Schwerpunkte schulenübergreifend. Sie haben an verschiedenen Ausbildungsgängen teilgenommen und waren in unterschiedlichen ambulanten oder stationären Einrichtungen tätig. So kombiniert die erste Psychologin, mit der ein Interview geführt wurde, VT mit GT und Hypnose, während ein anderer psychologischer Therapeut die tiefenpsychologische mit der verhaltenstherapeutischen und der gesprächspsychotherapeutischen Herangehensweise verbindet. Die dritte Befragte geht sowohl familien- als auch verhaltenstherapeutisch vor.

8.2 Die Wirksamkeit von therapeutischer Beziehung und Motivation

Die stabile Therapeut-Patient-Beziehung als wichtigster Erfolgsfaktor

Die Psychologin Ulla Eckardt ist eine gelernte Verhaltens- und Gesprächspsychotherapeutin und wendet neben Entspannungsverfahren auch Hypnose an. Die 40-Jährige arbeitet in Berlin und leitet dort seit 1992 eine therapeutische Praxis, in der sie neben Erwachsenen auch Kinder und Jugendliche behandelt.

Ulla Eckardt hält eine stabile Therapeut-Patient-Beziehung für den entscheidenden Wirkungsfaktor. Auf dieser Basis könne sich eine seelische Behandlung als effizient erweisen, wenn es dem professionellen Helfer gelingt, beim Klienten alle wesentlichen Ebenen anzusprechen, also die kognitive Erkenntnis, die Gefühle, das Verhalten und den Körper, und dort einen Wandel zu bewirken.

Leidensdruck motiviert

„Ohne Leidensdruck fehlt die Motivation, sich den Veränderungen zu stellen, die unabdingbarer Bestandteil einer effektiven Psychotherapie sind", meint die Psychologin. Es sollte dem Patienten im Laufe der Behandlung gelingen, ein subjektiv überzeugendes Modell zur Bewältigung seiner Schwierigkeiten zu entwickeln. Hier wäre es von Vorteil, wenn der professionelle Helfer ein breit gefächertes Methodenrepertoire anbieten könne. Das individuelle Verhältnis des Klienten zu seiner sozialen Umwelt sei ebenfalls wichtig.

Wenn seelische Behandlungen scheitern, so die Therapeutin, liegt das in einigen Fällen daran, dass der Betroffene nicht eigen-, sondern fremdmotiviert zu sein scheint. Wenn er also etwa von Partner, Familie oder Hausarzt dazu gedrängt wurde, bestimmte Probleme zu bearbeiten. Auch ein wenig überzeugendes Behandlungsangebot führe manchmal zu einem Abbruch der Gespräche. „Der Patient muss das Therapieangebot annehmen können, auch zwischenmenschlich", betont Ulla Eckardt.

Die Bedeutung der Eigenmotivation

8.3 Zuhören, Rückmeldungen und Ansprechen von emotionalen Störungen als Behandlungsfaktoren

Constantin Bornowski, ebenfalls Psychologe, ist in den Dreißigern und behandelt zurzeit erwachsene Patienten in einer verhaltenstherapeutischen Ambulanz in Düsseldorf. Auf eine stationäre Arbeit im kinder- und jugendpsychiatrischen Bereich folgten eine tiefenpsychologische Ausbildung und Tätigkeiten als Seminarleiter für Gesprächspsychotherapie.

Aktives Zuhören ist besonders wichtig

„Besonders wichtig ist es, dem Klienten aktiv zuzuhören, ihn nicht zu unterbrechen und ihm möglichst die volle Aufmerksamkeit zu schenken", sagt Constantin Bornowski. Es empfehle sich, das gerade Erfahrene mit eigenen Worten zusammenzufassen, ohne Wertungen vorzunehmen. Ohnehin sei entscheidend, dem Gegenüber das Glaubenssystem zu belassen, selbst die Mitgliedschaft in einer Sekte, und eher innerhalb des jeweiligen Weltbildes zu arbeiten, als von außen dagegen zu kämpfen.

*Dem Patienten
seine „Stützen"
lassen*

„Man sollte seinem Patienten nicht die Stützen weg-
nehmen, sondern ihm an geeigneter Stelle klar machen, dass er diese Krücken vielleicht früher als Schutz
gebraucht hat, aber eigentlich heute schon weiter ist",
erklärt der Psychologe. Manchmal böten sich auch des-
kriptive Rückmeldungen zum nonverbalen Verhalten
an, in der Art von „Sie stocken gerade". Überhaupt sollte ein guter Therapeut auf allen Ebenen Feed-back geben, zum Beispiel was Körperhaltung, Sprachfluss oder
Tonfall betrifft, aber immer in Abhängigkeit vom aktuellen Stand der Therapeut-Patient-Beziehung.

*Humor kann
helfen*

Außerdem trage Humor, aber nur im rechten Moment und in angemessener Form, zu einem Wirksam-
werden seelischer Behandlungen bei. „Es wäre gut, wenn
es dem Therapeuten gelingen würde, nicht zu steif zu
sein, und die Sprache seines Gegenübers zu treffen."
Constantin Bornowski ist davon überzeugt: „Fremd-
wörter lassen sich vermeiden und manchmal trifft eine
geeignete Metapher viel eher, was der Psychotherapeut
sagen will, als zehn logische Argumente."

*Konflikte
ansprechen*

Mögliche Konflikte im therapeutischen Verhältnis,
zum Beispiel unbeabsichtigte Kränkungen durch den
Behandler, ließen sich durch ein nicht-wertendes Rück-
melden eigener Gefühle und Gedanken verbalisieren
und in vielen Fällen auch klären. „Vermeidungsreaktionen des Klienten, etwa was Hausaufgaben oder dauern-
des Zuspätkommen betrifft, sollte man, wenn es geht,
sofort ansprechen", meint der Psychologe Bornowski.
Er habe gute Erfahrungen damit gemacht, auf die eigenen Gefühle in der Gegenübertragung zu hören und sie
in adäquate Worte zu fassen.

Der Therapeut erinnert sich an ein Beispiel aus seiner
Praxis: „Ich erzählte meinem Patienten, dass ich in den
letzten Sitzungen beobachtet hätte, wie er immer wieder zumache und nur einsilbige Antworten gebe.
Vielleicht hätten wir die Möglichkeit, zusammen herauszufinden, was dahinter steht."

Dem Gegenüber anschließend Raum zu geben für die

Darstellung seiner Gefühle, auch wenn sie sich gegen bestimmte Verhaltensweisen des Therapeuten richten, und den Klienten dabei nicht abzuwerten, könne in einigen Fällen Behandlungsabbrüche verhindern. Der professionelle Helfer erweise sich dann als Modell für seinen Patienten, indem er implizit klar mache, dass es normal und gesund ist, Konflikte anzusprechen, von eigenen Emotionen zu berichten und Kritik aufzunehmen.

Der Helfer als Modell

Auch Rahmenbedingungen seien wichtig, sagt Constantin Bornowski. Etwa das pünktliche Anfangen und Aufhören oder ein seriös wirkendes Setting im Behandlungszimmer. „Überhaupt macht wahrscheinlich schon die Tatsache, dass einem jemand regelmäßig sein Ohr leiht, eine Menge aus, was die Therapiemotivation angeht", stellt der Psychologe fest.

Stabile Rahmenbedingungen

Wirklich effektive Einsichten kämen ohnehin primär vom Klienten selbst, wenn er sich im Laufe des Behandlungsprozesses mit der eigenen Persönlichkeit auseinander setze. Mitunter könne man diesen Prozess befördern, indem man bestimmte Ambivalenzen aufzeige, zum Beispiel was konkrete Beziehungskonflikte betrifft.

Nach Ansicht des Therapeuten scheitern manche seelischen Behandlungen, weil ein Patient zwar therapiewillig, aber nicht veränderungsmotiviert sei. Die Sitzungen beschränkten sich in solchen Fällen auf kurzfristige Entlastung durch Aussprechen und stünden unter dem Motto: „Wasch mir den Pelz, aber mach mich nicht nass". Bei ungefähr einem Drittel der Klienten entwickle sich eine Alibitherapie, ein unbefriedigender Zustand, der oft vom Betroffenen, manchmal aber auch vom Therapeuten irgendwann abgebrochen wird.

Ohne Veränderungsmotivation kommt es zur Alibitherapie

Einige Psychotherapien überfordern bestimmte Patienten, berichtet Constantin Bornowski. „Wenn man sie zu früh mit ihren Abgründen konfrontiert, kommt es mitunter zu einer Angstüberflutung und die seelische Abwehr bricht zusammen", erklärt der Psycholo-

Den Patienten nicht überfordern

ge. Den einen oder anderen Klienten sehe man dann nach einer psychotischen Dekompensation in der Psychiatrie wieder.

Der Therapieerfolg kann Widerstände beim sozialen Umfeld auslösen

Ein anderer möglicher Grund für das Scheitern einer seelischen Behandlung sei paradoxerweise ihr Erfolg. Der Therapeut nennt ein Beispiel: „Manchmal hat sich ein Patient hin zu mehr Selbstvertrauen und Selbstbehauptung entwickelt, aber seine Angehörigen können mit dieser Tatsache nicht umgehen." Es komme darauf an, ob der Betroffene schon so unabhängig von den Meinungen anderer sei, dass er den Einflüsterungen von Familie oder Freunden widerstehen könne, doch endlich die „blöde Therapie" zu beenden und wieder so zu werden wie früher.

Schließlich gebe es Fälle, bei denen ein Behandler nur so tut, als ob er in der Lage sei, mit Klient und Störung gut umzugehen. Das Gegenüber merke dies normalerweise, wenigstens auf der unbewussten Ebene, und breche eine solche Psychotherapie schon aus Selbstschutzgründen ab, sagt Constantin Bornowski.

8.4 Die Beachtung von Patientenanliegen und Veränderungswünschen

Motivation und therapeut. Anliegen des Klienten sind entscheidend

Claudia Lenz war nach einer Familientherapie-Ausbildung im entsprechenden Bereich tätig, arbeitete aber auch ambulant mit erwachsenen Einzelpatienten. Die Psychologin absolviert derzeit eine Zusatzausbildung in Verhaltenstherapie mit Kindern und Jugendlichen und behandelt Patienten auf einer jugendpsychiatrischen Station in der Umgebung von Berlin.

„Die Motivation des Patienten und sein therapeutisches Anliegen sind wahrscheinlich am wichtigsten", sagt Claudia Lenz. Darauf habe man als Therapeut nur einen begrenzten Einfluss, das Gegenüber müsse schon von sich aus etwas erreichen oder verändern wollen.

Während eines Praktikums im Gefängnis habe sie die Erfahrung gemacht, dass kaum etwas dabei herauskommt, wenn jemandem eine seelische Behandlung aufgenötigt wird und keine Eigenmotiviertheit besteht.

Zwangsbehandlungen ergeben wenig Sinn

Eine gewisse Reflektionsbereitschaft und intellektuelles Potenzial beim Klienten wären ebenso von Vorteil wie Stabilität der Persönlichkeit, emotionale Schwingungsfähigkeit und die Möglichkeit, sich auf Gefühle einzulassen. Das sei allerdings ein Idealbild, das in der Praxis nur selten vorkomme, schränkt die Psychologin ein. „Trotzdem gilt normalerweise, dass Patienten, die etwas für sich erreichen wollen und sich auch anregen lassen, in der Therapie gute Fortschritte machen können."

Bei Hilfsbedürftigen, die schon im Vorhinein dazu in der Lage waren, sich angemessen von den Eltern zu lösen, zum Beispiel in und nach der Pubertät, sei es deutlich einfacher, einen emotionalen Zugang zu finden und Veränderungen zu bewirken, als bei Klienten, denen dies weniger gut gelungen ist. „Oft können sich dann beide Generationen nicht loslassen und die schwelenden, destruktiven Konflikte im Hintergrund solcher Konstellationen behindern den therapeutischen Fortschritt", erklärt Claudia Lenz.

Übergroße Bindung an die Eltern kann den Erfolg behindern

Ohnehin erweise es sich bei vielen, über die Zeit aufsummierten Schwierigkeiten, wie sie etwa bei frühen Persönlichkeitsstörungen deutlich werden, häufig als problematisch, dass die Betroffenen immer wieder eingeholt würden von ihrer Lebensgeschichte, dass Fortschritte jederzeit in Rückfall und Stagnation münden könnten. Beispiele seien Patienten aus so genannten Multiproblemfamilien, wo nicht selten Alkohol, Gewalt und Vernachlässigung eine zentrale Rolle spielen.

Rückschritte durch die Umwelt

Wenn ein Klient sich aus Loyalität, etwa zu Vater oder Mutter, dazu verpflichtet fühle, unter dem eigenen Leben und den individuellen Problemen zu leiden, erschwere dies die Psychotherapie ebenfalls. „Manche Behandlungen scheitern tatsächlich, weil der Betroffe-

Der Klient muss mit den Konsequenzen der Veränderungen leben wollen

ne weiß, dass es seiner Mutter auch so schlecht geht und er nicht das Recht hat, sich besser zu fühlen als sie", stellt die Psychologin fest.

Auch die ambulante Therapie psychotischer Patienten sei oft schwer auszuhalten, weil man immer mit Rezidiven rechnen müsse. Claudia Lenz behandelte vor einiger Zeit eine Klientin, die in einem Jahr dreimal wegen akuter Dekompensation in die Psychiatrie musste. „Es ist mir nicht leicht gefallen, ihr Leid zu ertragen, ich war voller Mitgefühl und sehr traurig", sagt die professionelle Helferin.

Manche Psychotherapien blieben auch deshalb erfolglos, weil sich der Patient nicht erlauben könne, dass es ihm besser geht. Eine Klientin sah zum Beispiel, was jede mögliche Veränderung betraf, überall nur negative Konsequenzen. Sie käme mit der Welt und den Leuten nicht zurecht, wenn sie etwa eine Reise unternehmen würde, etwas, was sie sich eigentlich wünschte. „Diese Patientin war davon überzeugt, dass sie unter allen Umständen einsam bleiben würde, und ich hatte den Eindruck, sie wollte es auch gar nicht anders", berichtet Claudia Lenz. Wenn jemand die eigenen Teufelskreise nicht verlassen wolle, sei eine seelische Behandlung in ähnlicher Weise zur Ineffektivität verurteilt wie bei Personen, die nur eine Rente bewilligt haben möchten und sich deshalb einer Alibitherapie unterziehen, erklärt die Psychotherapeutin.

Wer sich nicht ändern will, wird sich nicht ändern

8.5 Zusammenfassung

Zusammenfassend lässt sich feststellen, dass die befragten professionellen Helfer mehrere Faktoren für entscheidend halten, was den Erfolg einer Behandlung betrifft.

Erfolgsfaktor Patient

Auf Klientenseite gelten Eigenmotiviertheit, emotionale Stabilität und Veränderungsbereitschaft als wichtige Faktoren für einen günstigen Therapieverlauf, denn die Hauptarbeit übernimmt der Betroffene. Was das

Gewinnen von Einsichten oder den realen Persönlichkeitswandel betrifft, begleitet der Behandler im optimalen Fall die Prozesse, die sich in seinem Gegenüber abspielen. Fremdmotiviertheit, Unwille oder mangelnde Fähigkeit, an sich zu arbeiten und positive Erfahrungen zu sammeln sowie massive Probleme mit Autonomie und dem Einlassen auf Gefühle scheinen hingegen die Erfolgsaussichten eher zu verschlechtern – oder andere Zugangsweisen zu erfordern.

Auf der Seite des Therapeuten wiederum tragen Fähigkeiten im nicht wertenden Zuhören, im Strukturieren, beim Herausarbeiten von Ambivalenzen oder der Rückmeldung verbaler und nonverbaler Eindrücke dazu bei, dass eine seelische Behandlung erfolgreich wird. Dass ein Psychotherapeut eine gemeinsame Sprache mit seinem Patienten findet, ist möglicherweise ähnlich wichtig wie der emotionale Bezug zum Gesprächspartner, voraussehbare Rahmenbedingungen und ein Ausstrahlen von professioneller Sicherheit. In all diesen Aspekten dient der Helfer auch als Modell. Eine nicht-abwertende, humorvolle Herangehensweise des Behandlers kann im rechten Moment die Atmosphäre auflockern und eine gewisse Leichtigkeit in den Dialog bringen.

Erfolgsfaktor Therapeut

Mitentscheidend für den weiteren Verlauf der Psychotherapie scheinen die ständige Berücksichtigung der Therapeut-Patient-Beziehung und eine Klärung etwaiger Konflikte in diesem Bereich zu sein. Dazu gehört auch ein Ansprechen passiv-aggressiver Verhaltensweisen, wie ständiges „Vergessen" von Hausaufgaben oder wiederholtes Zuspätkommen. Einige Behandlungsabbrüche von Patientenseite ließen sich vermutlich verhindern, wenn dem Beziehungsverhalten des Betroffenen und den verschiedenen Aspekten von Übertragung bzw. Gegenübertragung immer ausreichend Beachtung geschenkt würde.

Erfolgsfaktor Therapeut-Patient-Beziehung

9 Vom Therapieschulen-Streit zu den „unspezifischen Wirkungsfaktoren": Aktuelle Forschungsergebnisse

Klaus Grawe, Professor für Klinische Psychologie an der Universität Bern, veröffentlichte mit zwei Mitarbeiterinnen Mitte der Neunzigerjahre 41 Therapievergleichs-Untersuchungen und eine umfassende Meta-Analyse von 897 Studien zur Wirksamkeit von Psychotherapie (Grawe, Donati, Bernauer; 1994). Da dieser Bericht die entscheidende Grundlage für die Formulierung des Psychotherapeutengesetzes (PsychThG, siehe auch der Anhang des Buches, S. 209 ff.) darstellte, beschränkt sich die folgende kurze Darstellung im Wesentlichen auf die Resultate von Grawe. Hier wurden ausschließlich Forschungsergebnisse berücksichtigt, die den an die Naturwissenschaften angelehnten Kriterien für gültige, kontrollierte Arbeiten entsprechen, um die Frage zu klären, was seelische Behandlungen mehr oder weniger erfolgreich werden lässt.

Die Grawe-Studie: Wichtige Grundlage des PsychThG

In den analysierten Therapieberichten beurteilt der Helfer bis zum Ende der Gespräche in regelmäßigen Abständen alle Veränderungen, die er an seinem Patienten wahrnimmt. Häufig findet einige Monate nach dem Therapieabschluss eine Nachuntersuchung (Katamnese) statt, um die Stabilität des Erreichten zu überprüfen. Der allgemeine Erfolg einer individuellen Psychotherapie wird ebenso bewertet wie Änderungen, die Haupt- und Nebensymptomatik, also den wichtigsten Problemkreis und andere Schwierigkeiten eines Klienten, betreffen. Zu den außerdem untersuchten Faktoren zählen Modifikationen im Persönlichkeits-

Wissenschaftl. Erfassung von Veränderungen nach der PT

und Kompetenzbereich sowie Entwicklungen auf zwischenmenschlichem Gebiet, im Arbeits- und Freizeitsektor.

9.1 Unspezifische Wirkungsfaktoren

Unspez. Wirkungs-
faktoren gelten für
jede Therapieform

Zunächst soll es um einige unspezifische Faktoren gehen, die bei allen therapeutischen Herangehensweisen eine Rolle spielen und manchmal zu therapeutischen Misserfolgen führen, wenn sie nicht berücksichtigt werden.

9.1.1 Die Errichtung eines gemeinsamen Modells und die therapeutische Beziehung

Der Psychotherapeut sollte seinem Patienten ein überzeugendes Behandlungsangebot machen und ein ehrliches Interesse am Gegenüber und dessen Schwierigkeiten signalisieren. Entscheidend wäre außerdem, dass der Helfer die Kompetenz ausstrahlt, dazu in der Lage zu sein, das jeweilige Problemfeld erfolgreich zu therapieren. Erfolg versprechend wäre die Wahl einer Herangehensweise, die der Klient mittelfristig übernehmen kann, nachdem er sich daran gewöhnt hat. Das setzt

Gemeinsames
Erklärungsmodell

die Errichtung eines gemeinsamen Erklärungsmodells voraus, das den Patienten überzeugen sollte. Neben spezifischen Interventionen scheint die Persönlichkeit des Therapeuten und die Art und Weise, wie er die unspezifischen Faktoren im Behandlungsverlauf einsetzt, besonders wichtig zu sein.

Was kennzeichnet
erfolgreiche Helfer?

Die Qualität der therapeutischen Beziehung gilt als wichtigster Einflussfaktor, was den Erfolg einer Psychotherapie betrifft. Effektive Helfer, schreiben die amerikanischen Wissenschaftler Hubble, Duncan und Miller (2001) in einer kürzlich erschienenen Übersichtsarbeit, reagieren oft mit Empathie, Verständnis und Bestätigung auf ihre Klienten. Weniger erfolgreiche Behandler vermitteln seltener den Eindruck, aufgehoben zu sein und ermutigt zu werden. Das Gegenüber empfindet hier in vielen Fällen Gefühle von Abwertung oder Angriff, Ignoranz oder Abweisung. Auch motivatorische Aspekte spielen eine nicht unerhebliche Rolle: Je mehr ein Patient auf Besserung hofft, desto größer ist die Chance einer positiven Entwicklung – vorausgesetzt, der Psychotherapeut setzt die unspezifischen Behandlungsfaktoren in angemessener Weise ein.

Wer Verbesserungen erhofft, erreicht oft mehr

Dieser Liste allgemeiner Therapievariablen fügt die Psychoanalytikerin Eva Jaeggi, die eine Professur an der TU Berlin innehat, noch einige weitere hinzu (Jaeggi, 1995). Dazu gehören Erfahrungen emotionaler Katharsis, also Erlebnisse, in denen lange verdrängte Gefühle auftauchen, wahrgenommen und ausgehalten werden. Vergleichbare Prozesse können eine entscheidende Grundlage für eine weitere Bewältigung der entsprechenden Konflikte darstellen. An einer anderen Stelle spricht Jaeggi von „selektiver Authentizität" als wichtiger Grundhaltung eines Psychotherapeuten, der in gewissen abgesteckten Grenzen sich selbst, seine Persönlichkeit mit individuellen Kompetenzen und Schwächen, als Zuhörer und Gesprächspartner zur Verfügung stellt.

Des Weiteren ist ein Merkmal jeder effektiven Therapie, dass sie Hilfe zur Strukturierung der eigenen Schwierigkeiten anbietet, Einsicht als Voraussetzung zu wirksamen Verhaltensänderungen vermittelt und alternative, besser zum Ziel führende Handlungen anregt. Jeder Helfer, egal aus welcher therapeutischen Richtung er kommt, übt in emotionaler, kommunikativer und auf das Verhalten bezogener Hinsicht eine Modellfunktion für seinen Klienten aus. Auch der Aspekt einer Verbesserung der eigenen Entspannungsfähigkeiten spielt in vielen erfolgreichen Fällen eine wichtige Rolle im Behandlungsprozess.

Der Helfer als Modell

9.1.2 Welche Therapien scheitern?

Betrachtet man das genaue Gegenteil dieser unspezifischen Wirkfaktoren, wird deutlich, in welchen Fällen Psychotherapien misslingen. Ein Helfer, der Schwierigkeiten hat, einem bestimmten Patienten ein zufrieden stellendes Beziehungsangebot zu machen, und wenig Interesse an seinem Gegenüber und dessen Lage aufbringt, wird nicht Erfolg versprechend helfen können. Das Gleiche gilt für Behandler, die keine ausreichenden Fähigkeiten in der Bewältigung von Problemen ausstrahlen und ihren Klienten wenig von dem Gefühl vermitteln, sicher zu sein und Unterstützung zu erfahren. Die Modellwirkung ist dann eine negative und Entspannung oder Erleichterung werden eher noch erschwert.

Auch wenn es dem Therapeuten nicht gelingt, seinem Patienten ein subjektiv überzeugendes Erklärungsmodell für die erlebten Belastungen zu vermitteln, wird die Behandlung scheitern. Es mangelt dann an einem angemessenen Zugang zum Betroffenen und der häufig zu beobachtende Widerstand beim Patienten ist Ausdruck der Tatsache, dass er sich schlecht verstanden und unzureichend unterstützt fühlt.

Der Erfolg hängt stark von der Therapeut-Patient-Beziehung ab

Positive Therapiewirkungen wie das Erlangen von produktiven Einsichten oder eine Neugier auf alternative Verhaltensweisen kommen gar nicht erst zum Tragen, wenn ein Helfer wenig Kompetenzen hat, eine gute und stabile Beziehung zu seinem Gegenüber aufzubauen und gegebenenfalls über schwierige Phasen hinweg aufrechtzuerhalten oder wiederherzustellen. Denn die Qualität jeder seelischen Behandlung hängt wesentlich von der Qualität der therapeutischen Beziehung ab, resümiert der Forscher Klaus Grawe in seiner Übersichtsarbeit.

Therapieabbrüche durch den Klienten gelten hier als Hinweis darauf, dass sich der Behandler mit seinem Angebot nur unzureichend auf die Bedürfnisse und

Möglichkeiten seines Gegenübers eingestellt hat. Vielleicht war seine Vorgehensweise zu starr, denn viele bewährte psychotherapeutische Methoden wirken bei bestimmten Personen hervorragend, sind aber für andere ungeeignet. Dazu später mehr.

Falls professionelle Helfer darin geschult wurden, sich flexibel auf den Patienten einzustellen und dessen aktuelles Kommunikations- und Beziehungsverhalten zu berücksichtigen, ist die Quote vorzeitiger Behandlungsabbrüche sehr gering. Wenig überraschend erscheint der Befund, dass Anfänger in diesem Bereich ein vergleichbares Scheitern wesentlich häufiger erleben als erfahrene Psychotherapeuten. Aber natürlich gibt es auch Erkrankte, die relativ unabhängig von Zugang und Angebot des Behandlers kaum, in Ausnahmefällen gar nicht auf Psychotherapie ansprechen.

Wer sich auf den Patienten einstellen kann, vermeidet Therapieabbrüche

Nach diesen allgemeinen Faktoren, welche die Wirksamkeit einer Psychotherapie beeinflussen, soll es im Folgenden um therapeutische Prozesse gehen, die in einigen Fällen zum Tragen kommen und in anderen nicht.

9.2 Spezifische Wirkungsfaktoren in der Psychotherapie

Die Autoren der Grawe-Studie stellen fest, dass sich die Probleme eines Klienten am besten dort behandeln lassen, wo sie auftreten oder aktualisiert werden können. Optimal wäre zum Beispiel eine Therapie von Partnerschaftsschwierigkeiten durch Paargespräche. Störungen, an denen verschiedene Mitglieder einer Familie maßgeblich beteiligt sind, sprechen demnach besonders gut auf Familientherapie an, während sich zwischenmenschliche Interaktionsprobleme am effektivsten im Rahmen einer Gruppentherapie angehen lassen. Ein Mittel der Wahl, was Schwierigkeiten betrifft, die bei bestimmten Gelegenheiten auftreten, etwa Phobien oder

Spez. Wirkungsfaktoren sind abhängig v. Störung u. Behandlungsweise

Kritische Situationen aushalten lernen

Zwängen, ist das Aufsuchen und Aushalten der kritischen Situation, aber auch deren Reaktualisierung in der Therapiestunde.

9.2.1 Therapeutische Flexibilität und Problemreaktualisierung

Gerade Beziehungsstörungen, die eigentlich im Kontakt des Patienten mit seinen Bezugspersonen zu Problemen führen, können auch in der Kommunikation mit dem Psychotherapeuten reaktualisiert, also erneut hervorgerufen und behandelt werden. Mit dem Begriff Reaktualisierung bezeichnet die Psychoanalyse Wiederholungen emotionaler und beziehungsmäßiger Abläufe, die in früheren biografischen Situationen wurzeln. Ein Beispiel aus der Praxis: Ein junger Mann hat seit seiner Kindheit die Erfahrung gemacht, von seinem Vater nicht respektiert zu werden. Kritik stand im Vordergrund, und es gab nur wenig menschliche Wärme. Wenn dieser Klient heute, etwa beruflich, mit älteren männlichen Kollegen oder Vorgesetzten zu tun hat, die zu einem tendenziell autoritären Verhalten neigen, fühlt er sich häufig in vergleichbarer Weise hilflos und innerlich wütend wie damals im Kontakt zum Vater. Es treten die gleichen Gefühle auf und manchmal ertappt sich der junge Mann dabei, dass er sich in dieser Lage auch ganz ähnlich verhält wie früher: Er versucht sich mit bestimmten Rechtfertigungen zu verteidigen. Die Konfliktsituation der Kindheit hat sich in einem analogen Kontext reaktualisiert. Was die Tiefenpsychologen „Übertragung" nennen, lässt sich vor allem im Bereich der Reaktualisierung für den therapeutischen Prozess nutzen.

Bei der Reaktualisierung von Konflikten lässt sich die Übertragung nutzen

Die Therapieforscher um Grawe beobachteten positive Behandlungswirkungen in ganz unterschiedlichen Settings, zum Beispiel ambulant oder stationär, zeitlich verteilt oder gehäuft, als Einzel- oder Gruppenstunden. In jedem Falle sollten die Umstände der Gespräche

Bedingungen schaffen, die den Patienten in seinem Streben nach positiven Veränderungen unterstützen. Dazu können Zusammenhalt und Vertrauen in der Gruppenarbeit ebenso beitragen wie die stabile Therapeut-Patient-Beziehung im Einzelgespräch oder, bei gravierenderen Störungen, der Schutz eines Klinikaufenthalts.

Grawe, Donati und Bernauer (1994) leiten aus diesen Untersuchungsergebnissen die Forderung ab, Psychotherapie müsse sich nicht auf wöchentliche Sitzungen im Praxisraum beschränken, wenn sie effizient sein will. Der Behandler sollte mit seinem Klienten möglichst die Situationen aufsuchen, in denen seine Schwierigkeiten deutlich werden. Das ermöglicht spezifische Interventionen. Das Mitgeben von Hausaufgaben stellt einen solchen Bezug zur Alltagswirklichkeit einer bestimmten Problematik her.

Möglichst nahe an der Problemsituation arbeiten

Eine gewisse Flexibilität, abhängig von Patient und Störung, ist beim professionellen Helfer also eher gefragt als ein Beharren auf einmal erlernter Herangehensweise und gleich bleibendem Setting. Selbst wenn der Klient, wie in Grawes Meta-Analyse festgestellt wird, durch Offenheit für Veränderungen und engagierte Mitarbeit den wichtigsten Beitrag zum Therapieerfolg leistet, kommen die Wirkfaktoren jeder seelischen Behandlung nur auf der Grundlage einer guten und belastbaren therapeutischen Beziehung zur Geltung. Unter dieser Voraussetzung können Konfrontationen oder Interpretationen, etwa das Einbetten von Erleben und Verhalten des Betroffenen in neue, gesündere Bedeutungszusammenhänge, in reale Veränderungen münden.

Der Klient ist der entscheidende Wirkungsfaktor

9.2.2 Therapiedauer und Behandlungserfolg

Eine andere Aussage des Buches von Grawe erstaunt zunächst: Gerade bei manchen besonders wirksamen Behandlungsverfahren, nämlich der kognitiven Verhaltenstherapie, der Gesprächspsychotherapie, familien-

Erfolge oft schon nach 25 Sitzungen

therapeutischen Interventionen und Entspannungsverfahren, lassen sich positive Ergebnisse meist schon in den ersten 25 Therapiesitzungen erkennen. Nur bei der tiefenpsychologischen Kurzzeitbehandlung dauert es etwas länger, bis die Wirkung deutlich wird. 30 bis 40 Stunden Psychotherapie scheinen häufig auszureichen, nur im Einzelfall werden Behandlungen bis zu 70 oder 90 Stunden notwendig. Dreistellige Sitzungszahlen, wie in manchen Langzeitanalysen üblich, brächten im Vergleich zu kürzeren tiefenpsychologischen Therapien keinen vermehrten Nutzen und seien paradoxerweise am ehesten für vergleichsweise gesunde, ich-starke Patienten geeignet.

Langzeitanalysen sind selten nötig

Allgemein ist die Wahrscheinlichkeit gering, dass sich später noch Entscheidendes tut, wenn bei einer seelischen Behandlung nach 25 Stunden noch keine Veränderung zum Positiven erzielt worden ist. In solchen Fällen empfehlen die Autoren einen Wechsel des Therapeuten, möglicherweise auch eine Veränderung des Settings.

Wenn sich eine Psychotherapie als erfolgreich erweist, liegt das nach dem Wissenschaftler Grawe vor allem an einem angemessenen, zum Patienten und seiner Störung passenden Verhältnis von drei Behandlungsaspekten, der so genannten Klärungsperspektive, dem Problembewältigungsfokus und der Beziehungsperspektive. Diese Begriffe bedürfen einer näheren Erläuterung.

Die Klärungsperspektive

Erklärungsmuster erarbeiten

Zum Klärungsansatz in der Therapie gehören Fragen nach dem Warum und dem Wozu bestimmter Handlungs- und Erlebnisweisen. Motivationsaspekte spielen hier ebenso eine Rolle wie alles, was mit Selbsterkenntnis und dem Wunsch zu tun hat, sich und andere besser zu verstehen. Der Klärungsperspektive wird traditionell bei Psychoanalyse und GT eine Menge Platz eingeräumt. Im Rahmen von Selbsterfahrungsseminaren während der Therapeutenausbildung ist dieser Aspekt ebenfalls sehr wichtig.

Eine weitere spezifische Variable, die mit Klärungs- *Gemeinsame* prozessen zusammenhängt und im Laufe der Therapie *Modelle finden* wirksam werden kann, beschreibt die Psychoanalytike- rin Jaeggi (Jaeggi, 1995), nämlich die schrittweise Über- nahme der Symbolisierungen des Helfers durch den Klienten. Die Beschreibungs- und Symbolsysteme hän- gen häufig von der gewählten Therapierichtung ab. So werden Begriffe wie „Vermeidung" oder „Hausaufga- ben" eher bei Verhaltenstherapeuten zum Thema. Viele Patienten übernehmen, wenn die Behandlung erfolg- reich ist, vergleichbare Begrifflichkeiten vom professio- nellen Gegenüber, ebenso wie dessen Betrachtungsweise von Problematik und Lösungswegen. Möglicherweise fragt ein Tiefenpsychologe im passenden Moment, woran den Patienten eine bestimmte Situation erin- nert, und macht so auf Übertragungsmechanismen auf- *Übertragungsdeu-* merksam. So mag sich der Analytiker z.B. erkundigen, *tungen* ob es sein könnte, dass sein Klient, was die regelmäßig scheiternden sexuellen Beziehungen betrifft, unbe- wusst eine Frau sucht, die eine perfekte Ausgabe seiner Mutter darstellt. Wenn der Patient bereit ist, die Deu- tung anzunehmen, führt die Beschäftigung mit dem eigenen Liebesleben vielleicht zu einer symbolischen Auseinandersetzung mit den Sehnsüchten und Frustra- tionen der Kindheit. Eventuell wird zum Gesprächsge- genstand, was sich der Betroffene von seiner Mutter gewünscht hätte, oder es geht darum, welche Bedürf- nisse sich mit der Zeit und mit dem Erwachsenwerden verändert haben. Der Klient übernimmt also zu einem gewissen Teil die Begrifflichkeiten, Erklärungsmuster und Symbolisierungen seines Analytikers.

Die Frage, was ein Patient aktuell für sich selbst tun *Hilfe durch* kann und möchte, ist ein Beispiel für symbolbildende *Symbolisierungen* Aussagen eines gesprächspsychotherapeutisch arbei- tenden Behandlers, die Eingang in die Lebenswelt des

Betroffenen finden können. Von den jeweiligen Voran-
nahmen hängen sowohl die Interventionen des Helfers
als auch die Sicht des Klienten auf sich selbst, auf erlebte Schwierigkeiten und Wege zur Problembewältigung
maßgeblich ab, schreibt Jaeggi. Psychotherapeutisch
wirksam sei auch die generelle Erhöhung der Symboli-
sierungsfähigkeiten des Betroffenen. Also verschiedene
Wege, Worte und Metaphern für die eigenen Erfahrungen zu finden, neben den angenehmen auch über
unangenehme Erlebnisse zu sprechen, um sie später in
die Biografie integrieren zu können. Es gibt verschiedene Möglichkeiten einer Symbolisierung von Erinnerungen, Gefühlen, Wünschen oder Grenzen. Dazu gehören beispielsweise auch eine Bearbeitung von Träumen
oder das Besprechen eines Bildes, das der Patient gemalt
hat. Der Autorin Jaeggi erscheint es schwer möglich, die
Auswirkungen von Symbolisierungsanteilen einer Behandlung in den Kategorien quasi-naturwissenschaft-
licher Untersuchungen zu erfassen und zu überprüfen.

Der Aspekt der Problembewältigung

Neben solchen Klärungsaspekten, wozu die neue Ein-
ordnung von Lebenserfahrungen genauso gehören
kann wie ein Gespräch über Erwartungen an die persönliche Zukunft, geht es in den meisten Therapien
auch um Problembewältigung, führen Grawe, Donati
und Bernauer (1994) in ihrer Meta-Analyse aus. Wenn
der Behandlungsfokus eher auf die aktive Hilfe zur
Meisterung von Schwierigkeiten gerichtet wird, spielen
Unterstützungs- und Konfrontationsaspekte eine entscheidende Rolle. Das bedeutet, dass sich der Patient
im rechten Moment mit seinen Problemfeldern und
Konflikten konfrontieren kann, um Wege zu deren
Lösung zu finden. Dabei sollte er sich zu jeder Zeit vom
Behandler ausreichend unterstützt fühlen. Schwierigkeiten in diesem Bereich lassen sich von Therapeuten-
seite ansprechen, was im Abschnitt zum Beziehungs-

Aktive Hilfe durch Unterstützung und Konfrontation

aspekt (siehe S. 198) näher beschrieben wird. Grawe und Mitarbeiterinnen empfehlen professionellen Helfern, ihren Patienten bei der Bewältigung psychischer Probleme mit wissenschaftlich anerkannten Herangehensweisen zur Seite zu stehen, die sich bei dem betreffenden Störungsbild bewährt haben und zum Patienten wie auch zum aktuellen Stand des Therapieprozesses passen (störungs- und klientenspezifisches Vorgehen). Hierzu mehr im nächsten Teil des Kapitels.

Neben den individuellen Defiziten des Betroffenen beschäftigt sich die Problembewältigungsperspektive auch mit dessen Möglichkeiten und Ressourcen. Wenn jemand etwa gut dazu in der Lage ist, sich sprachlich auszudrücken, lassen sich diese Kompetenzen zum Beispiel auch für eine differenzierte Darstellung der eigenen Gefühlswelt oder für Kommunikationsübungen im Rollenspiel einsetzen. Inhaltlich kann ein auf Verhalten, Gedanken und Gefühle bezogenes Neu-, Um- oder Dazulernen im Vordergrund stehen. Ein Patient ist vielleicht sehr sensibel, was eine Wahrnehmung der Bedürfnisse anderer Leute betrifft, er stellt jedoch die meisten eigenen Wünsche zurück. Wenn dieser Klient, zum Beispiel im Rahmen eines Selbstsicherheitstrainings, lernt, seine Bedürfnisse und Grenzen besser zu artikulieren, tritt neben die Fähigkeit, sich in andere einfühlen zu können, das Vermögen, sich für sich selbst einzusetzen. Hier lernt der Betroffene etwas dazu. Manchmal wird auch das Aufheben einer Vermeidung bestimmter aversiver emotionaler Zustände zum Thema. Wer etwa alles dazu tut, nicht wütend zu werden, und sich deshalb chronisch unzufrieden oder deprimiert fühlt, könnte von Übungen profitieren, die einem Ausdrücken dieser Wut dienen. Manchmal hilft schon die wiederholte Bestätigung von Seiten des Therapeuten, dass es in bestimmten Situationen völlig normal und auch gesund ist, Zorn zu empfinden.

In anderen Fällen ist die Bearbeitung und Auflösung unbewusster Konflikte, die sich dauernd in verschiede-

Die Ressourcen des Patienten nutzen

Vermeidung

nen Zusammenhängen wiederholen, entscheidend. Vielleicht reaktualisiert sich bei einer Patientin in jeder zwischenmenschlichen Auseinandersetzung der Pubertätskonflikt, den sie früher mit der Mutter hatte. Möglicherweise fühlt und verhält sie sich genauso wie damals. Diese Zusammenhänge bewusst zu machen und nach angemessenen Wegen zu suchen, dem Kommunikationspartner auch im Streit besser gerecht zu werden, kann ein wichtiger Gegenstand der Psychotherapie sein.

Der Konfliktbewältigungsansatz entspräche am ehesten den traditionellen Interventionen in der Tiefenpsychologie, der Lernaspekt eher einer kognitiv-verhaltenstherapeutischen Herangehensweise. Klärungs- und Bewältigungsfokus sollten einander im Idealfall ergänzen, denn in einer Psychotherapie sind häufig beide Perspektiven irgendwann Gegenstand der Gespräche, jede zu ihrer Zeit.

Die Beziehungsperspektive

Therapeut-Patient-Beziehung

Eine dritte Betrachtungsweise, die nach Ansicht der Grawe-Studie bei jeder seelischen Behandlung wichtig wird, ist die Beziehungsperspektive. Das betrifft unter anderem die Berücksichtigung der Therapeut-Patient-Beziehung, also des emotionalen Verhältnisses zwischen dem professionellen Helfer und seinem Klienten.

Hier kann es zum Beispiel darum gehen, dem Betroffenen explizit oder implizit anzubieten, ihm dabei zu helfen, so zu werden, wie er eigentlich gern wäre. Solche Aussagen schaffen mehr Vertrauen zum Therapeuten, als wenn der Behandler etwa deutlich macht, das Gegenüber müsse sich in eine bestimmte Richtung än-

Druck vermeiden

dern. Vergleichbarer Druck führt beim Patienten normalerweise zu Widerstandsphänomenen, zum Beispiel regelmäßiges Zuspätkommen, oder mündet sogar in einem Abbruch der Behandlung.

Es kann durchaus Sinn ergeben, im rechten Augenblick die aktuellen Schwierigkeiten im therapeutischen

Verhältnis anzusprechen oder den Hilfsbedürftigen danach zu fragen, wie er sich nach der letzten Sitzung gefühlt hat, wenn der Helfer Anzeichen für ein emotionales Problem erkennt. Hingegen erweisen sich so genannte Übertragungsdeutungen in solchen Fällen als kontraproduktiv und vermitteln eher eine feindselige als eine unterstützende Atmosphäre. Gemeint sind Aussagen wie „Sie sind gerade wütend. Kennen Sie das aus anderen Situationen?", die wahrscheinlich bei vielen Betroffenen das Gefühl auslösen, nicht ernst genommen zu werden, was den ganz realen Zorn auf den Behandler angeht.

Vorsicht mit Übertragungsdeutungen bei Störungen im therapeut. Verhältnis

Neben der Beachtung der Therapeut-Patient-Beziehung ist es in jeder Therapie entscheidend, die Entwicklung der Kommunikationsweisen und Interaktionsmuster des Klienten gegenüber Dritten im Fokus zu haben. Wenn ein Patient zum Beispiel berichtet, dass er zum ersten Mal dazu in der Lage war, seiner Lebensgefährtin zu sagen, welche Verhaltensweisen ihn seit geraumer Zeit stören, was dann zu einer längeren partnerschaftlichen Aussprache führte, könnte dies als Zeichen für Fortschritte im therapeutischen Prozess gelten. Umgekehrt signalisiert vielleicht die Tatsache, dass ein Klient jede direkte Konfrontation in seiner Liebesbeziehung vermeidet und lieber im Stillen leidet, die Notwendigkeit, zu einem bestimmten Zeitpunkt die Themen Selbstbehauptung und Konfliktbewältigung in den Mittelpunkt der Behandlungsgespräche zu stellen. Das aktuelle Kommunikationsverhalten eines Patienten Dritten gegenüber spiegelt sich auch in der Interaktion mit dem Therapeuten (Übertragung) wider, was sich therapeutisch nutzen lässt. Der professionelle Helfer kann auf mögliche Zusammenhänge von Beziehungsmustern aufmerksam machen (Übertragungsdeutung) oder den Betroffenen fragen, ob es in seiner Lebensgeschichte Situationen gab, die ihn an die aktuelle Auseinandersetzung, etwa mit dem Partner, erinnern. Im Gespräch, aber auch im Rahmen von therapeuti-

Kommunikation mit Dritten beobachten

*Rückmeldungen
geben, ohne zu
bewerten*

schen Rollenspielen bieten sich zudem Gelegenheiten, dem Patienten charakteristische und vielleicht problematische Kommunikationsweisen verbaler oder nonverbaler Art zurückzumelden, ohne sie zu bewerten.

Fazit
Alle dargestellten Aspekte, die Klärungs-, die Problembewältigungs- und die Beziehungsperspektive, spielen bei jeder Behandlung und in allen therapeutischen Settings eine wichtige Rolle, schreiben die Wissenschaftler um Grawe. Anders ausgedrückt: Alles, was ein Therapeut tut oder lässt, hat Auswirkungen auf diese drei Dimensionen.

Thema des nächsten Abschnitts sind einige Forschungsergebnisse zum Wirkungsgrad der wichtigsten Therapieverfahren und zur Effektivität spezifischer Behandlungsmethoden.

9.3 Die Wirksamkeit einzelner Methoden und Ansätze in der Psychotherapie

*Ca. 15 % der
Wirkung beruhen
auf speziellen
Techniken*

Nicht mehr als etwa 15 Prozent der Behandlungswirkung lassen sich auf spezielle Techniken zurückführen (Hubble, Duncan, Miller; 2001). Das klingt zunächst nach einem verschwindend geringen Einfluss. Wenn man sich allerdings vor Augen führt, dass niemand die Wichtigkeit einer intellektuellen Förderung im Kindesalter bezweifelt, obwohl nur etwa 20 Prozent der menschlichen Intelligenz durch Erfahrung beeinflussbar sind, scheint der Einsatz einer angemessenen Methodik in der Psychotherapie nicht mehr ganz so belanglos zu sein.

Einige Vergleichsergebnisse, die sich auf die Effizienz der unterschiedlichen therapeutischen Richtungen, aber auch auf die Wirksamkeit bestimmter Behandlungstechniken beziehen, werden in der Grawe-Studie von 1994 vorgestellt.

Nur bei Psychoanalyse, Verhaltens- und Gesprächstherapie und – mit Einschränkungen – familienthera-

peutischen Verfahren existieren genügend Untersuchungen, die den Kriterien der empirischen Wissen-
schaft entsprechen, um signifikante Aussagen über die
relative Effektivität der jeweiligen Behandlungsform
abzuleiten. Einzelfallschilderungen ohne eindeutig vergleichbare Merkmale oder statistische Überprüfbarkeit,
wie sie traditionell vor allem in der tiefenpsychologischen Literatur, aber auch im vorliegenden Buch dargestellt werden, genügen diesen Anforderungen nicht
und lassen sich ausschließlich qualitativ erforschen.

Nicht jede Studie ist aussagekräftig

Grawe und Mitarbeiterinnen berücksichtigen solche
Studien deshalb nicht und treffen auch keine Aussagen
zu mehr oder weniger seriösen Behandlungsverfahren
wie Analytischer Psychotherapie nach C. G. Jung, NLP,
Primärtherapie nach A. Janov, der Frankl'schen Logo-
therapie oder der Orgontherapie nach W. Reich, da es
wissenschaftlich fundierte Arbeiten zu diesen Ansätzen
nicht gibt. Andere Herangehensweisen, zum Beispiel
Bioenergetik, Individualtherapie nach A. Adler oder die
Transaktionsanalyse, gelten als unzureichend untersucht oder wenig effektiv und wurden daher ebenfalls
nicht in die Vergleichsstudie einbezogen. Außerdem
sind Ergebnisse von Therapieforschungen „nie nur ge-
fundene, sondern immer auch hergestellte Ergebnisse"
(Grawe, Donati, Bernauer; 1994, S. 715).

Die Wirksamkeit einiger anderer Behandlungsmethoden lässt sich wissenschaftlich nachweisen. Dazu
gehören etwa Entspannungsprogramme wie PMR,
Autogenes Training und verschiedene Meditationsfor-
men, aber auch hypnotherapeutische und psychodramatische Vorgehensweisen. Diese Techniken würden
allerdings als singuläre Therapieansätze nicht ausrei-
chen und seien nur als Zusatzverfahren im Rahmen
einer breiter angelegten Ausbildung sinnvoll, schreiben
Grawe und Mitarbeiterinnen.

Methoden mit nachgewiesener Wirksamkeit

Die Verfasser machen weiterhin deutlich, dass
sowohl tiefenpsychologische als auch verhaltenstherapeutische, gesprächspsychotherapeutische und fami-

lientherapeutische Behandlungen im Durchschnitt eine Erfolgsquote nach sich ziehen, die weit über die so genannte Spontanremission hinausgeht. Mit diesem Begriff wird der Anteil der Störung eines Patienten bezeichnet, der im Laufe der Zeit ohne jede Therapie remittiert, also verschwindet.

Die Wirkfaktoren Lage- und Handlungsorientierung verhalten sich oft gegenläufig

Allerdings wirken diese Verfahren auf recht unterschiedliche Weise. Grawe und Mitarbeiterinnen unterscheiden zwischen zwei Einflussfaktoren, der Lageorientierung und der Handlungsorientierung. Eine zunehmende Lageorientierung beinhaltet etwa ein wachsendes Verständnis für die eigene Situation und die Fähigkeit, sich über Motivation und Lebensperspektive klar zu werden. Die Entwicklung einer Handlungsorientierung wiederum bedeutet, dass sich ein Patient aktiv der Bewältigung seiner Schwierigkeiten annimmt.

GT und Psychoanalyse bewirken, wie die Autoren der Vergleichsstudie feststellen, normalerweise dann Erfolge, wenn die Lageorientierung beim Klienten zunimmt, was häufig eine Abnahme der Handlungsorientierung mit sich bringt. Im Gegensatz dazu erweisen sich kognitive Verhaltenstherapien meist dann als effektiv, wenn das Gegenüber Maßnahmen ergreift, die wahrgenommenen Probleme direkt anzugehen. Die Handlungsorientierung nimmt zu, die Orientierung an der eigenen Lage geht zurück.

Beide Strategien erweisen sich in vielen Fällen als erfolgreich, obwohl sie unterschiedliche Therapieprozesse beschreiben. Gleichzeitig setzen sie den möglichen Veränderungen auch Grenzen, denn bei manchen Klienten stellt sich vielleicht heraus, dass der vom Behandler angebotene Zugang nicht passt. Gesprächspsychotherapie wird zum Beispiel von den meisten Patienten, denen Autonomiebedürfnisse sehr wichtig

Die Therapieform auf den Klienten abstimmen

sind, als angenehm und produktiv empfunden. Bei vielen eher anlehnungsbedürftigen Klienten löst die abwartende, nondirektive Haltung eines typischen Gesprächstherapeuten hingegen häufig Angst aus, weswegen sich hier eher stärker strukturierende Verfahren wie die VT empfehlen würden.

Nach den Ergebnissen der Grawe-Forschungen ist Verhaltenstherapie im Durchschnitt wirksamer als GT oder Psychoanalyse. Allerdings entspricht die methodische Herangehensweise der Wissenschaftler auch am ehesten dem verhaltenstherapeutischen, auf schnelle Veränderungen angelegten Zugang, was sicherlich gewisse Verzerrungen mit sich bringt. Der tiefenpsychologischen Therapiepraxis wiederum begegnen Grawe, Donati und Bernauer mit erkennbar weniger Sympathie. Auch dieser Umstand wird die Ergebnisse beeinflussen.

Vorlieben und Abneigungen beeinflussen Forschungsergebnisse

Einige empirisch fundierte Aussagen der Autoren zu den wichtigsten Psychotherapierichtungen sind das Thema des nächsten Abschnitts.

9.3.1 Psychoanalyse und tiefenpsychologisch fundierte Therapie

Psychoanalytische Therapien gelten als besonders Erfolg versprechend bei Neurosen mit Beeinträchtigungen des Erlebens, sie empfehlen sich aber auch bei vielen Persönlichkeitsstörungen. Etwa was die Behandlung von frühen Störungen betrifft. Hier gilt es zu berücksichtigen, dass Klienten mit unzureichender emotionaler Grundlage vor allem Unterstützung in Form einer stabilen therapeutischen Beziehung brauchen. Bei der Behandlung von Psychotikern in der stationären Psychiatrie erweist sich der tiefenpsychologische Ansatz ebenfalls als wirksam. Mögliche Erfolge werden allerdings durch die Schwere des Störungsbildes begrenzt, was zum Beispiel die Gefahr von Rückfällen oder ein Auftreten so genannter Minussymptome nach dem schizophrenen Schub betrifft (siehe auch S. 30 ff.).

Hilfe bei Neurosen und PKS

Tiefenpsychologie in der stationären Behandlung von Psychotikern

Psychosomatisch Erkrankte könnten von einer ausschließlich psychoanalytisch orientierten Herangehensweise deutlich weniger profitieren, schreiben

Grawe und Mitarbeiterinnen. Bei neurotischen Depressionen und Angststörungen scheinen Verhaltenstherapien wirksamer zu sein als der analytische Zugang. Die tiefenpsychologische Kurzzeittherapie, so ein weiteres Ergebnis der Foschungsarbeit, ist meist weniger effizient als mittellange psychoanalytische Behandlungen. Ein Einfluss auf die individuelle Hauptsymptomatik des Klienten gilt als deutlich nachweisbar. Weniger jedoch mögliche Veränderungen zum Positiven, was Schwierigkeiten in anderen Lebensbereichen betrifft.

Eine denkbare Ursache für diesen Befund sehen die Wissenschaftler in ihrer Beobachtung, dass viele wertvolle Erkenntnisse der psychoanalytischen Forschung nicht in ausreichendem Maße Eingang in die tiefenpsychologischen Ausbildungsgänge fänden. Scheuklappendenken behindere häufig den Austausch zwischen den Therapieschulen.

9.3.2 Kognitive Verhaltenstherapie

Hilfe bei Angst-, Zwangs- und depressiven Neurosen

Die Autoren der Vergleichsuntersuchung stellen fest, dass von allen überprüften Verfahren die Wirksamkeitsnachweise für kognitiv orientierte Verhaltenstherapien am überzeugendsten ausfallen. Vor allem Angst-, Zwangs- und depressive Neurosen lassen sich sehr gut mit einer „Breitband-VT" behandeln. Aber auch viele Patienten mit anderen Störungen sprechen auf diese Herangehensweise an. Vorausgesetzt, der Therapeut ist dazu in der Lage, dem zwischenmenschlichen Beziehungsgeschehen Beachtung zu schenken und sich flexibel auf den Klienten einzustellen, führt ein breit gefächertes VT-Angebot oft auch bei den Aspekten der Problematik, die nicht ausdrücklich Thema der Sitzungen sind, zu Erfolgen.

Das Therapiespektrum breit anlegen

Falls sich hingegen ein professioneller Helfer auf die Anwendung bestimmter Techniken beschränkt, deren Effektivität überprüft wurde, etwa indem er Entspannungsverfahren einsetzt oder Angstzustände durch Systematische Desensibilisierung therapiert, wirkt sich dieses Vorgehen zwar im Regelfall positiv auf die Hauptsymptomatik aus. Auf anderen Gebieten, die individuell mit Schwierigkeiten behaftet sind, kommt es allerdings nur selten zu Verbesserungen, wenn ein Psychotherapeut seine Herangehensweise auf „Behandlungen nach Programm" einengt.

9.3.3 Gesprächspsychotherapie

Die Wirksamkeit der GT gilt als wissenschaftlich gesichert, sieht man von der vergleichsweise hohen Anzahl von Therapieabbrüchen und der Tatsache ab, dass die nondirektive Herangehensweise Klienten, die unter Abhängigkeitsgefühlen und starken sozialen Ängsten leiden, eher abschreckt. Aus diesen Einschränkungen ziehen die Forscher um Grawe die Schlussfolgerung, dass manche Patienten einen direktiveren, strukturierenden Zugang benötigen, und fordern in solchen Fällen Flexibilität vom Behandler.

In mindestens einer Hinsicht erweist sich der klientenzentrierte Ansatz der Gesprächspsychotherapie jedoch als überlegen: GT fördert anscheinend stärker als andere Verfahren das Selbstvertrauen des Patienten, die eigenen Schwierigkeiten bewältigen zu können. Vergleichbar mit Breitspektrum-VT oder Gestalttherapie, wirkt sich ein gesprächstherapeutisches Vorgehen oft auch positiv auf die individuellen Nebensymptomatiken aus. Das betrifft meist sowohl das allgemeine Wohlbefinden als auch die persönliche Entwicklung und den zwischenmenschlichen Bereich.

Unterstützung bei Haupt- und Nebensymptomatiken

9.3.4 Gestalttherapie

Die Praxis der Gestalttherapie ist bisher noch zu wenig untersucht worden. Die bisherigen Erkenntnisse sprechen jedoch für eine gute Effektivität bei einem relativ

Hinweise auf gute Effektivität

breiten Anwendungsspektrum. Veränderungen zum Positiven werden hier insbesondere durch die vielen Gelegenheiten erzielt, bei denen der Helfer seinen Klienten im Rahmen von Experimenten mit problematischen oder lösungsorientierten Situationen konfrontiert. Wie alle anderen Behandlungsverfahren kommt auch die gestalttherapeutische Vorgehensweise nur auf der Grundlage einer guten Therapeut-Patient-Beziehung zum Tragen.

9.3.5 Paar- und Familientherapie

Belege für Wirksamkeit bei familiären Problemen

Familientherapeutische Ansätze wurden ebenfalls noch nicht ausreichend erforscht. Aktuelle Belege sprechen aber für eine angemessene Wirksamkeit von Interventionen im familientherapeutischen Setting, die auf eine Modifikation des dysfunktionalen kommunikativen Systems ausgerichtet sind. Die Reaktualisierung von Interaktionsmustern und Konflikten in den gleichen Zusammenhängen, in denen sie auch sonst auftreten, spielt bei Paar- und Familientherapien eine entscheidende Rolle.

Wahrscheinlich ist die Kritik einiger Familientherapeuten an der Tatsache, dass systemischen Methoden und Betrachtungsweisen in den meisten anderen Therapieformen kaum Beachtung geschenkt wird, berechtigt. Umgekehrt lässt sich aber auch feststellen, dass nicht wenige familientherapeutische Ausbildungsstätten eine Schulung im angemessenen Vorgehen gegenüber Einzelpersonen vernachlässigen, schreiben Grawe und Mitarbeiterinnen.

9.3.6 Andere Gruppentherapien

Unterstützung bei Kommunikationsproblemen

Manche Gruppentherapien, die sich sowohl im stationären als auch im ambulanten Kontext anwenden lassen, zum Beispiel Kommunikations- und Selbstbehauptungstrainings, scheinen nicht nur bei zwischenmenschlichen Kommunikationsproblemen, sondern auch in anderen Schwierigkeitsbereichen zu wirken. Dieser Umstand wird von den Autoren der Meta-Analyse auf ein Gefühl der Zugehörigkeit, auf ein wechselseitiges Vertrauen und die Unterstützung durch andere Gruppenmitglieder zurückgeführt. Voraussetzung hierfür wäre ein Therapeut, der die Empfindung vermitteln kann, gut aufgehoben zu sein, und eine Arbeitshaltung der Teilnehmer befördert. Weiterhin sollte er mögliche emotionale Störungen und aktuelle Beziehungsprobleme seiner Klienten im Auge haben und gegebenenfalls Klärungsprozesse einleiten.

Leider ist das Beantragungsverfahren bei Gruppenbehandlungen zurzeit relativ langwierig und kompliziert. Die Vergütung lässt ebenfalls zu wünschen übrig. So werden viele professionelle Helfer, die ausschließlich im Praxisraum arbeiten, aber ihren Einzelpatienten zusätzlich ein Gruppenangebot machen wollen, auf Selbstzahler angewiesen sein.

9.4 Fazit

Grawe, Donati und Bernauer (1994) ziehen aus ihren Untersuchungen die Konsequenz, die Entwicklung einer „Allgemeinen Psychotherapie" zu fordern. Ein möglichst breit gefächertes Methodenrepertoire, eine Beherrschung unterschiedlicher therapeutischer Herangehensweisen und die Verwendung verschiedener Settings sorgen in dieser Vision für Behandlungen, die sich nach den Bedürfnissen und den Möglichkeiten jedes einzelnen Patienten richten.

Zum Wohle des Patienten: Forderung nach einer „Allgemeinen Psychotherepie"

Im rechten Moment sind Klärungsaspekte das Thema, zu anderen Zeiten geht es um die Bewältigung bestimmter Schwierigkeiten, die gerade aktualisiert werden. Die Interaktionen des Klienten würde ein „Allgemeiner Psychotherapeut" ebenso berücksichtigen wie den Stand der therapeutischen Beziehung. Die heute

Immer mehr Therapeuten beschränken sich nicht nur auf einen Behandlungsansatz

immer noch oft zu beobachtende wechselseitige Abgrenzung der Schulen und der Unwille, sich mit der „Konkurrenz" auseinander zu setzen: Beides wäre dann Geschichte und man könnte vom anderen lernen.

Und tatsächlich gibt es, wenn schon keinen dementsprechenden anerkannten Fortbildungsgang, in den letzten Jahren immer mehr professionelle Helfer, die sich nicht auf eine Zusatzausbildung beschränken, die flexibel und eklektizistisch arbeiten. Nicht selten zum Wohle ihrer Patienten.

10 Anhang

10.1 Gesetz über die Berufe des Psychologischen Psychotherapeuten und des Kinder- und Jugendlichenpsychotherapeuten

(Psychotherapeutengesetz – PsychThG)

Artikel 1 des Gesetzes vom 16. Juni 1998 (BGBI I, S. 1311)

Der Bundestag hat mit Zustimmung des Bundesrates das folgende Gesetz beschlossen:

Inhaltsübersicht:

§ 1 Berufsausübung

(1) Wer die heilkundliche Psychotherapie unter der Berufsbezeichnung „Psychologische Psychotherapeutin" oder „Psychologischer Psychotherapeut" oder die heilkundliche Kinder- und Jugendlichenpsychotherapie unter der Berufsbezeichnung „Kinder- und Jugendlichenpsychotherapeutin" oder „Kinder- und Jugendlichenpsychotherapeut" ausüben will, bedarf der Approbation als Psychologischer Psychotherapeut oder Kinder- und Jugendlichen-

psychotherapeut. Die vorübergehende Ausübung des Berufs ist auch auf Grund einer befristeten Erlaubnis zulässig. Die Berufsbezeichnungen nach Satz 1 darf nur führen, wer nach Satz 1 oder 2 zur Ausübung der Berufe befugt ist. Die Bezeichnung „Psychotherapeut" oder „Psychotherapeutin" darf von anderen Personen als Ärzten, Psychologischen Psychotherapeuten oder Kinder und Jugendlichenpsychotherapeuten nicht geführt werden.

(2) Die Berechtigung zur Ausübung des Berufs des Kinder- und Jugendlichenpsychotherapeuten erstreckt sich auf Patienten, die das 21. Lebensjahr noch nicht vollendet haben. Ausnahmen von Satz 1 sind zulässig, wenn zur Sicherung des Therapieerfolgs eine gemeinsame psychotherapeutische Behandlung von Kindern oder Jugendlichen mit Erwachsenen erforderlich ist oder bei Jugendlichen eine vorher mit Mitteln der Kinder- und Jugendlichenpsychotherapie begonnene psychotherapeutische Behandlung erst nach Vollendung des 21. Lebensjahres abgeschlossen werden kann.

(3) Ausübung von Psychotherapie im Sinne dieses Gesetzes ist jede mittels wissenschaftlich anerkannter psychotherapeutischer Verfahren vorgenommene Tätigkeit zur Feststellung, Heilung oder Linderung von Störungen mit Krankheitswert, bei denen Psychotherapie indiziert ist. Im Rahmen einer psychotherapeutischen Behandlung ist eine somatische Abklärung herbeizuführen. Zur Ausübung von Psychotherapie gehören nicht psychologische Tätigkeiten, die die Aufarbeitung und Überwindung sozialer Konflikte oder sonstige Zwecke außerhalb der Heilkunde zum Gegenstand haben.

§ 2 Approbation

(1) Eine Approbation nach § 1 Abs. 1 Satz 1 ist auf Antrag zu erteilen, wenn der Antragsteller

Deutscher im Sinne des Artikels 116 des Grundgesetzes, Staatsangehöriger eines Mitgliedstaates der Europäischen Union oder eines anderen Vertragsstaates des Abkommens über den Europäischen Wirtschaftsraum oder heimatloser Ausländer im Sinne des Gesetzes über die Rechtsstellung heimatloser Ausländer ist,

die vorgeschriebene Ausbildung abgeleistet und die staatliche Prüfung bestanden hat,

sich nicht eines Verhaltens schuldig gemacht hat, aus dem sich die Unwürdigkeit oder Unzuverlässigkeit zur Ausübung des Berufs ergibt, und

nicht wegen eines körperlichen Gebrechens oder wegen Schwäche seiner geistigen oder körperlichen Kräfte oder wegen einer Sucht zur Ausübung des Berufs unfähig oder ungeeignet ist.

(2) Die Voraussetzung des Absatzes 1 Nr. 2 gilt als erfüllt, wenn aus einem in einem Mitgliedstaat der Europäischen Union oder einem anderen Vertragsstaat des Abkommens über den Europäischen Wirtschaftsraum erworbenen Diplom hervorgeht, dass der Inhaber eine Ausbildung erworben hat, die in diesem Staat für den unmittelbaren Zugang zu einem dem Beruf des „Psychologischen Psychotherapeuten" oder dem Beruf des „Kinder- und Jugendlichenpsychotherapeuten" entsprechenden Beruf erforderlich ist. Diplome im Sinne dieses Gesetzes sind Diplome, Prüfungszeugnisse und sonstige Befähigungsnachweise im Sinne des Artikels 1 der Richtlinie 89/48/EWG des Rates vom 21. Dezember 1988 über eine allgemeine Regelung zur Anerkennung der Hochschuldiplome, die eine mindestens dreijährige Berufsausbildung abschließen (ABl. EG Nr. L19 S. 16), oder im Sinne des Artikels 1 der Richtlinie 92/51/ EWG des Rates vom 18. Juni 1992 über eine zweite allgemeine Regelung zur Anerkennung beruflicher Befähigungsnachweise in Ergänzung zur Richtlinie 89/48/EWG (ABl. EG Nr. L209 S. 25) in der jeweils geltenden Fassung. Antragsteller aus einem Mitgliedstaat der Europäischen Union oder einem anderen Vertragsstaat des Abkommens über den Europäischen Wirtschaftsraum, deren Ausbildung die nach diesem Gesetz vorgeschriebene Mindestdauer nicht erreicht, haben einen höchstens dreijährigen Anpassungslehrgang zu absolvieren oder eine Eignungsprüfung abzulegen. Der Antragsteller hat das Recht, zwischen dem Anpassungslehrgang und der Eignungsprüfung zu wählen. Die Voraussetzung des Absatzes 1 Nr. 2 gilt auch als erfüllt, wenn der Antragsteller bei Vorliegen der Voraussetzungen des Absatzes 1 Nr. 1 eine in einem anderen Staat erworbene gleichwertige abgeschlossene Ausbildung und gleichwertige Kenntnisse nachweist.

(3) Ist die Voraussetzung nach Absatz 1 Nr. 1 nicht erfüllt, so kann die Approbation in besonderen Einzelfällen oder aus Gründen des öffentlichen Gesundheitsinteresses erteilt werden. Ist zugleich die Voraussetzung nach Absatz 1 Nr. 2 nicht erfüllt, so ist die Erteilung der Approbation nur zulässig, wenn der Antragsteller eine in einem anderen Mitgliedstaat der Europäischen Union oder einem anderen Vertragsstaat des Abkommens über den Europäischen Wirtschaftsraum erworbene, den Voraussetzungen der Richtlinien 89/48/EWG oder 92/51/EWG entsprechende oder in einem anderen Staat erworbene gleichwertige abgeschlossene Ausbildung und gleichwertige Kenntnisse nachweist. Absatz 2 Satz 3 und 4 gilt entsprechend.

(4) Soll die Erteilung der Approbation wegen Fehlens einer der Voraussetzungen nach Absatz 1 abgelehnt werden, so ist der Antragsteller oder sein gesetzlicher Vertreter vorher zu hören.

(5) Ist gegen den Antragsteller wegen des Verdachts einer Straftat, aus der sich die Unwürdigkeit oder Unzuverlässigkeit zur Ausübung

des Berufs ergeben kann, ein Strafverfahren eingeleitet, so kann die Entscheidung über den Antrag auf Erteilung der Approbation bis zur Beendigung des Verfahrens ausgesetzt werden.

§ 3 Rücknahme, Widerruf und Ruhen der Approbation, Verzicht

(1) Die Approbation ist zurückzunehmen, wenn bei ihrer Erteilung die Voraussetzung des § 2 Abs. 1 Nr. 2 nicht vorgelegen hat, die im Ausland erworbene Ausbildung nach § 2 Abs. 2 oder Abs. 3 Satz 2 oder die nach § 12 nachzuweisende Ausbildung nicht abgeschlossen war oder die Gleichwertigkeit der Ausbildung und Kenntnisse nach § 2 Abs. 3 Satz 2 nicht gegeben war. Sie kann zurückgenommen werden, wenn bei ihrer Erteilung eine der Voraussetzungen nach § 2 Abs. 1 Nr. 1, 3 oder 4 nicht vorgelegen hat.

(2) Die Approbation ist zu widerrufen, wenn nachträglich die Voraussetzung nach § 2 Abs. 1 Nr. 3 wegfällt. Gleiches gilt im Falle des nachträglichen, dauerhaften Wegfalls einer der Voraussetzungen nach § 2 Abs. 1 Nr. 4.

(3) Das Ruhen der Approbation kann angeordnet werden, wenn

gegen den Approbationsinhaber wegen des Verdachts einer Straftat, aus der sich die Unwürdigkeit oder Unzuverlässigkeit zur Ausübung des Berufs ergeben kann, ein Strafverfahren eingeleitet ist,

nachträglich eine der Voraussetzungen nach § 2 Abs. 1 Nr. 4 vorübergehend nicht mehr vorliegt oder Zweifel bestehen, ob eine der Voraussetzungen nach § 2 Abs. 1 Nr. 4 noch erfüllt ist und der Approbationsinhaber sich weigert, sich einer von der zuständigen Behörde angeordneten amts- oder fachärztlichen Untersuchung zu unterziehen.

Die Anordnung ist aufzuheben, wenn ihre Voraussetzungen nicht mehr vorliegen. Der Psychologische Psychotherapeut oder der Kinder- und Jugendlichenpsychotherapeut, dessen Approbation ruht, darf den Beruf nicht ausüben. Die zuständige Behörde kann auf Antrag des Approbationsinhabers, dessen Approbation ruht, zulassen, dass die Praxis für einen von ihr zu bestimmenden Zeitraum durch einen anderen Psychologischen Psychotherapeuten oder Kinder- und Jugendlichenpsychotherapeuten weitergeführt werden darf.

(4) Auf die Approbation kann durch schriftliche Erklärung gegenüber der zuständigen Behörde verzichtet werden. Ein Verzicht, der unter einer Bedingung erklärt wird, ist unwirksam.

§ 4 Befristete Erlaubnis

(1) Eine befristete Erlaubnis zur Berufsausübung kann auf Antrag Personen erteilt werden, die eine abgeschlossene Ausbildung für den Beruf nachweisen. In den Fällen, in denen die Ausbildungsvoraussetzungen nach § 2 Abs. 1 Nr. 2 nicht erfüllt sind oder nach § 2 Abs. 2 nicht als erfüllt gelten, ist nachzuweisen, dass die im Ausland erworbene Ausbildung in den wesentlichen Grundzügen einer Ausbildung nach diesem Gesetz entspricht.

(2) Die befristete Erlaubnis kann auf bestimmte Tätigkeiten und Beschäftigungsstellen beschränkt werden. Sie darf nur widerruflich und bis zu einer Gesamtdauer der Tätigkeit von höchstens drei Jahren erteilt oder verlängert werden. Eine befristete Erlaubnis darf ausnahmsweise über drei Jahre hinaus erteilt oder verlängert werden, wenn dies im Interesse der psychotherapeutischen Versorgung der Bevölkerung liegt. Satz 3 gilt entsprechend bei Antragstellern, die

unanfechtbar als Asylberechtigte anerkannt sind,

die Rechtsstellung nach § 1 des Gesetzes über Maßnahmen für im Rahmen humanitärer Hilfsaktionen aufgenommener Flüchtlinge vom 22. Juli 1980 (BGBl. I, S. 1057) genießen.

als Ausländer mit einem Deutschen im Sinne des Artikels 116 des Grundgesetzes verheiratet sind, der seinen gewöhnlichen Aufenthalt im Inland hat, oder

im Besitz einer Einbürgerungszusicherung sind, der Einbürgerung jedoch Hindernisse entgegenstehen, die sie selbst nicht beseitigen können.

(3) Personen mit einer befristeten Erlaubnis nach den Absätzen 1 und 2 haben die Rechte und Pflichten eines Angehörigen des Berufs, für dessen vorübergehende Ausübung ihnen die befristete Erlaubnis erteilt worden ist.

§ 5 Ausbildung und staatliche Prüfung

(1) Die Ausbildungen zum Psychologischen Psychotherapeuten sowie zum Kinder- und Jugendlichenpsychotherapeuten dauern in Vollzeitform jeweils mindestens drei Jahre, in Teilzeitform jeweils mindestens fünf Jahre. Sie bestehen aus einer praktischen Tätigkeit, die von theoretischer und praktischer Ausbildung begleitet wird, und schließen mit Bestehen der staatlichen Prüfung ab.

(2) Voraussetzung für den Zugang zu einer Ausbildung nach Absatz 1 ist

für eine Ausbildung zum Psychologischen Psychotherapeuten

eine im Inland an einer Universität oder gleichstehenden Hochschule bestandene Abschlussprüfung im Studiengang Psychologie, die das Fach Klinische Psychologie einschließt und gemäß § 15 Abs. 2 Satz 1 des Hochschulrahmengesetzes der Feststellung dient, ob der Student das Ziel des Studiums erreicht hat,

ein in einem Mitgliedstaat der Europäischen Union oder einem anderen Vertragsstaat des Abkommens über den Europäischen Wirtschaftsraum erworbenes gleichwertiges Diplom im Studiengang Psychologie oder

ein in einem anderen Staat erfolgreich abgeschlossenes gleichwertiges Hochschulstudium der Psychologie,

für eine Ausbildung zum Kinder- und Jugendlichenpsychotherapeuten

eine der Voraussetzungen nach Nummer 1,

die im Inland an einer staatlichen oder staatlich anerkannten Hochschule bestandene Abschlussprüfung in den Studiengängen Pädagogik oder Sozialpädagogik,

ein in einem anderen Mitgliedstaat der Europäischen Union oder einem anderen Vertragsstaat des Abkommens über den Europäischen Wirtschaftsraum erworbenes Diplom in den Studiengängen Pädagogik oder Sozialpädagogik oder

ein in einem anderen Staat erfolgreich abgeschlossenes gleichwertiges Hochschulstudium.

§ 2 Abs. 2 Satz 3 und 4 gilt entsprechend.

(3) Die zuständige Behörde kann auf Antrag eine andere abgeschlossene Ausbildung im Umfang ihrer Gleichwertigkeit auf die Ausbildung nach Absatz 1 anrechnen, wenn die Durchführung der Ausbildung und die Erreichung des Ausbildungszieles dadurch nicht gefährdet werden.

§ 6 Ausbildungsstätten

(1) Die Ausbildungen nach § 5 Abs. 1 werden an Hochschulen oder an anderen Einrichtungen vermittelt, die als Ausbildungsstätten für Psychotherapie oder als Ausbildungsstätten für Kinder- und Jugendlichenpsychotherapie staatlich anerkannt sind.

(2) Einrichtungen sind als Ausbildungsstätten nach Absatz 1 anzuerkennen, wenn in ihnen

Patienten, die an psychischen Störungen mit Krankheitswert leiden, nach wissenschaftlich anerkannten psychotherapeutischen Verfahren stationär oder ambulant behandelt werden, wobei es sich bei einer Ausbildung zum Kinder- und Jugendlichenpsychotherapeuten um Personen handeln muss, die das 21. Lebensjahr noch nicht vollendet haben, für die Ausbildung geeignete Patienten nach Zahl und Art in ausreichendem Maße zur Verfügung stehen,

eine angemessene technische Ausstattung für Ausbildungszwecke und eine fachwissenschaftliche Bibliothek vorhanden ist,

in ausreichender Zahl geeignete Psychologische Psychotherapeuten oder Kinder- und Jugendlichenpsychotherapeuten und qualifizierte Ärzte für die Vermittlung der medizinischen Ausbildungsinhalte für das jeweilige Fach zur Verfügung stehen,

die Ausbildung nach Ausbildungsplänen durchgeführt wird, die auf Grund der Ausbildungs- und Prüfungsverordnung für Psychologische Psychotherapeuten oder der Ausbildungs- und Prüfungsverordnung für Kinder- und Jugendlichenpsychotherapeuten erstellt worden sind, und

die Ausbildungsteilnehmer während der praktischen Tätigkeit angeleitet und beaufsichtigt werden sowie die begleitende theoretische und praktische Ausbildung durchgeführt wird.

(3) Kann die Einrichtung die praktische Tätigkeit oder die begleitende theoretische und praktische Ausbildung nicht vollständig durchführen, hat sie sicherzustellen, dass eine andere geeignete Einrichtung diese Aufgabe in dem erforderlichen Umfang übernimmt. Absatz 2 Nr. 4 gilt entsprechend.

§ 7 Ausschluss der Geltung des Berufsbildungsgesetzes

Auf die Ausbildungen nach diesem Gesetz findet das Berufsbildungsgesetz keine Anwendung.

§ 8 Ermächtigung zum Erlass von Rechtsverordnungen

(1) Das Bundesministerium für Gesundheit wird ermächtigt, in einer Ausbildungs- und Prüfungsverordnung für Psychologische Psychotherapeuten und in einer Ausbildungs- und Prüfungsverordnung für Kinder- und Jugendlichenpsychotherapeuten mit Zustimmung des Bundesrates die Mindestanforderungen an die Ausbildungen und das Nähere über die staatlichen Prüfungen (§ 5 Abs. 1) zu regeln. Die Rechtsverordnungen sollen auch Vorschriften über die für die Erteilung der Approbationen nach § 2 Abs. 1 bis 3 notwendigen Nachweise, über die Urkunden für die Approbationen nach § 1 Abs. 1 Satz 1 und über die Anforderungen nach § 2 Abs. 2 Satz 3 enthalten.

(2) Die Ausbildungs- und Prüfungsverordnungen sind jeweils auf eine Ausbildung auszurichten, welche die Kenntnisse und Fähigkeiten in der Psychotherapie vermittelt, die für die eigenverantwortliche und selbstständige Ausübung des Berufs des Psycholo-

gischen Psychotherapeuten oder des Berufs des Kinder- und Jugendlichenpsychotherapeuten erforderlich sind.

(3) In den Rechtsverordnungen ist jeweils vorzuschreiben,

dass die Ausbildungen sich auf die Vermittlung eingehender Grundkenntnisse in wissenschaftlich anerkannten psychotherapeutischen Verfahren sowie auf eine vertiefte Ausbildung in einem dieser Verfahren zu erstrecken haben.

wie die Ausbildungsteilnehmer während der praktischen Tätigkeit einzusetzen sind, insbesondere welche Patienten sie während dieser Zeit zu betreuen haben,

dass die praktische Tätigkeit für die Dauer von mindestens einem Jahr in Abschnitten von mindestens drei Monaten an einer psychiatrischen klinischen, bei der kinder- und jugendlichenpsychotherapeutischen Ausbildung bis zur Dauer von sechs Monaten an einer psychiatrischen ambulanten Einrichtung, an der jeweils psychotherapeutische Behandlungen durchgeführt werden, und für mindestens sechs Monate an einer von einem Sozialversicherungsträger anerkannten Einrichtung der psychotherapeutischen oder psychosomatischen Versorgung, in der Praxis eines Arztes, der die psychotherapeutische Behandlung durchführen darf, oder eines Psychologischen Psychotherapeuten oder eines Kinder- und Jugendlichenpsychotherapeuten abzuleisten ist und unter fachkundiger Anleitung und Aufsicht steht,

dass die Gesamtstundenzahl für die theoretische Ausbildung mindestens 600 Stunden beträgt und

dass die praktische Ausbildung mindestens 600 Stunden mit mindestens sechs Patientenbehandlungen umfasst.

(4) Für die staatlichen Prüfungen ist vorzuschreiben, dass sie sich auf eingehende Grundkenntnisse in den wissenschaftlich anerkannten psychotherapeutischen Verfahren und schwerpunktmäßig auf das Verfahren, das Gegenstand der vertieften Ausbildung gewesen ist (Absatz 3 Nr. 1), sowie auf die medizinischen Ausbildungsinhalte erstrecken. Ferner ist zu regeln, dass die Prüfungen vor einer staatlichen Prüfungskommission abzulegen sind, in die jeweils zwei Mitglieder berufen werden müssen, die nicht Lehrkräfte derjenigen Ausbildungsstätte sind, an der die Ausbildung erworben wurde.

(5) Die Rechtsverordnungen sollen die Möglichkeiten für eine Unterbrechung der Ausbildungen regeln. Sie können Vorschriften über die Anrechnung von Ausbildungen (§ 5 Abs. 3) enthalten.

(6) In den Rechtsverordnungen nach Absatz 1 ist für Diplominhaber, die eine Erlaubnis nach § 2 Abs. 1 Nr. 2 in Verbindung mit § 2 Abs. 2 Satz 1 und 2 oder Abs. 3 Satz 2 beantragen, zu regeln:

das Verfahren bei der Prüfung der Voraussetzungen des § 2 Abs. 1 Nr. 3 und 4, insbesondere die Vorlage der vom Antragsteller vorzulegenden Nachweise und die Ermittlung durch die zuständige Behörde entsprechend Artikel 6 der Richtlinie 89/48/EWG oder den Artikeln 10 und 12 Abs. 1 der Richtlinie 92/51/EWG,

das Recht von Diplominhabern, nach Maßgabe des Artikels 7 Abs. 2 der Richtlinie 89/48/EWG oder des Artikels 11 Abs. 2 der Richtlinie 92/51/EWG zusätzlich zu einer Berufsbezeichnung nach § 1 die im Heimat- oder Herkunftmitgliedstaat bestehende Ausbildungsbezeichnung und, soweit nach dem Recht des Heimat- oder Herkunftmitgliedstaates zulässig, deren Abkürzung in der Sprache dieses Staates zu führen.

die Frist für die Erteilung der Approbation entsprechend Artikel 8 Abs. 2 der Richtlinie 89/48/EWG oder Artikel 12 Abs. 2 der Richtlinie 92/51/EWG.

§ 9 Gebührenordnung bei Privatbehandlung

Das Bundesministerium für Gesundheit wird ermächtigt, durch Rechtsverordnung mit Zustimmung des Bundesrates die Entgelte für psychotherapeutische Tätigkeiten von Psychologischen Psychotherapeuten und Kinder- und Jugendlichenpsychotherapeuten zu regeln. In dieser Rechtsverordnung sind Mindest- und Höchstsätze für die psychotherapeutischen Leistungen festzusetzen. Dabei ist den berechtigten Interessen der Leistungserbringer und der zur Zahlung der Entgelte Verpflichteten Rechnung zu tragen.

§ 10 Zuständigkeiten

(1) Die Entscheidungen nach § 2 Abs. 1 trifft die zuständige Behörde des Landes, in dem der Antragsteller die staatliche Prüfung abgelegt hat. Die Entscheidungen nach § 2 Abs. 1 in Verbindung mit § 12, nach § 2 Abs. 2 und 3 sowie nach § 4 trifft die zuständige Behörde des Landes, in dem der Beruf ausgeübt werden soll.

(2) Die Entscheidungen nach § 3 trifft die zuständige Behörde des Landes, in dem der Beruf ausgeübt wird oder zuletzt ausgeübt worden ist. Satz 1 gilt entsprechend für die Entgegennahme der Verzichtserklärung nach § 3 Abs. 4.

(3) Die Entscheidungen nach § 5 Abs. 3 trifft die zuständige Behörde des Landes, in dem der Antragsteller an der Ausbildung teilzunehmen beabsichtigt.

(4) Die Entscheidungen nach § 6 Abs. 2 trifft die zuständige Behörde des Landes, in dem die Ausbildungsstätte ihren Sitz hat.

§ 11 Wissenschaftliche Anerkennung

Soweit nach diesem Gesetz die wissenschaftliche Anerkennung eines Verfahrens Voraussetzung für die Entscheidung der zuständigen Behörde ist, soll die Behörde in Zweifelsfällen ihre Entscheidung auf der Grundlage eines Gutachtens eines wissenschaftlichen Beirates treffen, der gemeinsam von der auf Bundesebene zuständigen Vertretung der Psychologischen Psychotherapeuten und Kinder- und Jugendlichenpsychotherapeuten sowie der ärztlichen Psychotherapeuten in der Bundesärztekammer gebildet wird. Ist der Beirat am 31. Dezember 1998 noch nicht gebildet, kann seine Zusammensetzung durch das Bundesministerium für Gesundheit bestimmt werden.

§ 12 Übergangsvorschriften

(1) Wer im Zeitpunkt des Inkrafttretens dieses Gesetzes, ohne Arzt zu sein, im Rahmen der kassenärztlichen Versorgung an der psychotherapeutischen Behandlung von gesetzlich Krankenversicherten im Delegationsverfahren nach den Richtlinien des Bundesausschusses der Ärzte und Krankenkassen über die Durchführung der Psychotherapie in der vertragsärztlichen Versorgung (Psychotherapie-Richtlinien in der Neufassung vom 3. Juli 1987 – BAnz. Nr. 156 Beilage Nr. 156a-, zuletzt geändert durch Bekanntmachung vom 12. März 1997 – BAnz. Nr. 49 S. 2946), als Psychotherapeut oder Kinder- und Jugendlichenpsychotherapeut mitwirkt oder die Qualifikation für eine solche Mitwirkung erfüllt, erhält bei Vorliegen der Voraussetzungen des § 2 Abs. 1 Nr. 1, 3 und 4 auf Antrag eine Approbation zur Ausübung des Berufs des Psychologischen Psychotherapeuten oder eine Approbation zur Ausübung des Berufs des Kinder- und Jugendlichenpsychotherapeuten nach § 1 Abs. 1 Satz 1. Das Gleiche gilt für Personen, die die für eine solche Mitwirkung vorausgesetzte Qualifikation bei Vollzeitausbildung innerhalb von drei Jahren, bei Teilzeitausbildung innerhalb von fünf Jahren, nach Inkrafttreten des Gesetzes erwerben.

(2) Wer im Zeitpunkt des Inkrafttretens dieses Gesetzes als Diplompsychologe eine Weiterbildung zum „Fachpsychologen in der Medizin" nach den Vorschriften der Anweisung über das postgraduale Studium für naturwissenschaftliche und technische Hochschulkader sowie Diplompsychologen und Diplomsoziologen im Gesundheitswesen vom 1. April 1981 (Verf. U. Mitt. MfG DDR Nr. 4 S. 61) erfolgreich abgeschlossen hat, erhält bei Vorliegen der Voraussetzungen nach § 2 Abs. 1 Nr. 1, 3 und 4 auf Antrag eine Approbation zur Ausübung des Berufs des Psychologischen Psychotherapeuten nach § 1 Abs. 1 Satz 1, wenn die dreijährige Weiterbildung vorwiegend auf die Vermittlung von Kenntnissen und Fähigkeiten in der Psychotherapie ausgerichtet war.

(3) Personen mit einer bestandenen Abschlussprüfung im Studiengang Psychologie an einer Universität oder einer gleichstehenden Hochschule erhalten bei Vorliegen der Voraussetzungen des § 2 Abs. 1 Nr. 1, 3 und 4 auf Antrag eine Approbation zur Ausübung des Berufs des Psychologischen Psychotherapeuten nach § 2 Abs. 1 Satz 1, wenn sie zwischen dem 1. Januar 1989 und dem 31. Dezember 1998 mit einer Gesamtdauer von mindestens sieben Jahren an der Versorgung von Versicherten einer Krankenkasse mitgewirkt haben oder ihre Leistungen während dieser Zeit von einem Unternehmen der privaten Krankenversicherung vergütet oder von der Beihilfe als beihilfefähig anerkannt worden sind. Voraussetzung für die Erteilung der Approbation nach Satz 1 ist ferner, dass die Antragsteller

während des Zeitraums nach Satz 1 mindestens 4.000 Stunden psychotherapeutischer Berufstätigkeit oder 60 dokumentierte und abgeschlossene Behandlungsfälle sowie

mindestens 140 Stunden theoretischer Ausbildung in wissenschaftlich anerkannten Verfahren nachweisen.

Personen im Sinne des Satzes 1, die das Erfordernis nach Satz 1 zweiter Halbsatz oder die Voraussetzung nach Satz 2 Nr. 1 nicht erfüllen, erhalten die Approbation nur, wenn sie nachweisen, dass sie bis zum 31. Dezember 1998

mindestens 2.000 Stunden psychotherapeutischer Berufstätigkeit abgeleistet oder 30 dokumentierte Behandlungsfälle abgeschlossen,

mindestens fünf Behandlungsfälle unter Supervision mit insgesamt mindestens 250 Behandlungsstunden abgeschlossen,

mindestens 280 Stunden theoretischer Ausbildung in wissenschaftlich anerkannten Verfahren abgeleistet haben und

am 24. Juni 1997 für die Krankenkasse tätig waren oder ihre Leistungen zu diesem Zeitpunkt von einem Unternehmen der privaten Krankenversicherung vergütet oder von der Beihilfe als beihilfefähig anerkannt worden sind.

(4) Personen mit einer bestandenen Abschlussprüfung im Studiengang Psychologie an einer Universität oder einer gleichstehenden Hochschule erhalten bei Vorliegen der Voraussetzungen des § 2 Abs. 1 Nr. 1, 3 und 4 auf Antrag eine Approbation zur Ausübung des Berufs des Psychologischen Psychotherapeuten nach § 1 Abs. 1 Satz 1, wenn sie nachweisen, dass sie zwischen dem 1. Januar 1989 und dem 31. Dezember 1998 mit einer Gesamtdauer von mindestens sieben Jahren als Angestellte oder Beamte

in einer psychiatrischen, psychotherapeutischen, psychosomatischen oder neurologischen Einrichtung vorwiegend psychotherapeutisch tätig waren oder hauptberuflich psychotherapeutische Behandlungen durchgeführt haben.

Voraussetzung für die Erteilung der Approbation nach Satz 1 Nr. 1 und 2 ist ferner, dass die Antragsteller nachweisen, dass sie

in dem Zeitraum nach Satz 1 mindestens 4.000 Stunden einschließlich der dazu notwendigen Diagnostik und Fallbesprechungen psychotherapeutisch tätig waren oder 60 dokumentierte Behandlungsfälle abgeschlossen und

mindestens 140 Stunden theoretische Ausbildung in dem Gebiet, in dem sie beschäftigt sind, abgeleistet haben.

Personen im Sinne des Satzes 1, die das Erfordernis nach Satz 1 zweiter Halbsatz oder die Voraussetzung nach Satz 2 Nr. 1 nicht erfüllen, wird die Approbation nur erteilt, wenn sie nachweisen, dass sie bis zum 31. Dezember 1998

mindestens 2.000 Stunden psychotherapeutischer Berufstätigkeit abgeleistet oder 30 dokumentierte Behandlungsfälle abgeschlossen,

mindestens fünf Behandlungsfälle unter Supervision mit insgesamt mindestens 250 Behandlungsstunden abgeschlossen,

mindestens 280 Stunden theoretischer Ausbildung in dem Gebiet, in dem sie beschäftigt sind, abgeleistet und

spätestens am 24. Juni 1997 ihre psychotherapeutische Beschäftigung aufgenommen haben.

(5) Für Personen mit einer bestandenen Abschlussprüfung im Studiengang Psychologie an einer Universität oder einer gleichstehenden Hochschule oder im Studiengang Pädagogik oder Sozialpädagogik an einer staatlichen oder staatlich anerkannten Hochschule gelten die Absätze 3 und 4 für den Antrag auf Erteilung einer Approbation zur Ausübung des Berufs des Kinder- und Jugendlichenpsychotherapeuten entsprechend.

10.2 Abkürzungsverzeichnis

FA	Facharzt
GKV	Gesetzliche Krankenversicherung
GT	Gesprächspsychotherapie
ICD-10	Zehnte Revision der International Classification of Diseases
KB	Katathymes Bilderleben
KBT	Konzentrative Bewegungstherapie
KBV	Kassenärztliche Bundesvereinigung
KV	Kassenärztliche Vereinigung
KZT	Kurzzeittherapie
LZT	Langzeittherapie
NLP	Neurolinguistisches Programmieren
PKS	Persönlichkeitsstörung
PMR	Progressive Muskelrelaxation
PsychKG	Gesetz über Hilfen und Schutzmaßnahmen bei psychischen Krankheiten (Psychischkrankengesetz)
PsychThG	Gesetz über die Berufe des Psychologischen Psychotherapeuten und des Kinder- und Jungendlichenpsychotherapeuten (Psychotherapeutengesetz)
PT	Psychotherapie
PTSD	Posttraumatische Belastungsstörung
TA	Transaktionsanalyse
Th.	Therapeut
TWG	Therapeutische Wohngemeinschaft
TZI	Themenzentrierte Interaktion
VT	Verhaltenstherapie

10.3 Glossar

Affekt:

Affekte gelten bei vielen Autoren im Gegensatz zu den länger anhaltenden Stimmungen als intensive, relativ kurz anhaltende Gefühle. Einige Wissenschaftler bezeichnen jede emotionale Regung als Affekt. Beispiele wären Freude, Wut, Angst, Scham, Hoffnung, Sorge, Traurigkeit oder Verzweiflung. In diesem Buch ist „Affekt" gleichbedeutend mit „Gefühl".

Agoraphobie:

Die Agoraphobie gehört als Angststörung (mit und ohne Panikstörung) zu den → Neurosen. Kennzeichnend ist laut ICD-10 eine anhaltende Furcht vor mindestens zwei der folgenden Situationen: Menschenmengen, öffentliche Plätze, Reisen alleine (z.B. Auto oder öffentlicher Nahverkehr), Reisen mit weiter Entfernung von zu Hause. Auch Angst vor dem Alleinsein und klaustrophobische Phänomene (siehe auch → Klaustrophobie) werden beobachtet. Oft vermeidet der Betroffene angstauslösende Situationen, die sich ausweiten können. Neben vegetativen Erregungssymptomen treten unter anderem häufig Atembeschwerden, Unwohlsein, Schwindel und Beklemmungsgefühle auf. Kognitive Ängste, die Kontrolle zu verlieren, zu sterben, ohnmächtig oder verrückt zu werden, sind für dieses Krankheitsbild ebenfalls typisch.

Anamnese:

Informationen zur Biographie des Patienten, über seine aktuelle Lebenssituation und die Entwicklung der spezifischen Störung werden unter dem Begriff Anamnese zusammengefasst.

anankastisch:

Zwanghaft. Die anankastische Persönlichkeitsstörung zeichnet sich unter anderem durch andauernde Beschäftigung mit Details, Regeln oder Plänen, durch perfektionistische Ansprüche an sich und die Mitwelt, durch Leistungsbezogenheit, Pedanterie und Eigensinn aus.

Co-Abhängigkeit:

Einige Angehörige von Alkohol- oder Drogenabhängigen tun unbewusst eine Menge dazu, das Suchtproblem des Betroffenen aufrecht zu erhalten, obwohl sie meist das Gegenteil beabsichtigen. Psychologen sprechen von Co-Abhängigkeit. Dazu kann zum Beispiel gehören, dass eine Ehefrau, die in Trennung lebt, ihren alkoholkranken Ex-Mann immer wieder bei sich aufnimmt, weil es ihm so schlecht geht. Manche Co-Abhängigen finanzieren den Drogenkonsum des Patienten oder versorgen ihn mit Spirituosen, wenn er lange genug darum bittet. Andere trinken oder spritzen sogar mit, aus „Solidarität" oder weil sie das Elend nicht mehr aushalten. Suchttherapien scheitern regelmäßig, wenn die mitbetroffenen Angehörigen nicht in die Behandlung einbezogen werden.

Compliance:

Mit diesem englischen Begriff wird die Bereitschaft des Erkrankten bezeichnet, den Empfehlungen seines Therapeuten zu folgen.

Dekompensation:

Viele → Neurosen und Persönlichkeitsstörungen können als mehr oder weniger erfolgreiche Versuche von Klienten gelten, das eigene Selbst zu schützen. Die Symptomatik kompensiert, wenngleich in unzulänglicher Weise, die erlebten Defizite. Im Gegensatz hierzu zeichnet sich eine Dekompensation durch Ich-Destabilisierung aus. Die entstehende Problematik, etwa eine wahnhafte Entwicklung, ist nicht mehr dazu geeignet, emotionale Störungen auszugleichen. Neben psychotischen gibt es auch depressive, suizidale und psychosomatische Formen von Dekompensation.

dependent:

Abhängig. Die dependente Persönlichkeitsstörung beinhaltet unter anderem, dass die Betroffenen Dritte für sich entscheiden lassen, eigene Bedürfnisse kaum artikulieren und sich hilflos fühlen, wenn sie auf sich allein gestellt sind.

direktiv:

Therapeutische Interventionen und Herangehensweisen, die eine direkte Beeinflussung des Klienten zum Ziel haben, werden mit diesem Begriff beschrieben. Beispiele wären Vorschläge des Behandlers, Hausaufgaben oder interpretative Hinweise.

dissoziative Störung:

Unter dissoziativen Phänomenen versteht man Erfahrungen, die mit einem mehr oder weniger ausgeprägten Verlust der Alltagsintegration einhergehen, ohne dass eine körperliche Grundlage dafür bestünde. Das kann sich etwa auf wegfallende Erinnerungen, ein beeinträchtigtes Bewusstsein der eigenen Identität, gestörte Sinneswahrnehmungen oder eine fehlende Kontrolle von Körperempfindungen beziehen.

dysfunktional: Nicht die gewünschten Funktionen erfüllend. Ein dysfunktionales Verhalten bedeutet, dass jemand durch seine Handlungen das Gegenteil von dem erreicht, was er eigentlich möchte. Ein Beispiel: Jemand, der von anderen beachtet werden will, sich aber aus Angst kaum bemerkbar macht, kommuniziert, was diesen Wunsch angeht, auf dysfunktionale Weise.

Dysthymia: Unter dem Begriff ‚Dysthymia' versteht man eine mindestens zwei Jahre andauernde, konstante oder stetig wiederkehrende leichte Depression mit Symptomen wie Antriebsverminderung, Verlust von Selbstvertrauen und Interessen, Grübeln, Konzentrationsschwäche und sozialem Rückzug.

Empathie: Die Fähigkeit, sich in andere hineinzuversetzen und mitzufühlen. Was das Kommunikationsverhalten eines professionellen Helfers angeht, gilt Empathie als wichtiger unspezifischer Einflussfaktor in der Psychotherapie.

endogen: Von innen kommend. Bestimmte Formen der Depression, bei denen keine eindeutigen lebensgeschichtlichen Ursachen gefunden werden konnten, fasste man früher mit der bipolaren Affektstörung und der Schizophrenie als endogene Störungen zusammen. Deren Ursachen sollten eher auf einer körperlichen als auf einer seelischen Ebene zu suchen sein. Heutzutage wird der Begriff ‚endogen' zwar noch recht häufig in der psychiatrischen Praxis verwendet. Im aktuellen Diagnosemanual ICD-10 taucht er allerdings nicht mehr auf. Inzwischen geht man davon aus, dass bei vergleichbaren → Syndromen somatische, lebensgeschichtliche und psychische Faktoren zusammenwirken.

Epikrise: Ärztlicher Abschlussbericht mit allen relevanten Informationen zum Behandlungsverlauf. Die Erstellung einer Epikrise und deren Weiterleitung an den Hausarzt des Patienten ist im stationären Bereich selbstverständlich. Nach einer ambulanten Psychotherapie genügt häufig die weniger aufwendige Verfassung eines Arztbriefes, der die wichtigsten Behandlungsaspekte beschreibt. Voraussetzung in beiden Fällen: Der Betroffene erklärt schriftlich sein Einverständnis mit der begrenzten Aufhebung der Schweigepflicht.

*Familienauf-
stellung/Familien-
skulptur:*

Methode aus der Familientherapie, die bei verschiedenen Gruppenbehandlungen angewendet wird. Ein Teilnehmer, der einen familiären Konflikt bearbeiten möchte, bittet ein Gruppenmitglied darum, seine Mutter darzustellen. Andere spielen den Vater, die Geschwister oder die Großeltern, je nachdem, welche Bezugspersonen individuell wichtig sind. Aus diesen Mitspielern formt der Betroffene eine Art „lebendes Bild", in dem sich die Beziehungen zwischen den Mitgliedern seiner Familie symbolisch ausdrücken. Auch für sich selbst sucht er einen Stellvertreter aus. Große Distanz zwischen Mutter und Sohn kann etwa dadurch deutlich werden, dass beide Darsteller mit dem Rücken zueinander stehen und sich kaum berühren. Wenn die Skulptur so aussieht, wie der Aufstellende seine Familie erlebt hat, berichten die Mitwirkenden nacheinander, wie sie sich an dem zugedachten Platz fühlen. Schließlich formt der Betroffene, manchmal auch der Gruppentherapeut, aus der Aufstellung schrittweise ein Lösungsbild, in dem das emotionale Feed-back der Mitspieler berücksichtigt wird.

Gegenübertragung:

Tiefenpsychologen sprechen von Gegenübertragung, wenn ein Therapeut in der Behandlungssituation Gefühle und Fantasien erlebt, die sich nicht direkt auf das beziehen, was der Klient erzählt. Nach Freud gilt dieses Phänomen als unbewusste Reaktion des Analytikers auf die → Übertragung des Patienten. Gegenübertragung kann allerdings auch Ausdruck von neurotischen Anteilen des Helfers sein oder Schwierigkeiten in der therapeutischen Beziehung reflektieren. Die Hintergründe für solche Störungen sollten in der kollegialen Supervision geklärt werden.

*Handlungs-
orientierung:*

Mit diesem Begriff bezeichnen einige Psychologen therapeutische Prozesse, die mit Verhaltensänderungen und einer Anwendung des Gelernten im Alltag einhergehen. Handlungsorientierung entsteht, wenn sich ein Klient im Rahmen der Behandlung aktiv mit der Bewältigung seiner Schwierigkeiten beschäftigt.

Hebephrenie / hebephrene Schizophrenie:	Relativ seltene Schizophrenievariante, die sich dadurch auszeichnet, dass sie meist vergleichsweise früh zum ersten Mal auftritt (Jugendalter) und eher schleichend beginnt. Neben herkömmlichen Schizophreniesymptomen, etwa Beeinflussungserleben, werden hier vor allem Oberflächlichkeit oder Unangemessenheit der → Affekte wahrgenommen. Die Sprache des Betroffenen ist oft weitschweifig oder unzusammenhängend, sein Verhalten wirkt in vielen Fällen ziellos. Im Gegensatz zu anderen schizophrenen Störungen stehen hier Wahn und Halluzinationen nicht im Vordergrund.
Katathymes Bilderleben (KB):	Von H. Leuner entwickelte erlebniszentrierte Tagtraumtechnik, die als Einzel- oder Gruppenverfahren angeboten wird. Der Patient gerät in einen tranceähnlichen Zustand, in dem er sich auf seine Imaginationen konzentriert und über diese Wahrnehmungen spricht, ohne die Augen zu öffnen. Die Grundfantasie, die der Klient dann individuell weiterentwickeln kann, wird im Allgemeinen vorgegeben.
Katatonie / katatone Schizophrenie:	Eher seltene Form von Schizophrenie mit Wahnerleben und Halluzinationen, was jedoch in der Akutphase nicht nach außen kommuniziert wird. Neben mehr oder weniger starker Reaktionsverminderung bis hin zur Erstarrung lassen sich bei der katatonen Schizophrenie mitunter auch bizarr anmutende Symptome wie Einnehmen und Beibehalten unsinniger Haltungen oder eine automatische Befolgung von Anweisungen Dritter beobachten.
Katharsis:	Begriff aus der aristotelischen Philosophie, der für „Reinigung" und „seelische Läuterung" steht. Freud bezeichnete mit diesem Terminus eine Auseinandersetzung des Patienten mit Fantasien, Träumen, Erinnerungen und begleitenden Gefühlen, was durch (verbales) Abreagieren schließlich zur Heilung führen soll. Im weiteren Sinne bedeutet Katharsis ein intensives emotionales Erlebnis, das therapeutisch vor allem dann Sinn ergibt, wenn der Klient das betreffende Gefühl (etwa Wut oder Traurigkeit) bisher kaum wahrnehmen konnte oder wollte. Bei labilen Persönlichkeiten besteht allerdings nach kathartischen Erfahrungen in einigen Fällen die Gefahr einer psychotischen Dekompensation (siehe auch → Dekompensation, → Psychose).

Klaustrophobie:	Neurotische Angsterkrankung, die eine Furcht vor kleinen, geschlossenen Räumen (z.B. Aufzug, U-Bahn, Tunnel, Höhle) umfasst. Entsprechende Situationen werden oft vermieden. Beschränkt sich die Angststörung auf geschlossene Räumlichkeiten, wird eine spezifische (isolierte) Phobie (F 40.2) festgestellt. Nicht selten jedoch tritt Klaustrophobie zusammen mit agoraphobischen Symptomen auf und ist dann Teil der umfasenderen Diagnose → Agoraphobie (F 40.00 ohne und F 40.01 mit Panikstörung).
Krankheitsgewinn:	Psychoanalytischer Terminus, mit dem die subjektive und objektive Entlastung beschrieben wird, die eine seelische Störung für den Betroffenen darstellt. Ein Beispiel wäre eine → Agoraphobie-Patientin, die sich von ihrem Mann überall hin begleiten lässt, weil sie sich alleine ängstigen würde. Die Erkrankung hat hier auch positive Konsequenzen, nämlich mehr Nähe und Kontakt zum Partner.
kognitiv:	Dieser Begriff fasst Prozesse und Inhalte des Denkens zusammen, etwa Sinneswahrnehmung, verbale Kommunikation, Einstellungen, Erinnerungen und Fantasien.
komorbid:	Mehrere Krankheitsbilder, die bei einem Patienten zur gleichen Zeit auftreten, werden komorbide Störungen genannt.
Lageorientierung:	Manche Psychologen sprechen von einer zunehmenden Lageorientierung, wenn ein Patient Verständnis für die eigene Situation entwickelt, sich mit Motivationsfragen und der individuellen Lebensperspektive befasst.
Minus-symptomatik:	Einige Schizophrenie-Patienten leiden nach dem Abklingen des psychotischen Schubs unter so genannten Minussymptomen. (Die ICD-10 nennt dies „schizophrenes Residuum", F 20.5.) Kennzeichen sind unter anderem geringe verbale oder nonverbale Kommunikation, körperliche Verlangsamung, Verflachung der → Affekte, Antriebs- und Motivationsverlust. Minussymptome können bislang medikamentös nicht behandelt werden. Auch Psychotherapie ist hier oft wenig Erfolg versprechend.

Neurose / neuroti-sche Störungen:	Neurotische Störungen lassen sich als seelische Problembereiche charakterisieren, die mit Ängsten, wenig flexiblen Verhaltensweisen, Unzufriedenheit oder Unglücklichsein einhergehen. Obwohl die Betroffenen den Kontakt mit der Umwelt meist noch aufrechterhalten können, beanspruchen die oft chronifizierten Schwierigkeiten doch einen relativ großen Teil der Energie. Realität und Selbstbild werden häufig ins Negative verzerrt, fundamentale Lebensaufgaben nicht bewältigt. Die Psychoanalyse betrachtet Neurosen als Wiederholung unbewusster, in der Biografie angelegter Grundkonflikte (siehe auch → Reaktualisierung, → Übertragung), während die Verhaltenstherapie die Ursachen neurotischer Störungen eher in dysfunktionalen Lernprozessen sieht und den Fokus außerdem auf die aufrechterhaltenden Bedingungen der Schwierigkeiten richtet. Beispiele für Neurosen sind bestimmte Angststörungen, manche Zwangserkrankungen, gewisse dissoziative Phänomene (siehe auch → dissoziative Störung) und einige Formen der Depression.
nondirektiv:	Mit diesem Begriff werden Interventionen und Herangehensweisen von Therapeuten zusammengefasst, die ihre Klienten dabei unterstützen sollen, einen eigenen Weg zur Bewältigung der Probleme zu finden. Eine Richtung wird hierbei nicht vorgegeben. Als nondirektiv gelten etwa empathische Zusammenfassungen des Gehörten (siehe auch → Empathie), Fragen ohne Suggestivcharakter und nicht-wertende Rückmeldungen zum verbalen oder nonverbalen Verhalten des Patienten.
Normalisierung:	Wenn ein professioneller Helfer anmerkt, dass auch jeder andere unter den individuell erlebten Umständen ein seelisches Problem entwickelt hätte, spricht man von einer Normalisierung von belastenden Erfahrungen. Häufig fühlt sich der Klient ein Stück von Schuldgedanken entlastet, wenn er vom Psychotherapeuten eine ehrliche Rückmeldung bekommt, die in Richtung einer Normalisierung der wahrgenommenen Schwierigkeiten geht.
probatorische Sitzungen:	Vor der Beantragung einer Behandlung durch den ärztlichen oder psychologischen Kassen-Therapeuten stehen bis zu fünf probatorische Sitzungen, die in jedem Fall von der Krankenver-

sicherung bezahlt werden. In dieser Zeit, die der Helfer normalerweise dazu nutzt, alle relevanten Informationen zu bekommen und eine therapeutische Beziehung aufzubauen, sollten
sich Patient und Behandler darüber klar werden, ob sie miteinander arbeiten wollen.

Progressive   Von E. Jacobson in den Dreißigerjahren entwickeltes Entspan-
Muskelrelaxation   nungsverfahren, das sich im Gegensatz zu rein kontemplativen
(PMR):   Methoden wie Autogenem Training (AT) oder Meditationstech-
                       niken durch ein aktivierendes Element auszeichnet: Verschiedene
                       Muskelgruppen werden erst angespannt und dann entspannt.
                       Diese aktive Herangehensweise ist besonders für Klienten geeig-
                       net, denen Erholung und → Regression eher schwer fallen. Ziel
                       ist neben einer verbesserten Körperwahrnehmung auch die fort-
                       schreitende Entspannung mentaler und vegetativer Prozesse.
                       PMR wird im stationären und ambulanten Bereich angeboten,
                       unter anderem von kognitiven Verhaltenstherapeuten. Wenn
                       Patienten das Verfahren regelmäßig im Alltag üben, gilt die
                       Progressive Muskelrelaxation als wertvolle Ergänzung einer see-
                       lischen Behandlung, vor allem bei → somatoformen, psychoso-
                       matischen, Angst- und Zwangsstörungen.

Psychose / psycho-   Wahnerkrankung. Psychosen zeichnen sich dadurch aus, dass
tische Störung: der Bezug zur Wirklichkeit nicht nur, wie bei → Neurosen und
                       Persönlichkeitsstörungen, eingeschränkt ist, sondern gänzlich
                       verloren geht. Im Mittelpunkt eines Wahns stehen Fehlinterpre-
                       tationen von Wahrnehmungen, die einen Bezug zur eigenen
                       Person herstellen und sich im Gespräch nicht korrigieren lassen.
                       Zum Beispiel: „Ich werde ohne jeden Zweifel von Außerirdi-
                       schen verfolgt." Die Funktions- und Kommunikationsfähigkeiten
                       des Betroffenen sind oft erheblich beeinträchtigt. Neben der
                       Schizophrenie treten Wahnsymptome häufig bei Manie, bipola-
                       rer affektiver Störung und manchen schweren, meist rezidivie-
                       renden depressiven Episoden auf, die früher → endogen
                       genannt wurden. Andere Psychosen können bei Alkohol- und
                       Drogenmissbrauch, aber auch durch bestimmte neurologische
                       Erkrankungen entstehen.

Reaktualisierung:	Mit dem Begriff Reaktualisierung bezeichnet die Psychoanalyse Wiederholungen emotionaler und kommunikativer Abläufe, die ihre Ursache in früheren konflikthaften biografischen Situationen haben. Ein Beispiel wäre eine Frau, die sich im Streit mit dem Ehemann ähnlich fühlt und verhält wie während der Pubertät in der Beziehung zum Vater (siehe auch → Übertragung). Das familiäre Konflikterleben hat sich in einem vergleichbaren Kontext reaktualisiert.
Regression:	Tiefenpsychologischer Terminus, mit dem ein Rückgriff auf infantile Erlebnisformen beschrieben wird. Der Patient erinnert sich an frühere Situationen und taucht für eine gewisse Zeit in die Erfahrungswelt seiner Kindheit ein. Das traditionelle psychoanalytische → Setting, wo der Betroffene auf der Couch liegt, gilt ebenso als regressionsfördernd wie etwa Entspannungs- und Trancezustände. Bei labilen Klienten sollte sich die zu erwartende Regression in Grenzen halten, da in einigen Fällen die Gefahr einer psychotischen Dekompensation besteht (siehe auch → Psychose, → Dekompensation).
rezidivierend:	Krankheiten, die wiederholt auftreten (z.B. Schizophrenie, bipolare Affektstörung), werden in der Medizin als rezidivierend bezeichnet. Ein Rezidiv ist ein Rückfall.
Richtlinien-verfahren:	Begriff, unter dem seelische Behandlungen zusammengefasst werden, die nach dem Psychotherapeutengesetz unter bestimmten Bedingungen von den gesetzlichen Krankenversicherungen finanziert werden. Zu den Richtlinienverfahren zählen Verhaltenstherapie, Psychoanalyse und tiefenpsychologisch fundierte Therapie.
Setting:	Umstände und Gestaltung der psychotherapeutischen Sitzungen (etwa ambulant oder stationär, einzeln oder in der Gruppe, zeitlich festgelegt oder variabel, im Praxiszimmer oder als Begleitung bei einer Übung im Alltagsleben).
somatisches Syndrom:	Auf die Körperwahrnehmung bezogene Begleiterscheinungen von bestimmten Depressionen, vor allem einer Variante, die frü-

her → endogen genannt wurde. Ein somatisches Syndrom ist unter anderem durch Interessenverlust, Freudlosigkeit, Verringerung der Affektivität (siehe auch → Affekt), frühes Erwachen und Stimmungsverschlechterung am Morgen gekennzeichnet.

somatoform: Bezeichnung für alle körperlichen Beschwerden, für die es keine physiologische Grundlage gibt.

Strukturniveau (niederes / mittleres / hohes): Tiefenpsychologen unterscheiden „reife" oder hoch strukturierte Neurosen und Persönlichkeitsstörungen von Problemfeldern auf mittlerem (narzisstische Störungen) und niederem Strukturniveau (Borderline-Syndrome und schizoide Persönlichkeitsstörungen). Diese Begriffe stehen einmal dafür, ob das emotionale Fundament des Betroffenen eher stabil (hohes Niveau) oder mehr oder weniger instabil (mittlere oder niedere Strukturebene) wirkt. Das hat unter anderem Einfluss darauf, wie konfrontativ der Therapeut vorgehen kann und welches Maß an Unterstützung er dem Klienten bieten sollte. Auf der anderen Seite gehen Psychoanalytiker davon aus, dass Schwierigkeiten auf niedrig strukturiertem Niveau mit biografisch früh angelegten Traumatisierungen (z.B. Vernachlässigung, Gewalt, Missbrauch) zusammenhängen. Die Problematik wurzelt oft schon in den ersten beiden Lebensjahren, also teilweise in einer vorsprachlichen Ebene. Das erschwert die Zugangsmöglichkeiten zu Syndrom und Patient. Eine niedere Strukturebene bedeutet meist, dass die Betroffenen nie so etwas wie eine stabile Identität aufbauen konnten. Störungsbilder auf mittlerem Niveau stehen hiernach für Schwierigkeiten in der frühen Autonomieentwicklung (drittes bis viertes Lebensjahr). Klienten mit mittelgradig strukturierten Problemfeldern erleben häufig in besonderen Belastungssituationen Identitätskrisen.

Syndrom: Störungsbild, das meistens mehrere Symptome, also Krankheitszeichen, auf unterschiedlichen Ebenen umfasst. Ein depressives Syndrom setzt sich zum Beispiel oft aus kognitiven Selbstzweifeln (siehe auch → kognitiv), Antriebsschwäche, Freudlosigkeit und sozialem Rückzug zusammen.

Systematische Desensibilisierung/ Reizüberflutung:
Verhaltenstherapeutische Methoden, hauptsächlich zur Behandlung von Angstpatienten mithilfe von Gewöhnungsprozessen. Bei der länger dauernden Systematischen Desensibilisierung begibt sich der Betroffene zunächst in einen zuvor eingeübten Entspannungszustand, um sich dann schrittweise und angeleitet von der Stimme seines Therapeuten, den Furcht auslösenden Vorstellungen auszusetzen. Das Maß an Angst soll stets erträglich bleiben. Reizkonfrontation (Flooding) basiert wiederum auf Situationen, die massive Angstgefühle auslösen (z.B. mit dem Therapeuten U-Bahn fahren).

Übertragung:
Begriff aus der Tiefenpsychologie, der die Gefühle und Fantasien des Klienten gegenüber seinem Behandler beschreibt. Übertragung meint weniger die reale Person des Helfers oder die aktuelle therapeutische Beziehung. Vielmehr gilt sie als eine unbewusste Wiederholung früherer Beziehungserfahrungen des Patienten, was zum Beispiel zu Idealisierungen, aber auch zu Abwertungen des Analytikers führen kann. Die Beziehungswirklichkeit wird häufig, nicht nur in der Therapie, durch vergangene Konflikte mit anderen Personen beeinflusst (siehe auch → Reaktualisierung) und daher mehr oder weniger verzerrt wahrgenommen. Übertragungsprozesse können sich auf frühkindliche, aber auch auf biografisch später angelegte Situationen beziehen und für die Behandlung genutzt werden, etwa im Rahmen von → Übertragungsdeutungen. Ebenso wie die → Gegenübertragung des Psychotherapeuten sollte das spezifische Übertragungsgeschehen Gegenstand von begleitenden kollegialen Supervisionsgesprächen sein.

Übertragungs- deutung:
Fragen und Interpretationen von Analytikern und Tiefenpsychologen, die mögliche Übertragungsprozesse zum Thema haben (→ Übertragung), bezeichnet man als Übertragungsdeutungen. Ein Beispiel wäre die Frage, woran sich ein Klient durch eine bestimmte kritische Situation erinnert fühlt, ein anderes die Vermutung, aktuelle Beziehungsprobleme könnten ihre Ursache in Störungen des Verhältnisses zum eigenen Vater haben.

10.4 Literaturverzeichnis

„Der Spiegel" vom 03.09.01 (Nr. 36/01, Interview mit Jules Angst, emeritierter Professor für Psychiatrie an der Universität Zürich, S. 90–94)

Ermann, Michael: Psychotherapeutische und psychosomatische Medizin. Kohlhammer; Stuttgart, Berlin, Köln; 1997

Gesetz über Hilfen und Schutzmaßnahmen bei psychischen Krankheiten (PsychKG, verabschiedet 1999): www.lfd.nrw.de/ fachbereich/fach_3_2_10.html

Grawe, Klaus; Donati, Ruth; Bernauer, Friederike: Psychotherapie im Wandel. Von der Konfession zur Profession. Hogrefe Verlag für Psychologie, Göttingen, 1994

Heilpraktikergesetz (Gesetz über die berufsmäßige Ausübung der Heilkunde ohne Bestallung, erstmalig verabschiedet 1939)

Hubble, Mark A.; Duncan, Barry L.; Miller, Scott D.: So wirkt Psychotherapie. Empirische Ergebnisse und praktische Folgerungen. Verlag Modernes Lernen, Dortmund, 2001

Jaeggi, Eva: Zu heilen die zerstoßenen Herzen. Rowohlt Verlag, Reinbek bei Hamburg, 1995

Jaeggi, Eva: Und wer therapiert die Therapeuten? Klett-Cotta Verlag, Stuttgart, 2001

Psychotherapeutengesetz (PsychThG, verabschiedet 1998): www.datenschutz-berlin.de/recht/de/rv/arbeit/psychthg.htm

Senf, Wolfgang; Broda, Michael (Hrg.): Praxis der Psychotherapie. Ein integratives Lehrbuch für Psychoanalyse und Verhaltenstherapie. Georg Thieme Verlag; Stuttgart, New York; 1996

Weltgesundheitsorganisation (WHO): Internationale Klassifikation psychischer Störungen: ICD-10 Kapitel V (F). Verlag Hans Huber; Bern, Göttingen, Toronto, Seattle; 2000

10.5 Stichwortverzeichnis